跳躍風險與未定權益的最優套期保值策略研究

郭建華 著

前言

　　金融市場中存在非系統性和系統性兩類風險。對於非系統性風險，投資者可以採取投資組合的方式加以規避，而系統性風險則取決於宏觀因素，採取分散投資的方法通常難以規避，但是可以通過套期保值操作來規避。傳統的套期保值通常僅考慮在期初建倉和期末平倉兩個交易時刻進行對沖頭寸操作，套期保值期內的其他時刻並不進行頭寸調整，即所謂的靜態套期保值。然而，市場是一個動態的市場，市場外部各種因素都可能對市場產生衝擊，因而在實際應用中由於受許多不確定因素的影響，靜態套期保值並不能達到預期的理想效果。與靜態套期保值相對應的是動態套期保值，動態套期保值除了期初建倉和期末平倉時刻進行操作外，還在套期保值期內其他時刻根據市場的實際變化動態地進行策略調整。因而動態套期保值是一個動態的、系列的過程，其可以更好地適應市場變化從而提高套期保值效率。

　　關於未定權益的套期保值問題一直都是數理金融學的核心研究領域之一。然而現有的大多數文獻結論都是建立在風險資產價格服從擴散過程的基礎之上，而在現實的金融市場中，因為重大突發事件的出現會對資產價格產生衝擊，從而出現不連續的跳躍現象，採用跳擴散模型刻畫資產價格的變化過程能較好地體現這種不連續現象。另外，國內外關於未定權益套期保值問題的研究，儘管取得了大量的研究成果，但是大部分都是注重於理論層面的研究，得出的最優套期保值策略表達式中的很多量在實際應用中難以計量，不便於操作，而關於應用方面的研究，大部分文獻又只是局限於靜態的套期保值策略研究。

　　基於此，本書用跳擴散模型刻畫風險資產的價格變化過程，以風險度量標準為主線，在注重理論探討的同時更傾向於與實踐操作相結合，旨在通過對歐式期權的動態套期保值問題研究，為不同投資主體根據市場實際情況選擇符合自身需求的套期保值策略提供具體的、有針對性的參考方案。

本書的主要研究內容如下：

第一，跳擴散結構下歐式未定權益的均方套期保值問題研究。本書用標的資產和無風險資產構建對沖組合，以對沖組合與歐式未定權益價值的期末均方誤差最小為優化目標，在自融資約束下利用動態規劃原理，導出各時刻最優策略的遞歸表達式。相對於以往文獻的最優策略表達式中含有難以計量的成分，本書得到的策略表達式中所有量都可以直接通過市場觀測或數理推導得出，應用起來更方便。

第二，跳擴散結構下歐式未定權益的最小虧損套期保值問題研究。本書以期末虧損最小為優化目標，在自融資約束下利用 MCMC 方法，把套期保值期內不同策略調整時刻標的資產頭寸作為一個隨機變量序列，合理構造聯合條件密度，據此生成關於策略頭寸的馬氏鏈並用馬氏鏈的均值作為最優策略的估計值。較以往文獻因為最小虧損套期保值策略通常沒有解析解而構造修正未定權益來尋求近似最優策略，本書所提供的方法更直接、更簡便。

第三，跳擴散結構下歐式未定權益的費用最小套期保值問題研究。在本書 $V_T = H$ 的約束下，以成本過程差的平方的條件期望最小為優化目標，首先證明成本過程的鞅性質，然后把原優化問題轉換為一個序列優化問題，從而得到最優策略的顯式表達式。與以往文獻在鞅測度下尋求費用最小套期保值策略相比，本書無需進行測度變換，操作更簡單。

第四，基於內部信息的歐式未定權益的套期保值問題研究。本書合理構建了內部信息下的資產價格變化過程，導出內部信息者的均方套期保值、最小虧損套期保值和費用最小套期保值的策略表達式，並對內部信息者和一般投資者關於歐式未定權益套期保值的效果進行比較分析，討論內部信息對套期保值效果存在的影響。

第五，基於投資者風險偏好差異視角的套期保值策略研究。套期保值操作可以為投資者進行市場風險規避。然而，不同投資者對風險的偏好程度並不一致，因而採取的套期保值策略也會有所差異。本書通過把均值方差效用函數與風險厭惡系數相結合，構建不同風險偏好投資者的風險規避目標函數，然后借助小波分析方法，計算動態最優套期保值比，分析最優套期保值比、套期保值效果與投資者風險偏好程度、套期保值期限的關係。

郭建華

目錄

1 緒論 / 1
    1.1 研究背景及研究意義 / 1
    1.2 國內外研究現狀 / 3
    1.3 研究內容、研究方法及結構安排 / 11

2 套期保值的理論基礎 / 15
    2.1 套期保值的基本概念 / 15
    2.2 套期保值的經濟意義 / 21
    2.3 預備知識 / 23
    2.4 本章小結 / 30

3 資產價格的跳擴散過程 / 31
    3.1 資產價格的跳躍行為研究 / 31
    3.2 資產價格跳擴散模型的引入 / 42
    3.3 跳擴散模型的參數估計 / 45
    3.4 本章小結 / 51

4 Delta 約束下歐式未定權益的套期保值問題研究 / 52
    4.1 問題的引入 / 52
    4.2 Delta 約束下歐式未定權益的套期保值問題 / 53

4.3　Delta 約束下平方套期保值策略的應用／58

　　4.4　本章小結／63

5　跳擴散結構下歐式未定權益的均方套期保值問題研究／64

　　5.1　均方套期保值／64

　　5.2　均方套期保值的基本問題與模型／65

　　5.3　均方套期保值最優策略的確定／67

　　5.4　均方套期保值策略的應用／72

　　5.5　本章小結／76

6　跳擴散結構下歐式未定權益的最小虧損套期保值問題研究／77

　　6.1　歐式未定權益的最小虧損套期保值問題／77

　　6.2　MCMC 方法／79

　　6.3　基於 MCMC 方法的最小虧損套期保值策略／82

　　6.4　最小虧損套期保值策略的應用／85

　　6.5　本章小結／89

7　跳擴散結構下歐式未定權益的費用最小套期保值問題研究／90

　　7.1　費用最小套期保值問題的提出／90

　　7.2　費用最小套期保值的基本問題與模型／91

　　7.3　費用最小套期保值策略的確定／93

　　7.4　費用最小套期保值策略的應用／101

　　7.5　本章小結／105

8　不同風險準則下套期保值效果的對比分析／106

　　8.1　期末虧損的對比分析／106

　　8.2　交易費用的對比分析／108

8.3 套期保值總成本的對比分析 / 109

9 基於內部信息的歐式未定權益套期保值問題研究 / 113

9.1 基於內部信息的歐式未定權益套期保值問題的研究現狀 / 113

9.2 基於內部信息的均方套期保值問題 / 114

9.3 基於內部信息的最小虧損套期保值 / 120

9.4 基於內部信息的費用最小套期保值 / 125

9.5 本章小結 / 129

10 基於投資者風險偏好差異視角的最優套期保值策略研究 / 130

10.1 問題的提出 / 130

10.2 模型、研究方法 / 131

10.3 實證分析 / 135

10.4 本章小結 / 141

參考文獻 / 142

1 緒論

1.1 研究背景及研究意義

1.1.1 研究背景

20世紀70年代以來，世界經濟一體化促使全球金融市場間的聯繫變得越來越密切，與此同時，金融市場的波動也越來越大，金融對經濟發展的影響也越來越顯著。宏觀上，金融對經濟的發展是一把雙刃劍，運行有效的金融體系對經濟發展起著推進和催化作用，反之則對經濟發展產生抑制甚至破壞作用。微觀上，高效的金融管理能加速企業財富增長，反之即使發展潛力巨大的企業也可能變得舉步維艱甚至破產。因此，無論是金融市場的投資者還是與金融工具相關聯的金融實體，都迫切要求加強對金融風險的管理。

作為新興的金融市場，中國金融市場風險中系統性風險所占的比例遠遠超過發達國家的水平。長期以來，國內A股市場沒有避險工具，投資者的風險完全裸露，尤其是2006年以來，A股市場的波動率嚴重偏離歷史波動率水平，波動率明顯放大，行情的暴漲暴跌已成為常態。因此，進行金融風險規避已成為金融投資實務中極為重要的環節，套期保值操作就是一種規避市場風險的有效手段。然而，任何事物都存在著兩面性，在通過套期保值交易規避風險的同時，也因為金融衍生品的高槓桿性，表面上數額不高的保證金背後卻是一筆金額巨大的投資，一旦決策失當則會損失慘重。套期保值方面成功或失敗的案例為數不少。

廣州植之元油脂有限公司就是通過套期保值操作才安然度過了2004年和2008年大豆價格的劇烈波動時期，在中國大豆壓榨企業普遍嚴重被套而導致全行業虧損的情況下，它成為國內豆類產業企業中為數不多的幸存者之一。

中國國航於2001年開始從事航油的套期保值業務而且早期取得了很大成

功。然而，2008年因為國際油價的連續上漲以及中國國航在實施航油套期保值業務時未能及時對套期保值倉位進行平倉操作，最終出現60多億元人民幣的巨額虧損。

中國航油（新加坡）股份有限公司（簡稱中航油）於2003年開始涉足油品的套期保值業務。在2003年下半年，中航油的套期保值業務因為國際油價的大幅上漲當年盈利580萬美元（1美元約等於6.89元人民幣，下同），初戰告捷。而後，因為中航油的套期保值交易逐步演變為投機交易，最終導致其累計損失達5.5億美元之巨。

類似事件並不少見，2005年「國儲銅」事件也是在進行套期保值交易的初期曾取得過令人欣慰的成績，之後同樣因為投機交易而發生數億美元的虧損。

上述中國金融交易遭受重大損失的案例，一方面，這是因為中國國內金融市場與國際金融市場相對隔離，如果不對此進行反省並盡快提高中國的金融風險管理水平，則在逐步開放金融市場之後，中國金融機構和相關企業將會遭受更大的損失。另一方面，這些交易首先均是以套期保值為目的，最後卻演變成瘋狂的投機行為。然而，在「國儲銅」和中航油石油期權事件的教訓讓我們依然記憶猶新，令監管層和企業都聞「衍」色變的同時，我們不能因此對金融衍生工具的積極作用產生懷疑甚至否定。對沖風險是創造金融衍生工具的根本目的，但是使用效果的好壞並不在於工具本身而是取決於使用者如何使用工具。因此，我們必須重視並積極主動地研究如何正確地通過套期保值操作來規避金融風險，從而不斷提高中國金融機構、企業和投資者的風險意識和風險管理水平。

1.1.2 研究意義

本書的研究在跳擴散風險資產價格模型下以風險度量標準為主線，旨在通過對歐式未定權益的動態套期保值研究，為不同投資主體根據實際情況選擇符合自身需求的套期保值策略提供有針對性的參考方案。本書的研究對投資者加強風險意識、提高風險管理水平具有重要的指導意義。

套期保值問題研究是在一定風險標準下進行的，而對不同投資主體來說，其風險承受能力和對風險的心理感受以及風險偏好並不相同。本書的研究對不同風險承受能力和不同風險偏好的投資主體選擇適合自身需求的套期保值策略具有一定的指導意義。

標的資產價格和執行價格的高低決定著期權的期末價值狀態，而期權的價

值狀態又直接關係到期權的支付義務發生與否。因此，對於給定的未定權益，隨著市場狀態的變化進行套期保值的策略選擇也就不同。本書的研究可以為套期保值者根據市場運行情況做出恰當的策略選擇提供參考。

總之，套期保值是金融風險管理領域的一個重要研究課題。套期保值實踐是指一個暴露於風險中的實體試圖通過持有對沖工具（與原來風險頭寸相反）來降低或消除該風險。投資主體是否需要開展套期保值業務以規避風險，首先就涉及對套期保值的正確認識。然而中國金融市場發展相對較晚，開展套期保值活動進行風險規避尚處於起步和探索階段，而且在中國關於這方面的體制和制度的建設還不完善，因此很有必要就如何有效地開展套期保值活動進行深入的研究，尤其是從套期保值主體的投資理念和投資目的以及套期保值主體對金融風險的心理感受等角度展開套期保值問題的研究更為迫切。另外，進行套期保值問題研究不僅有助於不同的套期保值主體開展科學合理的、具有針對性的套期保值活動，有助於微觀經濟主體根據自身的投資目的、對風險的心理感受做出合理的投資決策，還能為企業管理層從事監管活動提供科學依據，從而正確引導金融市場的健康發展。

1.2　國內外研究現狀

作為一項未確定的權益，未定權益種類很多，本書以期權為例對未定權益的套期保值操作做具體說明。期權實際上是一項選擇權，其交易也就是投資雙方進行權利的買賣，在支付一定金額的貨幣（期權價）後，期權的多頭方（買方）即擁有在約定時間內按約定價格向空頭方（賣方）購買或出售一定數量的某種商品的權利，而不承擔必買或賣的義務。

未定權益的套期保值即規避風險，其標準的定義是：為了抵消當前現金頭寸可能帶來的風險或者暫時替代未來的現金頭寸而選取的對沖頭寸狀態。簡言之，套期保值就是合理構建對沖頭寸以降低或抵消風險。利用金融衍生工具進行金融風險管理，通常從合理確定套期保值比率開始，這也是套期保值問題研究的核心所在。實施套期保值首先就是設定套期保值目標，然後在不同目標下採取不同的方法，最後做出較好的套期保值策略選擇，這三步共同構成套期保值問題研究的一個完整框架。

目前國內外學者對套期保值問題的研究方興未艾，本部分就有關套期保值領域的國內外研究現狀做一個簡述，以便對該領域研究現狀和研究方法有一個

初步認識。

1.2.1 國外對套期保值領域的研究現狀

最早關於套期保值的理論研究起源於 20 世紀 30 年代凱恩斯（Keynes, 1930）和希克斯（Hicks, 1939）的研究。他們認為，所有金融衍生品市場參與者都出於風險厭惡的本性，希望通過套期保值來完全消除與某一特定商品有關的價格風險。按此理論，最優對沖策略就是套期比恆為 1 的幼稚的套期保值策略。隨后，埃德林頓（Ederington, 1979）借助最小二乘法（OLS）以套期保值組合的方差最小化為目標，得到最小二乘迴歸系數並作為最優套期比。魯特更斯（Lutgens, 2006）等人提出了一種穩健型單期期權套期保值方法，並用該方法確定一個最優資產組合對股指期權進行套期保值。因為該套期保值策略一旦確定以后就保持不變，所以被稱為靜態套期保值策略。靜態的套期保值沒有充分考慮資產價格的變化也不涉及資產價格模型，這與現實市場的瞬息萬變並不吻合。因為市場本身是一個動態的市場，現實市場中的不確定因素都會對套期保值效果產生影響，所以古老的靜態套期保值策略將會面臨較大的風險。馬利亞斯和烏魯提亞（Malliaris & Urrutia, 1991）以及貝尼特（Benet, 1992）通過實證研究發現，用不變的靜態套期策略進行套期保值並不合適，只有採用動態的套期保值策略去應對市場的變化才能更好地提高套期保值效率。尤其是近年來，在金融市場不斷繁榮和興旺的同時，金融市場的動盪也不斷加劇，金融投資的風險不斷加大，作為金融工程研究領域的核心問題之一的動態套期保值問題也日益受到學術界和投資者以及風險管理人員的高度關注。

關於動態套期保值，最早源於 1973 年布萊克和舒爾斯提出的 Black - Scholes 期權定價公式，在此之后關於期權的理論及其應用研究得到了前所未有的發展。Black-Scholes 公式的核心思想就是尋找理想的套期保值策略對期權合約進行完全複製。在市場無摩擦和按照相同的無風險利率進行資金借貸，而且利率按連續複利進行計算；未定權益的標的資產（股票）不存在紅利發生；股票價格變化過程遵循幾何布朗運動 $dS_t = S_t(\mu dt + \sigma dW_t)$ 等假設下，歐式未定權益的價格則滿足：

$$C(t, S_t) = S_t N(d_1) - Ke^{-rT} N(d_2)$$

其中，$d_1 = \dfrac{\ln(S_t/K) + (r + \dfrac{1}{2}\sigma^2)(T-t)}{\sigma\sqrt{T-t}}$，$d_2 = d_1 - \sigma\sqrt{T-t}$，$N(x)$ 是標準正態變量的累積概率函數，K 是期權的執行價格，T 是期權的到期日期，r 是

無風險利率，σ 是標的股票價格的波動率，W_t 是標準布朗運動。

在上述假設條件的基礎上，布萊克和舒爾斯認為，可以通過標的資產的連續交易，找到一個自融資動態複製策略對歐式未定權益進行完全複製。

然而，現實金融市場中存在有明顯的摩擦，如稅收和交易費用都是客觀存在的，而且也不可能連續地進行資產交易。為此，很多學者突破布萊克和舒爾斯的上述假設條件對期權的套期保值問題展開了深入的研究。考慮到實際中不可能連續地進行資產交易，盧賓森和沙赫特（Rubisn & Schachter, 1994）針對離散時間情形下基於 Delta 對沖的期權定價過程中存在的風險進行了研究，並得到方差最小化期權套期保值的策略表達式。梅洛和紐豪斯（Mello & Neuhaus, 1998）研究發現，可以用期權組合方法去降低多階段期權套期保值過程中的累積風險。科爾曼（Coleman, 2007）等人運用局部風險最小化方法研究了離散時間情形下美式期權的 Delta 套期保值。考慮到實際中交易成本的存在，霍（Ho, 2003）對考慮交易成本情況下的期權最優交易進行了研究。岡齊奧（Gondzio, 2003）通過引入一個隨機規劃模型，對考慮交易成本並有交易限制時的期權套期保值問題進行了研究。卡瑟斯基（Koncinski, 2004）研究了考慮比例交易成本時歐式期權的多階段套期保值問題。趙等（Zhao 等，2007）對考慮交易成本情況的 Leland 期權定價模型中的對沖誤差進行了修正。喬凡尼等（Giovanni 等，2008）對幾種主要期權定價模型下的 Delta 套期保值成本進行了比較分析並發現，相對於經典的 Black-Scholes 模型下的 Delta 套期保值操作，其中一些模型對應的 Delta 套期保值成本明顯偏低。

另外，布萊克和舒爾斯假設標的資產價格變化過程遵循幾何布朗運動，其表示的是一個完備市場模型，而實際上，標的資產價格未必甚至不可能嚴格遵循幾何布朗運動這樣的連續變化過程。例如，宏觀經濟政策的出抬和調整就可能引起股票價格發生不連續的跳躍性變化，市場變得不完備，而且大量實證研究也表明，現實的金融市場並不完備，其中的未定權益也就不可達。因此，在現實市場中，不可能像 Black-Scholes 模型那樣，利用現有的標的資產對未定權益進行完全複製。也就是說，試圖通過一個自融資策略不可能完全複製任一不可達未定權益，因而套期保值者在售出未定權益 H 后，無論採取何種投資策略，總存在一定的風險。基於不完備市場中難以通過自融資策略對未定權益進行完全複製的原因，有必要選取一個最優性標準，以便得到具體最低複製成本的組合策略。此時，就套期保值而言一般有兩種途徑。

途徑之一就是放寬套期保值策略對終期財富 $V_T = H$ 的約束，這時的套期保值問題就簡化為在一定風險幅度內通過一個自融資策略來對未定權益進行近似

複製的問題。當然這種近似無疑是依賴於風險度量標準的選取，於是導出了許多最優問題。這通常有以下三種主要方法：

一是由本塞德等（Bensaid B，Lesne J.P，Pages H & Scheinkman，1992）提出上複製策略，也就是尋找一個初始成本最小的自融資策略使其終期財富 V_T 不小於未定權益 H。在此之後，維塔尼克等（Cvitanic 等，1999）基於該準則並採用隨機控制方法對風險證券的方差隨機波動（S-V）模型進行了研究，並得到最優套期保值策略。然而，上複製策略因為其成本高昂而在實際中很少被採用。

二是由弗勒和桑德曼（Follmer & Sondermann，1986）提出的在自融資約束下尋找一個策略使對沖組合的終期財富價值與期末未定權益差的平方的期望達到最小的均方（M-V）套期保值方法，其在引入風險最小和局部風險最小思想的基礎上再運用 Kunita-Watanable 投影方法解得最優均方套期保值策略。在弗勒和桑德曼提出均方標準之後，施魏策爾（Schweizer，1991）運用 Girsanov 變換引入最小鞅測度，並在該鞅測度下研究了最優均方套期保值問題。賽切爾瑪利和德爾賓（Schachermayer & Delbean，1994）通過引入方差最優鞅測度，再利用 G-K-W 投影方法得到最優均方套期保值策略。勞倫特等（Laurent 等，1999）運用動態規劃原理研究了擴散模型下的均方套期保值問題。達菲和理查德（Duffie & Richard，1991）對資產價格過程服從擴散模型時特殊未定權益的平方套期保值問題進行了研究，並給出了最優策略的顯式解。範（Pham，2000）給出了具體方法以構建最優均方套期保值策略。希思 D 等（Heath 等，2001）對兩種平方套期保值策略進行了比較分析。施魏策爾（Schweizer，2001）對平方套期保值方法做了一個全面的論述。博布羅夫和施魏策爾（Bobrovnytska & Schweizer，2004）運用隨機控制的方法對 Brownian 運動模型下的均方套期保值問題進行了研究。安德魯 E.B（Andrew E.B，2004，2005）通過引入倒向隨機微分方程並構建隨機控制問題並得到跳躍-擴散模型下均方標準套期保值策略的解析解。愛爾斯·賽爾尼（Ales Cerny，2004）和古斯維利 S（Gugushvili S，2003）運用動態規劃原理研究了離散時間下的均方對沖並得到最優策略的遞歸方程形式解。施魏策爾（Schweizer，1995）研究了離散時間情形下的方差最優套期保值問題，並得到最優策略的倒向遞歸表達式。此外，蒂爾（Thierbach，2002）就附加信息模型下的均方套期保值問題進行了研究。比亞吉和奧克森山（Biagini & Oksendal，2004）利用 Malliavin 積分方法研究了擴散模型下內部信息者的最小方差套期保值策略。這些基於均方標準的套期保值方法存在一個缺陷就是無論終期財富是高於或低於未定權益都視

為有風險存在，這一點與實際並不吻合。

三是為了克服均方套期保值方法存在的缺陷，弗勒 H 和努克特 P（Follmer H & Leukert P，2000）提出了虧損風險（Shortfall-Risk）最小套期保值方法，即尋找一個自融資策略，使得期末平均虧損最小：$minE[(H-V_T)^+]$。最小虧損套期保值方法提出后，中野梓（Nakano，2003，2004）討論了離散時間模型和跳擴散模型下的虧損風險最小套期保值問題。範（Pham，2002）討論了最小虧損風險策略在金融與保險問題中的應用。舒爾美力克 M 和特勞特曼 S（Schulmerich M & Trautmann S，2003）把多階段套期保值分解成若干單階段形式並解決了局部虧損風險最小套期保值問題。徐明欣（Mingxin Xu，2004）運用對偶原理研究了不完備市場中的最小虧損套期保值問題。關根（Sekine，2004）討論了部分信息下的虧損風險最小套期保值問題。與均方標準相比，虧損風險最小標準的一個顯著優點就是區分了組合資產的最終財富價值與未定權益的大小關係，能夠為投資者提供更為精確的套期保值策略。

上述方法標準是在自融資約束下進行，套期保值的另一個途徑就是放寬自融資約束，在 $V_T = H$ 的約束下，尋找一個投資策略使得以成本過程差的平方的條件期望作為風險度量的風險最小，即：$minE[(C_T - C_t)^2 | F_t]$。該方法最早由弗勒和桑德曼（Follmer & Sondermann，1986）提出。隨后，施魏策爾 M（Schweizer M，1991）又提出了關於套期保值的局部風險最小標準，並且弗勒 H 和施魏策爾（Follmer H & Schweizer M，1995）就局部風險最小策略存在的充分必要條件進行了證明，即未定權益 H 存在 F-S 分解。施弗納 L（Schiefner L，2002）把期末未定權益折現成現金流的形式，利用動態規劃方法得到風險最小化標準下的最優動態套期保值策略。弗雷和昂格雷德（Frey，Runggaldier，1999，2001）研究了離散時間模型下的風險最小套期保值問題。蘭伯頓 D 等（Lamberton D 等，1998）證明了離散時間帶交易費用的平方可積未定權益的局部風險最小策略的存在性，並通過解滿足一定條件的方程得到套期保值策略表達式。肯尼迪 J.S（Kennedy J. S，2009）通過 Delta 對沖消除跳擴散過程中布朗運動帶來的風險，再最小化跳躍風險來控制套期保值過程中的總風險，得到了動態對沖策略。風險最小和局部風險最小策略因為其策略構造的簡便性和實用性，已經成為套期保值問題研究的重點，並且拓展到內部信息模型、美式期權模型、信用與違約模型、壽險模型等各個領域。施魏策爾（Schweizer，1994）對限制信息下的局部風險最小套期保值問題進行了研究，雖然沒有給出具體的套期保值策略表達式，但是討論了局部風險最小套期保值策略的存在性。弗勒和施魏策爾（Follmer & Schweizer，1991）利用等價鞅測度方法研究

了不完全信息下未定權益的風險最小套期保值問題。雷斯納（Riesner，2006）對壽險合約的風險最小套期策略問題進行了研究。陳 A（Chen A，2008）對離散時間模型下壽險合約的風險最小套期保值問題進行了研究。範達爾 N 和範姆勒（Vandaele N，Vanmaele M，2008）研究了壽險合約的風險最小套期保值，並給出了套期保值策略的具體構造方法。

除了上述套期保值方法外，方差作為風險的一個度量標準很早就為人們所接受。近年來，包括半方差在內的下偏矩也成為衡量風險的流行方法。與此相對應，許多研究者也提出並研究了基於廣義半方差或下偏矩的最優套頭比。另外，風險值（VaR）也是當前金融領域討論的一個熱點話題。許多學者把 VaR 引入到套期保值問題的研究中，提出基於 VaR 分析框架的最優套頭比理論方法。但是 VaR 標準並不滿足風險測度理論中的次可加性，也就是可能出現組合的 VaR 值大於組合中各資產 VaR 值之和的情況，從而導致出現不鼓勵資產分散化的情況。同時，VaR 也沒有充分考慮尾部風險，即沒有考慮超出 VaR 水平的損失，因此提供的信息可能誤導投資者。鑒於 VaR 存在上述不足之處，研究者又提出條件風險價值（CVaR）來彌補 VaR 的缺陷，而且 CVaR 作為一種有效的風險度量標準也得到了迅速發展。

從上述國外研究文獻來看，關於未定權益的套期保值問題研究已經較為成熟，但是大多研究是集中於理論層面，而這些理論上存在的策略表達式中有很多部分在實際應用中通常難以量化，少數涉及應用研究方面的文獻也基本是基於單階段即靜態的套期保值問題研究。實際市場是不斷變化的，單階段最優策略一旦確定就不再調整，不能適應市場的變化。

1.2.2 國內對套期保值領域的研究現狀

關於金融風險管理問題在國外已有長期的、系統的研究，比較而言，國內關於該方面的研究則起步較晚，而且主要是集中在定性方面的研究。馬賤陽等（2006）、肖慶憲（2004）、唐吉平等（2006）、陳忠陽等（2007）、梁朝暉（2007）、李仲飛等（2007）、於延超等（2005）就是從系統風險、市場風險、操作風險、信用風險以及流動性風險等方面對金融衍生產品的風險管理進行了定性分析。近年來，隨著國內金融市場逐漸成熟，各種金融衍生品陸續從國外引進，使得國內金融商品推陳出新、日趨多元化，國內投資者也漸漸熟悉了各種新的金融商品，因而誘發了投資者對這些衍生金融商品的需求。就政策層面而言，在政府的積極推動下，加速國內金融市場國際化，增加了國內投資者的投資及避險管理。同時，隨著金融市場的逐步完善和繁榮，金融動盪不斷加

劇，金融風險也迅速增加，傳統的定性分析已經不能滿足風險管理的需要，關於套期保值的定量分析目前已經成為國內風險管理的一個熱點議題。

張利兵和潘德惠（2005）在標的資產價格服從跳擴散過程的假設下，對給定可接受失敗概率情況下的未定權益套期保值問題進行了研究。崔援民、楊春鵬（1999）和楊春鵬（2000）考慮了在限定套期保值失敗概率的情況下，對期貨和期權交易的最優套保比率問題進行了研究，並給出了套期保值策略的相關性質。劉宣會、胡奇英（2004）通過引入動態風險度量準則，研究了標的資產價格服從跳擴散過程時未定權益的動態風險最優複製問題。劉宣會、胡奇英（2004）給出了完備市場中未定權益的套期保值問題的精確策略表達式。馬永開、唐小我（2000）研究了股票組合的套期保值問題，股票組合持有者因為對股市的未來收益沒有十足把握，從而準備對股票組合中的任何一只股票都選擇與之類似的金融衍生品對其進行套期保值，並提出和比較了兩種不同股票組合的套期保值方案。閆海峰（2003）研究了多維擴散過程模型和隨機波動率模型下未定權益的套期保值問題。

夏建明（Xia Jianming，2005）運用鞅方法研究了未定權益的均方套期保值問題。張海渢（2007）通過概率測度變換把隨機利率轉化為非隨機形式，研究了隨機利率情形下未定權益的均方套期保值問題，並通過 G-K-W 分解得到具有隨機利率的均方最優策略。劉海龍、吳衝鋒（2001）應用隨機微分對策方法研究了歐式未定權益的動態套期保值問題，並給出了基於魯棒控制的均方套期保值誤差最小的自融資動態對沖策略。楊建奇、肖慶憲（2008）運用投影定理並借助與未定權益相關的另一種風險資產，給出了跳擴散價格模型下未定權益平方套期保值的最優策略閉式解。劉宣會（2004）應用隨機對策方法對跳擴散模型下的均方套期保值和最小虧損套期保值問題進行了研究，並得到關於未定權益的一個最優逼近，然後基於風險中性概率測度通過運用 Clark 公式和 Malliavin 積分方法得到未定權益套期保值最優策略的顯性表達式。

銀建華（2006）基於初始財富不能對未定權益進行複製的假設，探討了單階段最小虧損套期保值問題並研究了具有給定概率約束的最小虧損套期保值策略的存在性。楊建奇、肖慶憲（2008）通過運用擴大信息流的辦法解決了跳擴散結構下內部信息者的最小虧損套期保值問題，得到了線性虧損函數下的最小虧損套期保值策略。

王春發（2004）研究了一般未定權益的風險最小（Risk-Minimizing）套期保值問題。成海波（2004）討論了一般半鞅模型下具有不完全信息的風險最小套期保值問題，不過沒有具體給出套期保值策略的具體表達式。楊建奇、肖

慶憲（2010）討論了隨機支付類型未定權益的風險最小套期保值問題。進一步地，杜立金、劉繼春、湯思英（2004）討論了具有跳擴散標的資產價格的投資連結產品的局部風險最小套期保值，並給出了局部風險最小準則下套期保值策略的數學表達式。王春發（2003）研究了單位連結人壽保險合同的局部風險最小套期保值問題。之後，王春發（2004）又進一步討論了具有隨機利率保險合同的局部風險最小套期保值問題，並給出了一個關於局部風險最小套期保值誤差與均值—方差套期保值誤差的比較結果。王春發（2002）把報險合約的風險最小套期保值策略與 Kunita-Watanabee 分解聯繫起來，證明了完全信息下保險合約的風險最小策略的存在性和唯一性。

此外，關於期貨的套期保值問題研究在國內開展得如火如荼，這方面的文獻更是不勝枚舉。在理論研究方面，林孝貴（2004）提出了基於當前價格的套期保值收益和風險比並使之最大化的套期保值模型。黃長徵（2004）基於效用最大化準則建立了關於期貨套期保值的非線性模型。林孝貴（2004）就套期保值的最小風險和最大概率問題進行了研究，並得到和說明了兩種套期保值的最優套期保值比及套期保值比的一致性。李國榮、吳大為、餘方平（2005）利用差異系數來衡量對沖資產組合的風險與收益，並且在差異系數最小化準則的基礎上建立了考慮交易成本的套期保值優化模型。吳文鋒、劉太陽、吳衝鋒（2007）採用負指數效用函數先後討論了不考慮持有成本和考慮持有成本及交易費用的未定權益的效用最大套期保值問題。

在應用研究方面，吳曉（2004）在其博士論文中研究了直接套期保值和交叉套期保值兩種情形下，根據具體套期保值模型計算得到套期保值比率的風險對沖效果，為投資者進行套期保值實際操作提供了一個切實可行的策略選擇。花俊洲等（2003）對期銅合約的風險最小套期保值問題進行了實證研究，並根據套期保值的有效性以及比較套期保值前後面臨的風險發現，在通過套期保值操作后面臨的風險顯著低於不進行套期保值面臨的風險。王賽德（2006）對套期保值期限與最優套期保值比和套期保值效果的關係進行了較為詳實的實證研究，結果表明最優套期比與套期保值期限的長短密切相關，隨套期保值持續時間的增長而增加，而且在建立套期保值頭寸時選擇的期貨合約距最后交易日越近，套期保值效果也就越好。吳衝鋒等（1998），梁朝暉、張維（2006）研究了期貨市場上大豆、硬麥的套期保值。梁朝暉（2007）運用動態規劃方法對中國期銅市場的套期保值進行了研究，並且發現動態的套期保值明顯比傳統的靜態方法更能適應市場變化，效果更好。此外，李世武等（2004），吳曉（2006），彭紅楓、葉永剛（2007）以及遲國泰等（2008）都突破傳統靜態方

法，通過建立動態套期保值模型對債券或期貨市場進行了動態套期保值研究，同樣得出動態套期保值優於靜態套期保值的結論。

1.3 研究內容、研究方法及結構安排

1.3.1 研究內容

本書主要對普通投資者和內部信息擁有者關於歐式未定權益的動態套期保值問題展開研究，目的是為有關主體進行金融風險管理提供一套能適應市場變化並且切實可行的策略方案。

在前人研究的基礎上，我們基於風險管理視角對國內外有關套期保值理論和實踐的研究重新進行審視和梳理，認為關於套期保值問題的研究與發展由以下兩大主線展開，如圖1.1所示。

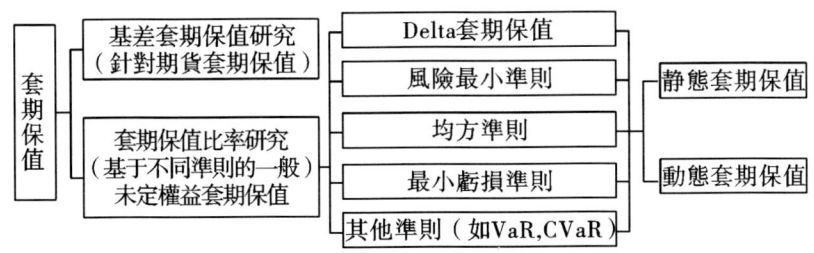

圖1.1　套期保值理論的發展路徑示意圖

在上述套期保值發展主線的基礎上，本書以歐式未定權益為例，對動態套期保值的核心問題——套期保值策略的確定進行探討研究。本書的內容具體包括如下幾個方面：

第一，Delta約束下歐式未定權益的平方套期保值問題研究。不同於B-S模型下的Delta套期保值，本書是在Delta策略的約束下，通過引入另一種相關風險資產，並與標的資產和無風險資產共同構成對沖組合，根據最優性原理、採用倒向遞歸方法，合理確定各時刻的對沖頭寸以消除擴散風險和降低跳躍風險，從而達到套期保值的目的。

第二，跳擴散結構下歐式未定權益的均方套期保值問題研究。為避免引入資產過多造成套期保值操作上的不便，本書的均方套期保值僅用標的資產和無風險資產構建對沖組合，以期末對沖組合價值與歐式未定權益價值的均方誤差最小為優化目標，在自融資約束下利用動態規劃原理，導出各時刻最優策略的

表達式。

第三，跳擴散結構下歐式未定權益的最小虧損套期保值問題研究。本書把套期保值期間 $[0, T]$ 內各策略調整時刻的標的資產頭寸 $\Theta = (\vartheta_0, \cdots, \vartheta_{T-1})$ 作為一個隨機向量序列，合理構造聯合條件密度，據此生成策略頭寸的馬氏鏈 $\{\Theta^{(j)}\}_{j=1}^{G}$，並用馬氏鏈的均值作為最優策略的估計值。

第四，跳擴散結構下歐式未定權益的費用最小套期保值問題研究。不同於均方套期保值和最小虧損套期保值，本書突破自融資約束，是在 $V_T = H$ 的約束下，允許套期保值期間進行成本的追加或抽出，尋找使得以成本過程差的平方的條件期望作為風險度量的費用最小套期保值策略，即 $\min E[(C_T - C_t)^2 | F_t]$。

第五，基於內部信息的歐式未定權益的套期保值問題研究。本書用 F-可測的隨機變量 L 表示內部信息，研究內部信息者的均方套期保值、最小虧損套期保值和費用最小套期保值問題，運用模擬的方法對內部信息者和普通投資者關於歐式未定權益套期保值的效果進行比較分析，並從企業監管的角度說明加強企業信息管理的必要性。

第六，基於投資者風險偏好差異視角的套期保值策略研究。套期保值操作可以為投資者進行市場風險規避。然而，不同投資者對風險的偏好程度並不一致，因此其採取的套期保值策略也會有所差異。本書通過把均值方差效用函數與風險厭惡系數相結合，構建不同風險偏好投資者的風險規避目標函數，然后借助小波分析方法，計算動態最優套期保值比，分析了最優套期保值比、套期保值效果與投資者風險偏好程度、套期保值期限的關係。

1.3.2 研究方法

本書的研究歸屬於理論與實踐相結合的研究範疇，採用定性與定量研究、數理推導與實例分析相結合的方法對歐式未定權益的套期保值問題展開研究。研究過程中，本書做到了：

第一，注重多學科知識的交叉應用。本書綜合運用金融風險管理理論、最優化理論和方法、統計學等學科的相關理論方法對套期保值問題進行研究。

第二，定性與定量研究的有機結合。本書研究中涉及的優化模型的目標函數以及約束條件都具有明確的經濟含義，都是在充分考慮各種現實經濟意義的基礎上將其量化得到的。

第三，理論推導與實例分析相結合。本書在建立各理論模型並進行數理推導的同時均附以實例分析，以闡釋本書所得結論的合理性和科學性。

具體而言，本書主要利用如下技術方法：

第一，倒向遞歸方法。
第二，動態規劃原理。
第三，鞅過程理論。
第四，馬爾可夫鏈蒙特卡羅模擬。
第五，套期保值理論。

本書研究的基本思路如圖 1.2 所示。

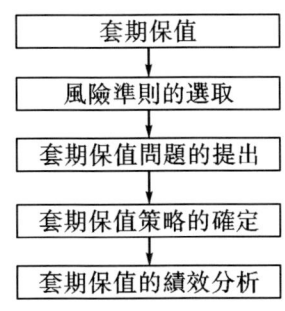

圖 1.2　套期保值研究思路圖

1.3.3　結構安排

本書在以跳擴散模型刻畫風險資產價格變化過程的基礎上，對歐式未定權益的套期保值問題展開研究，並對內部信息擁有者和一般投資者對某一給定期權進行套期保值的效果進行比較分析。本書的結構安排如下：

緒論：論述本書的研究背景與研究意義，對國內外套期保值問題的研究現狀進行簡要論述，闡明本書的研究內容和結構安排。

套期保值的理論基礎：主要介紹套期保值的概念、套期保值的經濟意義、進行套期保值研究和實踐所要具備的預備知識。

資產價格的跳擴散模型：闡述了資產價格的跳擴散模型刻畫，利用歷史價格信息對模型進行參數估計，針對中國證券市場對跳擴散模型進行價格跳躍檢測和模型的檢驗。

Delta 約束下歐式未定權益的套期保值問題研究：在 Delta 策略約束下，引入另一種相關風險資產與標的資產和無風險資產共同構成對沖資產組合，合理設計未定權益的動態套期保值方案，然后根據動態規劃原理，採用倒向遞歸方法，在套期保值期內各策略調整時刻合理確定策略頭寸，達到消除擴散風險的同時又降低跳躍風險的目的。

跳擴散結構下歐式未定權益的均方套期保值問題研究：利用動態規劃原

理，以期末未定權益與對沖組合價值的均方誤差最小為優化目標，對歐式未定權益的均方套期保值進行研究。

跳擴散結構下歐式未定權益的最小虧損套期保值問題研究：針對最小虧損套期保值問題目前尚無文獻直接給出策略的解析表達式，本書定義終期虧損的期望值作為風險度量並在最小虧損目標下，採用馬爾科夫鏈蒙特卡羅模擬方法，研究了歐式未定權益的最小虧損套期保值問題。

跳擴散結構下歐式未定權益的費用最小套期保值問題研究：在 $V_T = H$ 的約束下，尋找一個最優策略使得以成本過程差的平方的條件期望作為風險度量的風險達到最小，即 $\min E[(C_T - C_t)^2 | F_t]$。

不同風險準則下套期保值效果的對比分析：在前面研究的基礎上，對比分析了不同風險準則下進行套期保值產生期末未定權益與對沖組合間的誤差、動態策略調整發生的交易佣金以及各準則下的套期保值總成本。

基於內部信息的歐式未定權益套期保值問題研究：用隨機變量 L 表示內部信息，研究了內部信息者關於歐式未定權益的套期保值問題，並對內部信息者和一般投資者關於歐式未定權益的套期保值效果進行比較分析。

基於投資者風險偏好差異視角的最優套期保值策略研究：利用股指期貨進行套期保值操作可以為投資者進行市場風險規避。然而，不同投資者對風險的偏好程度並不一致，因此其採取的套期保值策略也會有所差異。本書通過把均值方差效用函數與風險厭惡系數相結合，構建不同風險偏好投資者的風險規避目標函數，然後借助小波分析方法，計算動態最優套期保值比，最後分析了最優套期保值比、套期保值效果與投資者風險偏好程度、套期保值期限之間的關係。

2　套期保值的理論基礎

　　研究套期保值問題，首先必須明確什麼是套期保值，明確何種情況下需要採取何種套期保值策略，才能正確地運用套期保值業務來規避在金融市場中可能面臨的風險。其次，為了有效地實現套期保值操作的預期目的，就必須合理確定套期保值目標和採取優良的套期保值策略，套期保值目標的確定和最優套期保值策略的確定也是當前關於套期保值問題研究的兩個核心部分。另外，還要考慮的就是從什麼角度去研究套期保值問題，即套期保值採用的準則，明確不同準則下的套期保值具有什麼樣的經濟含義。這樣才可以探尋更合適的風險度量方法，尋求最優的套期保值策略，從而達到最佳的套期保值效果。

2.1　套期保值的基本概念

2.1.1　套期保值

　　套期保值（Hedging）也稱為對沖交易，是指一個暴露在某一商品價格風險下的交易主體，通過持有與該商品相反交易部位的其他保值工具來消除所面臨的價格風險的行為。套期保值操作是金融風險管理的重要手段之一，同時也是現代金融研究的一個核心問題。實務界以及理論界關於套期保值的定義有著不同的說法，可以簡單地描述為投資主體擁有或出售某項未定權益後，需要採取何種策略以應對未來可能發生的損失。套期保值經歷了幾個不同的理論發展階段，主要包括由傳統概念上的「幼稚」（Naive）套期保值轉變為基於基差逐利的選擇性套期保值，再演繹到基於組合投資概念的現代套期保值理論。

　　從直觀上來看，套期保值意味著對未來商品價格的不確定性起到一個保值作用。然而，隨著金融衍生市場的出現，各類金融衍生產品隨即產生並迅速發展起來，投資者可以利用更多的金融工具進行風險規避，因而此時的套期保值

除了傳統意義上的保值外，還意味著獲得未來的可能收益。例如，期權合約持有者可以在未來價格出現不利於自身情況時放棄可行使的權利而避免損失；或者在未來價格出現有利於自身情況時，通過行使權利而獲得收益。

眾所周知，完備市場中的任何未定權益都是可達的。此時，投資者可以通過購買市場中的相關風險標的資產與無風險資產共同構建一個自融資投資組合（除初始成本外，在整個投資過程中沒有資金的追加和退出），使得組合的未來收益等同於未定權益的終期價值，這樣可以使未來的投資損失恆等於零，從而達到完全消除風險的目的。也就是說，完備市場中未定權益可以用標的資產和無風險資產進行完全複製。建立在金融市場完備性假設條件之上的套期保值方法有 Delta 套期保值、Gamma 套期保值等方法。然而，完備市場只不過是一種理想化的情形而已，大量市場實證研究表明完備市場難以出現，大多數金融市場是不完備的，這時不可能僅通過一個自融資策略對未定權益進行完全複製，必定有一定的誤差存在，在未定權益售出後，無論投資者採取何種策略總有一定的風險存在。因此，對不完備市場中未定權益的套期保值問題展開研究具有更加重要的理論與實踐意義。

2.1.2 套期保值策略的分類與選擇

不完備市場中未定權益的套期保值方法有超級套期保值（Super-hedging）方法、效用無差別方法、二次準則方法、虧損風險最小方法。超級套期保值方法由於套期保值成本過高而很少被投資者採用。效用無差別方法則因為計算過於複雜，在實際中通常也很少應用。二次準則方法分為風險最小方法和均值—方差方法兩種類型，二次準則方法的計算相對簡單因而應用較為普遍，但其中的均值—方差方法需要施加自融資約束，並且只適用於到期清算的金融衍生品，風險最小方法則不受自融資的約束，對於那些含有期間現金流的金融衍生品來說，就可以採用風險最小方法對其進行套期保值。虧損風險最小方法則是在某種損失函數下去尋找自融資套期保值策略，該方法克服了二次準則把收益和損失都視為風險的缺點，區分了終期組合財富與未定權益的大小關係，僅把可能發生的損失認定為風險。

根據構建的套期保值策略頭寸是否隨時間改變，可以把套期保值操作分為靜態和動態兩種類型。所謂靜態套期保值，就是風險對沖頭寸一旦建立起來就不再進行調整，該方法不能適應實際市場的變化，因而保值效果通常不佳。所謂動態套期保值，就是根據市場變化而不斷地對持有的對沖頭寸進行動態調整，這樣可以更好地適應市場變化而達到真正保值的目的。動態套期保值作為

風險管理的手段之一，常常被廣泛地應用到各種金融活動中。關於動態套期保值操作的基本原理，將在「2.3 預備知識」中做具體介紹。

根據買入或賣出保值頭寸不同，套期保值操作可以分為多頭（Long Position）套期保值和空頭（Short Position）套期保值兩種類型。關於期貨的套期保值操作，買入套期保值就是買入並構建與現貨頭寸相反的期貨頭寸；反之，如果是以空頭（賣出）期貨部位來對現貨部位存在的風險進行對沖，則稱為賣出套期保值。關於期權的套期保值操作，除了考慮期權的買賣方向外還要考慮買入或賣出期權的性質。通常來說，期權交易有買入（或賣出）看漲（或看跌）期權，根據履約後期貨部位的不同，期權套期保值同樣有買入（即多頭）套期保值和賣出（即空頭）套期保值兩類。如果投資者是買入看漲期權（Call Option）或者賣出看跌期權（Put Option），那麼履約後對應的是多頭期貨部位，稱為期權的買入套期保值；如果投資者是賣出看漲期權或買入看跌期權，那麼履約後對應的是空頭期貨部位，稱為期權的賣出套期保值。

現實金融市場中，對未定權益進行套期保值的例子很多。例如，企業為提高管理層的工作績效通常採用高管持股制度，按照制度規定，高層管理人員在約定時間會收到一定數額的股票作為績效薪酬。對企業來說，如果屆時股票價格高漲，企業的支付額必將顯著增加，因而需要為避免股票價格上漲進行套期保值；對高層管理人員來說，他們則擔心股票價格大幅下跌使自己的終期收益縮水，因而需要為避免股票價格下跌進行套期保值。

具體而言，投資者在如下情形下可以採取買入套期保值策略：第一，預期在未來某一時間可能會有一筆資金收入並且準備用於購買股票，而且投資者也認為當前時刻就是最好的建倉時機，如果在未來資金收入到帳後再建倉，可能會因為股票價格上漲而增加成本。這時就可以利用金融衍生工具槓桿交易的特點，先用較少的資金買入期權或股指期貨合約，來鎖定未來股票建倉成本，從而達到對沖股價上漲的風險。第二，擁有一大筆資金的機構投資者計劃按照當前的市場價格購買一組股票，由於計劃買進股票的數額巨大，短期內完成建倉勢必會推高股票價格，提高自身的建倉成本，導致實際的買進價格遠超出計劃中理想的買進價格；如果分期按不同批次買進建倉，同樣也擔心未來股價上漲而增加成本。此時，如果通過買入金融衍生工具進行套期保值操作則是很好的解決問題的辦法。其具體做法是先在衍生品市場買進對應價值的某種合約（如看漲期權合約），然後再分步逐批買進股票，同時逐批將這些對應的合約賣出平倉。第三，對於從事融券做空交易的投資者來說，其必須在預定的日期之前買回事先賣空的全部股票，並加上一定金額的費用償還給當初的出借者。

顯然易見的是，在融券者賣掉股票后最擔心的就是股票價格大幅上漲，從而導致在將來務必以更高的價格回購股票償還給出借者，這時要規避價格上漲帶來的風險，就可以通過買入套期保值策略來實現。第四，對於期權而言，當投資者賣出看漲期權時，只要股票價格上漲，就必將面臨虧損發生，而且股票價格上漲的越多虧損也越大。此時，如果採取買入套期保值策略則能夠在一定程度上起到對沖風險的作用。

在以下幾種情形下，通常可以採取賣出套期保值策略：第一，投資者需要對較大規模的投資組合進行調整或者已經達到某個具體投資目標而需要大量賣出部分股票時，如果在股票市場直接出售，則可能產生較高的衝擊成本，也會引起較大的市場波動，此時採取賣出套期保值策略則可以在一定程度上規避潛在的風險。第二，當前持有大量股票的投資者考慮到股票即將有紅利分派或者因資金期限匹配等原因，而打算對股票繼續持有一段時間，但是又預期到大盤將下跌，投資組合面臨著市值縮水的風險，此時也可以採用賣出套期保值策略進行風險規避。第三，對於部分長期持股的大股東或戰略投資者而言，儘管其看空后市，卻不願意因為賣出股票而失去對所持股公司的控制權或股東地位，這時就可以通過賣出套期保值策略來對沖股價下跌的風險。第四，對投資銀行或股票承銷商來說，能否將包銷的股票按照預定的價格銷售出去，在很大程度上取決於整個股市的變化。如果后市形勢不佳，則很有可能因為銷售失敗而留有大量股票在自己手中，也即股票承銷商需要承擔相應的風險。為了避免股市不利情況的出現給投資銀行或股票承銷商帶來損失，其同樣可以採取賣出套期保值策略。第五，對股票投資者來說，股票價格下跌意味著面臨投資虧損，並且股票價格下跌越多虧損額度也越大。此時，如果投資者在股票期權或股指期權上賣出看跌期權就可以在一定程度上實現對沖股票價格下跌的風險。具體套期保值操作策略的選擇如表 2.1 所示。

表 2.1　　　　　　　　　　套期保值策略選擇

價格風險＼策略	期貨	期權 保護策略	期權 抵補策略
規避價格上漲風險	買入期貨	買入看漲期權	賣出看跌期權
規避價格下跌風險	賣出期貨	買入看跌期權	賣出看漲期權

總之，投資者就是利用包括現貨、期貨和期權在內的三種商品價格的相互關聯性進行套期保值操作從而達到規避價格波動風險的目的。期貨套期保值操

作的理論依據就是同一商品的期貨和現貨在價格走勢具有同時上漲或者同時下跌的同向變化特徵。鑒於此，如果按照持有的頭寸數量相當、持有的頭寸方向相反、購買的期貨與現貨期限相同或相近的交易原則進行操作，則當一個部位表現出虧損的同時而確保另一個部位盈利，從而達到避免潛在的風險。期權的套期保值操作同樣是根據期權價格與其對應的基礎資產價格波動的相關性進行，只要持有的期權頭寸和標的資產的持有頭寸兩者方向相反，那麼資產價格的上下波動造成一個部位發生虧損的同時另一個部位就會盈利。如果其他因素保持不變，看漲期權的價格隨標的資產價格的上漲而上漲，而看跌期權的價格則隨之下跌；反之，隨著標的資產價格的下跌，看漲（看跌）期權的價格也隨之下降（上升）。由此可見，套期保值者可以通過看漲期權的買入或者看跌期權的賣出來避免價格上漲帶來的風險，反之則反是。

2.1.3 套期保值的注意事項

套期保值作為金融衍生品市場的一個重要功能，同時也是金融衍生品市場賴以存在和發展壯大的基礎，但實際操作中許多套期保值者在參與保值交易之后，並未取得預期的理想效果，因而開始懷疑金融衍生品市場套期保值的功能。在此，本書簡述幾個在套期保值操作中應該注意的問題。

首先是進行必要風險評估，決定是否需要開展套期保值。套期保值的目的就是規避市場價格波動帶來的風險，然而市場上價格波動總是存在的，價格的變動可能對自己有利，也可能對自己不利，只有當未來市場價格的變動對自己擁有或準備擁有的未定權益產生不利影響時，才有必要採取套期保值操作以規避潛在的價格風險。相反，套期保值不僅不能獲得有利價格變動帶來的好處，還有可能遭受某些額外的損失，因此在決定是否進行套期保值前必須對有關價格走勢進行科學的預測和計算。

其次是合理的確定套期保值目標並正確選擇套期保值策略。如前所述，套期保值就是規避價格風險，而對於不同的投資者來說，又有不同的風險度量標準和風險偏好程度。風險本身具有兩面性，既有有利的部分也有不利的部分。因此，根據套期保值主體的態度，套期保值目標可以區分為雙向套期保值和單向套期保值。雙向套期保值就是盡可能地消除包括有利風險部分和不利風險部分在內的所有價格風險（如二次準則）；單向套期保值則不同於雙向套期保值，在消除不利部分風險的同時又保留了風險的有利部分（如最小虧損準則）。選擇哪種套期保值目標，取決於投資主體對風險的不同偏好及偏好的程度。對於一個極度厭惡風險的投資者來說，有利風險部分帶給他的正效用會遠

小於等量的不利風險部分帶給他的負效用，因此他通常更偏向於選擇雙向套期保值。反之，對於一個風險偏愛者來說，有利風險部分帶來的正效用只略小於等量不利風險部分帶來的負效用，因此他會更傾向於選擇單向套期保值。如果避險主體預測市場價格上升（或下降）的可能性遠遠高於市場價格下降（或上升）的可能性，則他會更傾向於選擇單向套期保值。相反則會傾向於選擇雙向套期保值。

再次是選擇合適的套期保值工具並確定進行套期保值操作的最佳時機。一旦決定進行套期保值後，就要具體確定選用何種工具進行套期保值以達到預期的保值效果。遠期、期貨、互換、期權都是常用的可選工具，但是不同金融衍生工具都有其自身的特點和適用領域。例如，相對期貨而言，選擇期權進行套期保值的資金占用較少，就資金成本占用的角度而言，選擇期權套期保值則可以為投資者提供更多的選擇機會。選擇期權套期保值在規避資產價格變動的不利風險的同時，又能夠保留資產價格變動的有利部分從而獲得收益，而且選擇期權進行套期保值無需進行保證金的追加，交易手續費也較低。因此，對於那些資金實力不是十分雄厚的避險主體而言，可以考慮選擇期權套期保值。對於套期保值最佳時機的確定，以期貨套期保值為例，基差變化直接影響到套期保值的效果，雖然影響基差大小的因素十分複雜，以致基差隨時都在波動，但是影響期貨和現貨價格的因素相同，兩者的價格大致呈同向波動而且波動幅度的差別不大。因此，基差的波動相對於現貨或期貨價格的波動而言就小了許多，顯得相對穩定。可以通過歷史價格關係以及實際成本對其水平進行預測，對套期保值者來說，掌握基差的變化就可以把握在什麼時候以什麼價格進出場，不僅能達到保值及盡量減少虧損的目的，甚至還可能得到額外的盈利。

最後是對套期保值過程進行監控和評價，隨時做出策略調整。現實的套期保值過程中，情況是在不斷地隨市場變化而改變的，一旦情況發生變化，原本正確合理的套期保值交易也許會變得不合理甚至是錯誤的選擇。於是，避險主體必須及時對其原有的套期保值部位做出必要的調整，以適應新市場的變化，也只有如此，才能達到理想的套期保值效果。

總之，套期保值交易是一項複雜的、系統的工程，通過深入細緻地工作，注意套期保值交易中的每一個關鍵問題，同時在實踐操作中不斷地摸索和進行經驗總結，通過套期保值交易迴避市場的風險，達到較為理想的保值效果是完全可能的。

2.2 套期保值的經濟意義

投資主體可以通過開展有效的套期保值業務，規避市場價格波動帶來的風險，從而增強對價格波動的適應能力並鎖定投資成本。對企業來說，套期保值還有另一個功能，就是降低經營風險和提高企業競爭力。企業可以根據自身情況在不同經營發展階段有選擇性地進行套期保值操作，逐步提高經營效益和降低經營風險，最終達到增強企業的盈利能力並提高企業競爭力的目的。然而，套期保值目標的確定和策略的選取，直接影響到套期保值效果的好壞或者套期保值目標的實現。

首先，如前所述，不完備市場套期保值中常用的風險度量標準有風險最小標準、均方標準、最小虧損標準等。從心理學角度來看，卡尼曼和特韋爾斯基（Kahneman & Tversky, 1979）的研究表明，投資者對損失或盈利的風險感受和風險厭惡程度是不同的。這表明對不同的投資主體來說，不同風險度量標準有著不同的含義，也有著不同的經濟意義。風險最小標準是放鬆了自融資約束的限制而允許套期保值期間進行成本的追加，但是要求交易策略的期末財富價值等於未定權益價值，並使得以條件均方差過程為風險度量的風險最小化，從而確定得出最優策略。這就要求投資者對套期保值期末的損益與套期保值期間的成本追加做出一個衡量和判斷，對那些風險偏好者來說，可能會放棄使用該標準。均方標準則是在自融資約束下使策略的終期財富價值與未定權益價值的偏差的均方期望最小，即強調正負兩種偏差間的對稱性，把正負偏差都認為是風險，屬於雙向套期保值類型。對一個極度厭惡風險的投資者來說，他認為有利風險部分帶來的正效用會遠小於等量的不利風險部分帶來的負效用，因此他通常更偏向於選擇該標準進行套期保值。不同於均方準則，最小虧損標準則是在某種損失函數下尋找套期保值策略，僅把不利偏差視為風險的存在。對於一個風險偏愛者來說，他認為有利風險部分帶來的正效用只略小於等量不利風險部分帶來的負效用，因此他會更傾向於選擇最小虧損標準進行套期保值。

其次，對不同投資主體而言，因為他們對風險的心理感受不同，所以不同風險標準下的套期保值在不同的市場行為中也有不同的經濟意義，套期保值策略的選取也就不同。均方標準下的套期保值是以控制較大概率下的重大損失為目的，提高了套期保值者對風險控制的能力。然而，該標準具有雙向套期保值的特性，把資產價格的有利波動和不利波動都視為風險的存在，在控制風險的不利部分的同時也控制了風險的有利部分。例如，當市場處於「牛市」時，出售看漲期權的投資者會購買對應的標的資產進行套期保值，均方準則下的套

期保值優化目標就把對沖組合資產價值超過和低於未定權益的有利部分和不利部分同時認為是風險的存在,因此均方套期保值只對那些絕對的風險厭惡者來說才是較好的選擇。相比較而言,風險最小標準下的套期保值要求交易策略的期末財富價值等於未定權益,未定權益的出售者通過購買包含標的資產在內的對沖組合進行套期保值操作,當市場處於「牛市」時,有利於對沖組合價值對未定權益的複製,肯迪(Kenddy, 2009)的研究結果表明,對那些注重眼前財富人來說,他們會偏向選擇該標準。而最小虧損標準僅把可能發生的損失視為風險存在,因此偏愛風險的投資者在「牛市」中會更傾向於選擇該種套期保值策略。反之,當市場處於「熊市」時,風險最小標準下的套期保值可能需要追加成本,因而對那些注重眼前財富的人來說,他們會放棄選擇該標準而偏向於選擇自融資約束下的均方標準和最小虧損標準的套期保值策略。

對於投資主體尤其是企業而言,除了可以通過運用衍生金融工具的套期保值來避免價格風險外,套期保值還有降低財務困境成本、減少預期稅收和避免投資不足等重要的經濟效用和價值。

首先,運用金融衍生工具進行套期保值可以使企業減少預期的納稅負擔,從而提升企業的價值。企業可以通過金融衍生工具的運用來降低企業的稅負函數凸性,進而降低企業的預期稅負。史密斯和斯塔爾茲(Smith & Stulze, 1985)認為,如果納稅義務是企業收入的凸函數,那麼套期保值能使企業減少納稅支出,而且稅負函數的形狀越凸套期保值業務的減負效果也越大。對此,南斯(Nance, 1993)等人最早做了套期保值對企業納稅義務影響的研究,結果表明,開展套期保值業務能夠有效地降低企業預期的納稅支出,而且企業使用的套期保值工具越多其稅收函數的凸性也越明顯。另外,通過開展套期保值操作還可以降低企業收入的波動性,從而提高企業的舉債能力,尤其是有外債的企業,還可以因稅盾效應而降低稅收,從而增加企業的價值。

其次,對企業來說,一旦無法實現或難以履行對債權人的承諾時就會陷入財務困境甚至導致企業破產,企業的價值大小也會因財務困境成本而受到影響,而財務困境成本的高低又取決於困境發生的概率大小以及陷入困境后的成本支出。霍頓和皮爾菲特(Howton & Perfect, 1998)、格雷厄姆和羅杰斯(Graham & Rogers, 2000)認為,通過套期保值操作,可以使企業現金流的波動性大幅度減小,從而有效遏制企業可能發生的財務危機並降低預期的財務困境成本,同時還可以提高企業的舉債能力。利蘭(Leland, 1998)的研究也表明,降低現金流的波動性是企業提高其舉債能力的有效途徑,而開展套期保值操作又是確保現金流波動性得以降低的一個行之有效的手段。

最后,投資不足是企業進行投融資時經常面臨的難題,如果企業存在高昂

的外部融資，那麼儘管某個投資項目具有可觀的淨現值，但是此項收益的相當一部分只能用來補償融資債務的固定支出，股東也會因為實際收益不高而放棄該項投資。特里基（Triki，2005）認為，對那些具有較高成長潛力的公司來說很可能出現投資不足，而通過套期保值可以降低市場潛在風險，減少股東和債權人的衝突，權益投資者就會更加積極地參與那些淨現值為正的投資項目，從而使投資不足的局面得以緩解。

除此之外，套期保值還具有重要的宏觀經濟意義。其主要體現如下：

第一，套期保值首先使金融衍生品市場的存在具有重要的經濟意義。正因為金融衍生品具有重要的套期保值功能，這也就使得金融衍生品市場有存在的必要和可能，如果只有投機獲利而不具備套期保值的作用，那麼金融衍生品市場最終會變成一個單純而沒有任何經濟價值的投機場所，當然也就失去了存在的經濟意義。

第二，套期保值業務是金融衍生品市場正常運行的必要條件。套期保值操作作為金融衍生品市場的主要業務，離不開套期保值主體的參與，因此套期保值主體是構成金融衍生品市場不可或缺的重要因素。市場要正常運行，就必須有大量套期保值者的存在並參與套期保值活動，因為其需要利用金融衍生商品通過套期保值業務來規避基礎資產市場上存在的風險，從而可以為金融衍生品市場提供實質性的商品以確保市場價格的穩定。相反，如果沒有套期保值這個具有實質經濟意義的業務存在，金融衍生品市場就無法形成良好有序的價格體系，市場也就無法正常運行。

第三，整個社會經濟活動的穩健發展離不開套期保值活動的開展。因為所有微觀主體的經濟活動狀況決定了整個社會的整體經濟狀況，所以套期保值不僅為微觀投資者主體提供了規避價格風險的手段，還能確保整個社會可以有序開展經濟生活，同時也夯實了社會經濟秩序穩健發展的基礎。正因為如此，我們也可以將套期保值業務稱為整個社會經濟發展的「內在穩定器」。總之，要健康穩定地發展市場經濟，使中國金融市場與國際市場接軌並參與國際市場競爭，我們的經濟活動就離不開金融衍生品市場的存在和套期保值活動的開展。

2.3 預備知識

2.3.1 基本定義

定義 2.1 未定權益（Contingent Claims）是將來收益不確定的，隨著標的

資產（Underlying Asset，如股票）價格的變化而變化的一項或有權益。設 (Ω, F, P) 是具有域流 $F = (F_t)_{t \in [0, T]}$ 的概率空間，數理金融中常用一個 F_T 可測的隨機變量 H 表示未定權益。例如，期權（Option）就是金融市場中常見的一種未定權益，它常常是套期保值研究的對象。從期權的執行時間來看，有歐式和美式期權兩類之分，其中歐式期權必須在合約規定的時間即到期日才能執行，而美式期權則可以在合約規定的到期日前的任何時刻執行。按期權合約的性質不同劃分，期權又可分為看漲期權（買權）和看跌期權（賣權）。期權是一項權利，沒有義務，因而期權具有價值，當然也有價格。[①]

假定 K 表示期權合約規定的執行價格（見定義2.2），S_T 表示標的資產在合約到期日的價格，那麼對歐式未定權益（買權）合約的買方來說，當 $S_T > K$ 時，他會執行合約按約定價格 K 購買標的資產，並獲得 $S_T - K$ 的收益；如果 $S_T \leqslant K$，他可以不執行合約。因為他可以在市場上按低於執行價格 K 的市場價 S_T 購買。因此，歐式未定權益的期末價值可表示為：

$$H = \max(S_T - K, 0) \tag{2.1}$$

與此對應有看跌期權。對歐式看跌期權（賣權）合約的持有方來說，當 $S_T < K$ 時，他會執行合約按約定價格 K 賣出標的資產，並獲得 $S_T - K$ 的收益；如果 $S_T > K$，他可以不執行合約。因為他可以在市場上按高於執行價格 K 的市場價 S_T 賣出。因此，歐式看跌期權的期末價值可表示為：

$$H = \max(K - S_T, 0) \tag{2.2}$$

看漲期權的期末價值圖與看跌期權的期末價值圖如圖2.1所示。

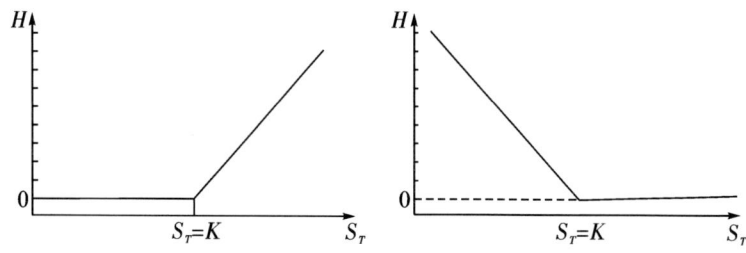

圖2.1　看漲期權的期末價值圖(左圖)和看跌期權的期末價值圖(右圖)

定義2.2　執行價格（Striking Price）是合約雙方規定好的價格，不論將來標的資產價格漲得多高或跌得多低，合約買方都有權利以執行價格買入或賣出

---

① 鄭振龍. 金融工程 [M]. 北京：高等教育出版社，2003.

相應的標的資產（Underlying Asset）。執行價格直接決定著未定權益內涵價值的高低。例如，對看漲期權而言，執行價格越低，內涵價值越大，需要支付的權利金越高；對看跌期權而言，執行價格越高，其內涵價值越大，需要支付的權利金越高。

定義 2.3 風險（Risk）大致有兩種定義，最常見的定義強調風險是未來結果不確定性的表現，威廉・夏普（William Sharpe，1964）在其論文《資本資產定價理論》中就論述了風險相關理論，認為風險是一種不確定性，屬於廣義範疇的風險，如金融風險。風險的另一種定義強調風險表現為損失的不確定性，即狹義的風險。按風險的不同來源可以把金融風險分為五種類型，如圖2.2所示。

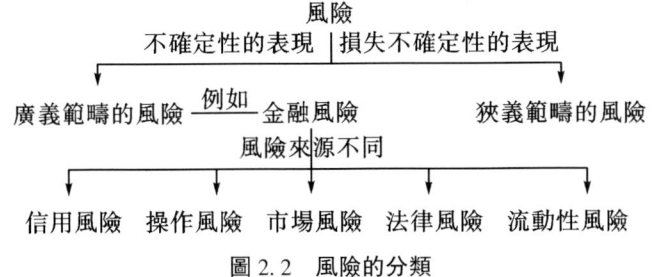

圖2.2 風險的分類

定義2.4 投資策略（Investment Strategy）。稱 $\pi(t) = [\alpha(t), \beta(t)]$，$t \geq 0$ 為投資策略，如果對於每個 $\alpha(t)$，$\beta(t)$ 的取值依賴於 t 前市場的信息，其中 $\alpha(t)$，$\beta(t)$ 分別表示 $t(\geq 0)$ 時刻投資於無風險資產（債券）和風險資產（股票）的份額，它在 $t(\geq 0)$ 時刻的財富價值為 $V(t) = \alpha(t)B(t) + \beta(t)S(t)$。稱 $V(\pi) = \{V_\pi(t), t \geq 0\}$ 為投資策略 $\pi = (\alpha, \beta)$ 的財富過程，$V_\pi(0)$ 為初始財富。進一步地，如果投資策略 $\pi(t) = [\alpha(t), \beta(t)]$ 滿足

$$V_\pi(t) = V_\pi(0) + \sum_{i=0}^{t-1} \alpha(i)\Delta B(i+1) + \sum_{i=0}^{t-1} \beta(i)\Delta S(i+1) \qquad (2.3)$$

則稱 $\pi(t) = [\alpha(t), \beta(t)]$ 是一個自融資策略。

定義2.5 正態分佈（Normal Distribution）。如果隨機變量 X 具有密度函數

$$P(x) = \frac{1}{\sigma\sqrt{2\pi}} e^{-\frac{(x-\mu)^2}{2\sigma^2}}, \ x \in (-\infty, +\infty) \qquad (2.4)$$

則稱 X 服從具有均值 μ 和方差 σ^2 的正態分佈，記 $X \sim N(\mu, \sigma^2)$。

定義2.6 布朗運動（Brownian Motion）也稱為維納過程，即對連續隨機過程 $W(t)$，$t \geq 0$，滿足：

第一，$W(0) = 0$。

第二，對任意 $0 \leq s < t, W(t) - W(s) \sim N(0, t-s)$。

第三，對任意 $0 \leq u < s < t$，$W(t) - W(s)$ 與 $W(u)$ 獨立。

定義 2.7 泊松過程（Poisson Process）。一個點過程 N_t 稱為泊松過程，滿足：

第一，$N_0 = 0$。

第二，N_t 是一個獨立增量過程，即在任意兩個不相交的區間 $[s_1, s_2]$，$[t_1, t_2]$ 內 N_t 的增量 $N_{t_2} - N_{t_1}$ 與 $N_{s_2} - N_{s_1}$ 相互獨立。

第三，$N_t - N_s$ 服從參數為 $\lambda_{s,t}$ 的泊松分佈，即 N_t 具有服從泊松分佈的平穩增量。

2.3.2 動態規劃原理

1951 年，美國數學家貝爾曼 R.E（Bellman R.E）等人在研究解決多階段決策過程的優化問題時，提出了著名的最優化原理（Principle of Optimality），並把多階段優化問題轉化為一系列單階段優化問題，逐個求解，創立瞭解決這類過程優化問題的新方法——動態規劃方法（Dynamic Programming）。

任何一個多階段決策最優化問題的動態規劃模型包含以下要素：

第一，階段。階段是對整個優化過程按照時間順序或空間特徵的劃分，以便按階段的次序對優化問題進行求解。描述階段的變量稱為階段變量，常用 k 表示。

第二，狀態。狀態表示每個階段開始時過程所具備的客觀條件。狀態描述過程的基本特徵並且具有無后效性，即每個狀態只是對過去的總結。常用 x_k 表示第 k 階段的狀態，用 X_k 表示第 k 階段的允許狀態集合。

第三，決策。某個階段的狀態確定后，就可以做出某種選擇從而演變到下一階段的某個狀態，這種選擇就稱決策。常用 $u_k(x_k)$ 表示第 k 階段處於狀態 x_k 時的決策變量，用 $U_k(x_k)$ 表示第 k 階段從狀態 x_k 出發的允許決策集合。

第四，策略。策略就是一個決策序列。通常記由起始狀態 x_1 開始的全過程的策略為 $p_{1n}(x_1)$，即 $p_{1n}(x_1) = \{u_1(x_1), \cdots, u_n(x_n)\}$。由第 k 階段的狀態 x_k 到結束狀態的后部子過程的策略記為 $p_{kn}(x_k) = \{u_k(x_k), \cdots, u_n(x_n)\}$。類似地，由第 k 階段到第 j 階段子過程的策略記作 $p_{kj}(x_k) = \{u_k(x_k), \cdots, u_j(x_j)\}$。

第五，狀態轉移方程。只要已知某階段的狀態和決策，下階段的狀態便可以確定。用狀態轉移方程可表示為

$$x_{k+1} = T_k[x_k, u_k(x_k)], \quad k = 1, 2, \cdots, n \tag{2.5}$$

第六，指標函數和最優值函數。指標函數是關於策略的數量函數，常用

$V_{kn}[x_k, p_{kn}(x_k)]$ 表示從階段 k 到階段 n 的指標函數。動態規劃問題中的指標函數具有可分離性,即 V_{kn} 可表為 x_k,u_k 和 $V_{k+1,n}$ 的函數,記為:

$$V_{kn}(x_k, u_k, x_{k+1}, \cdots, x_{n+1}) = \varphi_k[x_k, u_k, V_{k+1,n}(x_{k+1}, u_{k+1}, x_{k+2}, \cdots, x_{n+1})]$$
(2.6)

其中,φ_k 是一個關於變量 $V_{k+1,n}$ 的單調增函數。這也是動態規劃的適用前提。

由狀態的轉移方程,可以把指標函數 V_{kn} 表示為狀態 x_k 和策略 p_{kn} 的函數,即 $V_{kn}(x_k, p_{kn})$。在 x_k 給定時,稱指標函數 V_{kn} 關於策略 p_{kn} 的最優值為最優值函數,記為:

$$f_k(x_k) = \underset{p_{kn} \in P_{kn}(x_k)}{opt} V_{kn}(x_k, p_{kn}) \qquad (2.7)$$

其中,opt 表示具體情況下的優化運算,如取 max 或 min。(2.7) 式的含義是,對於第 k 階段的狀態 x_k,由當前的階段 k 到最終的目標階段 n 的最優的指標函數值也就等於從 x_k 出發,選取全體可能策略 p_{kn} 而得到的全部指標值中的最優者。

第七,最優策略,也就是最優的指標函數值對應的那個策略,記作 $p_{1n}^* = \{u_1^*, \cdots, u_n^*\}$。

引理 2.1 對於給定的初始狀態 x_1,策略 $p_{1n}^* = \{u_1^*, \cdots, u_n^*\}$ 是最優策略的充分必要條件是,對於任意的 $k(k = 1, \cdots, n)$,有:

$$V_{1n}(x_1, p_{1n}^*) = \varphi[\underset{p_{1,k-1} \in P_{1,k-1}(x_1)}{opt} V_{1,k-1}(x_1, p_{1,k-1}), \underset{p_{kn} \in P_{kn}(x_k)}{opt} V_{kn}(x_k, p_{kn})] \quad (2.8)$$

引理 2.2(最優化原理) 若 $p_{1n}^* \in p_{1n}(x_1)$ 是最優策略,則對於任意的 $k(1 < k \leq n)$,它的子策略 p_{kn}^* 對於由 x_1 和 $p_{1,k-1}$ 確定的以 x_k^* 為起點的第 k 階段到第 n 階段的后部子過程而言,也是最優策略。

首先,根據最優化原理可知,無論過去的決策或者狀態怎樣,對於前面決策所形成的當前狀態來說,後面的所有決策也一定是最優策略。

其次,根據最優化原理,動態規劃有如下形式的基本方程:

$$\begin{cases} f_k(x_k) = \underset{u_k \in U_k(x_k)}{opt} \{\varphi[v_k(x_k, u_k), f_{k+1}(x_{k+1})]\}, & x_{k+1} = T(x_k, u_k) \\ & k = 1, 2, \cdots, n \\ f_{n+1}(x_{n+1}) = \delta(x_{n+1}) \end{cases} \quad (2.9)$$

其中,$f_{n+1}(x_{n+1}) = \delta(x_{n+1})$ 稱為決策過程的終端條件,δ 是一個已知的確定性函數。最終要求的最優指標函數滿足:

$$opt\{V_{1n}\} = \underset{x_1}{opt}\{f_1(x_1)\} \qquad (2.10)$$

(2.10) 式是一個遞歸公式，只要把目標狀態確定后，就可以直接利用該公式遞歸求出最優值和最優策略。

動態規劃方法的重點在於理論上的設計，一旦設計完成，實現起來則非常簡單，只要根據動態規劃的基本方程就可以直接遞歸計算出最優值和最優策略。實際應用當中按如下幾個步驟進行：

第一步：分析最優解的性質，並刻畫其結構特徵。

第二步：遞歸地定義最優值。

第三步：採用從頂向下的記憶方法或者從底向上的方式計算得出最優值。

第四步：根據最優值計算過程獲取的信息，構造一個最優解。

前三步是動態規劃算法的基本步驟。在只需要求出最優值時，則可以略去第四步，如果需要求出問題的最優解，就必須執行第四步。

2.3.3 動態套期保值策略

關於傳統的靜態套期保值，很多學者對此進行了深入的研究也取得了大量的研究成果。然而市場本身是一個動態的市場，市場中的所有因素都在時刻發生變化，靜態套期保值的效果也經常會受到大量不確定因素的影響而大打折扣，因此對於未定權益來說，靜態套期保值勢必會存在很大的缺陷或不足，因而金融市場上關於未定權益的套期保值應該採取動態的對沖策略，也只有通過動態的套期保值策略才能夠真正對沖潛在的價格風險，才能真正提高套期保值的效果。

動態套期保值策略（Dynamic Hedging Strategy）是基於無風險套期保值原理（Riskless Hedging Principal）的。我們知道，在布萊克—舒爾斯（Black‐Scholes，1973）那裡，套期保值策略就演變為一個動態的無風險套期保值原理。該原理指出，如果市場是一個不存在套利機會的有效市場，那麼任何用來對沖市場風險的資產組合就會獲得與無風險利率相等的期望收益率。也就是說，可以建立一個無風險對沖組合，而且只要連續地調整對沖組合中各種資產的頭寸比例，就會使對沖組合中各種資產產生相互的價格保護（基礎資產保護衍生資產或者衍生資產保護基礎資產），從而避免一切可能發生的虧損，達到消除全部市場風險的目的。事實上，上述關於無風險套期保值的原理表述了無風險利率與基礎資產和衍生資產的期望收益率三者間的一種均衡。下面簡述一個擴散模型下對歐式未定權益進行動態套期保值操作的例子。

假設標的資產是股票 S，對應的歐式未定權益的價格是 C，並且股票價格

變化過程 $S(t)$ 滿足：

$$dS = S[\mu dt + \sigma dW(t)] \quad (2.11)$$

歐式未定權益的價格 $C(S, t)$ 是隨機變量，根據 Ito 引理，有：

$$dC = (\frac{\partial C}{\partial t} + \mu S \frac{\partial C}{\partial S} + \frac{1}{2}\sigma^2 S^2 \frac{\partial^2 C}{\partial S^2})dt + \frac{\partial C}{\partial S}\sigma S dW(t) \quad (2.12)$$

其中，μ 和 σ 分別表示股票的瞬時收益率和波動率，$dW(t)$ 遵循布朗運動過程。

現在構造如下對沖組合 Π：

一單位空頭頭寸的歐式未定權益；Δ 單位多頭頭寸的股票。

顯而易見，該組合的價值可以表示為：

$$\Pi = \Delta \cdot S - C \quad (2.13)$$

進一步地，對沖組合的價值變動完全是由股票和看漲期權兩者的價格變動所引起的，即：

$$d\Pi = \Delta \cdot dS - dC \quad (2.14)$$

這樣，根據（2.11）和（2.12）式，可知：

$$d\Pi = [-\frac{\partial C}{\partial t} - \frac{1}{2}\sigma^2 S^2 \frac{\partial^2 C}{\partial S^2} + (\Delta - \frac{\partial C}{\partial S})\mu S]dt + (\Delta - \frac{\partial C}{\partial S})\sigma S dW(t)$$

$$(2.15)$$

從（2.15）式中可以發現，它的第一項是一個表示資產組合價值變化的確定型的變量，而其第二項表示的是該組合價值變化的隨機項，即該組合價值變動的風險項。因此，只要 $\Delta = \frac{\partial C}{\partial S}$，該資產組合就能完全處於無風險狀態，這時可以得到如下微分方程：

$$d\Pi = [-\frac{\partial C}{\partial t} - \frac{1}{2}\sigma^2 S^2 \frac{\partial^2 C}{\partial S^2}]dt \quad (2.16)$$

動態套期保值也就是基於上述基本原理進行的。

作為一種風險管理工具，動態套期保值在國外已經得到很多學者較為深入的探討研究，並有多種動態套期保值策略相繼被提出來，大體上可以分為基於時間的動態套期保值策略（常用的有動態 Delta 套期保值策略和多期跨度套期保值策略）和基於標的資產變動的動態套期保值策略。但是在國內，因為受市場發展水平的影響，關於動態套期保值策略的研究並不多見，基本只是概述。然而，隨著中國金融市場逐步與國際金融市場接軌以及股指期貨、認股權證等金融工具的推出，在國內市場上驗證這些金融衍生工具運用的效果將是一

項理論和實踐任務。特別是對國內各類證券投資基金等機構投資者來說，其正處於超常規的發展過程中，加深對套期保值尤其是動態套期保值問題的研究至關重要，這也必定成為一個新的研究課題。本書就是在現有的各種動態套期保值策略展開研究的基礎上，通過選取不同的投資組合對歐式未定權益進行動態套期保值操作，並對各種動態套期保值策略的套期保值效果進行檢驗，希望能起到拋磚引玉的效果，為投資者更好地進行套期保值操作提供參考。

2.4　本章小結

　　首先，本章對套期保值的概念、關於套期保值策略的分類和選擇以及套期保值操作中的幾個注意事項進行了回顧和總結，為套期保值實踐操作做好了鋪墊。其次，本章闡述了套期保值的宏觀經濟意義，並對不同風險準則下套期保值的效果分別做了說明，為不同風險偏好的投資主體合理選擇套期保值策略提供了理論依據。最後，本章闡述了研究套期保值問題的一些必備的數理金融知識，對它們的闡述和說明將有利於本書關於套期保值研究工作的開展。

　　套期保值流程圖如圖2.3所示。

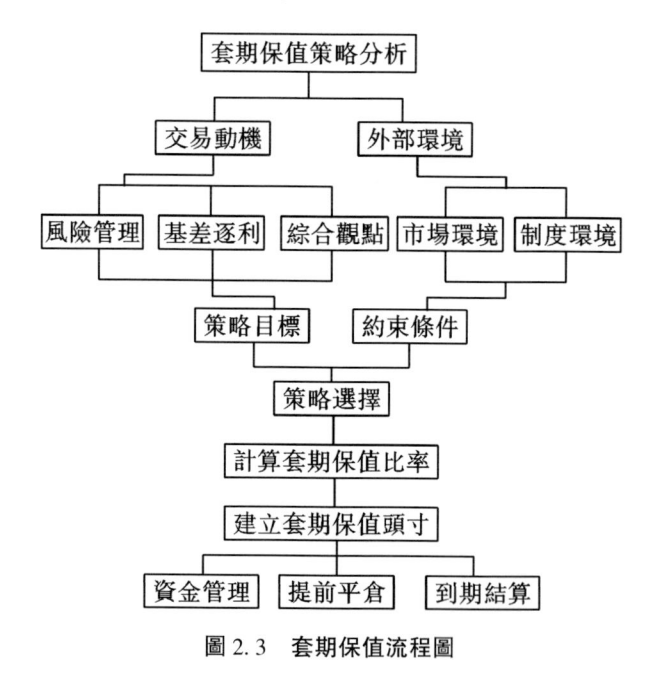

圖2.3　套期保值流程圖

3 資產價格的跳擴散過程

研究未定權益的套期保值問題，首先要正確地刻畫風險資產價格的變化過程，也就是風險資產價格的模型描述。在套期保值問題的研究過程中，二叉樹模型（CRR）、布萊克—舒爾斯模型（Black-Scholes）以及由此演化得到的彈性方差模型（CEV）、隨機波動模型（SV）等，都是描述風險資產價格過程運行特徵的數理模型。然而，這些風險資產價格模型描述的都是一個連續過程，而現實的資產價格變化過程中通常因為突發事件的影響而伴有不連續的跳躍現象，連續模型不能對這些跳躍現象做出一個合理的解釋。為此，有專家學者又在連續模型的基礎上引入跳躍過程來刻畫市場實際價格中存在的跳躍或突變現象，即用跳擴散模型刻畫資產價格的變化過程。

3.1 資產價格的跳躍行為研究

現實的金融市場中總會因為各種因素的作用而引起資產價格上下波動，價格的波動也是標示風險的一個重要指標。例如，投資者進行投資時首先必須考慮的就是可能存在的風險。這時資產價格的波動就是對風險的一個數量化度量。又如，做市商做市時，資產價格的波動也是一個決定其買賣價差的重要因素；基金經理進行日常風險對沖而計算對沖比率時，風險管理者計算風險值VaR時，都需要進行價格波動的估計或預測。另外，許多證券分析方法也都是依賴於對波動的估計來進行風險度量的。金融市場中的價格波動無處不在，而且受不同因素的影響，價格波動幅度高低不一，大致可以分為小幅的平穩波動和大幅的跳躍性波動兩大類。

3.1.1 資產價格的跳躍行為

股票市場的波動常用代表市場總體特徵的股票指數收益的波動來衡量。通

常情況下，股市收益率或股票價格只是小幅平穩的變化，而有時則會在較短時間內發生大幅波動，即出現跳躍性變化。我們在此關注的主要是價格的跳躍行為，首先是因為引入價格跳躍行為后可以更好地捕捉收益率分佈的統計特徵，使得模型與實際市場表現更吻合；其次，價格跳躍行為的引入可以更好地解釋一些突發性金融事件的發生對金融市場造成的巨大震盪，同時還有助於我們理解市場對外部事件的反應；再次，價格跳躍行為的引入可以修正某些經典的金融理論，如CAPM和風險對沖策略，從而可以更好地符合現實並解釋一些金融異常；最后，大量實證研究也發現，金融市場（股票、外匯市場都是如此）價格的大幅波動主要集中在很短的時間內完成，這是跳躍存在的表象之一。

  關於資產價格跳躍行為的存在，國內外很多學者在理論和實證上做了研究。格朗森和米爾格羅姆（Glosten & Milgrom, 1985）在他們提出的市場微觀結構模型中指出，資產收益率或資產價格的小規模變化是因為市場的流動性交易、策略性交易和一般信息造成，而跳躍性變化則是因為重大突發事件的發生或重大信息的披露所引起。羅斯（Ross, 1989）和安德森（Anderson, 1996）也認為流入市場的信息量直接關係到市場資產價格與波動率的變化。例如，公司的股利分配信息以及期望貼現率會直接影響公司股票的價格變化，而宏觀形勢與政策變化則會影響市場指數的走勢。由此可見，市場收益率或市場價格之所以會出現跳躍現象，一個潛在的原因就是市場出現重大的或者異常的信息。例如，重大政策的出抬或變更，很大程度上影響了投資者對投資的預期目標。馬休和麥柯迪（Maheu & Mccurdy, 2004）把信息分為一般信息和重大信息兩大類，並且兩類信息對股票價格波動有不同的衝擊力，一般信息只是引起條件波動率的平滑變化，而重大信息則會引起異常的大幅度跳躍性波動。

  保羅和多羅斯（Ball & Torous, 1983）考察了最簡單的具有單位跳躍幅度的跳擴散過程，通過參數估計證明了所選的47只個股樣本中，絕大多數股票價格運動中存在跳躍行為。卓琳（Jorion, 1988）以美國匯率和股指數據為對象，進行了跳擴散過程建模研究，證實了這兩個市場中均存在價格跳躍行為。巴斯、曹和陳（Bashi, Cao & Chen, 1997）研究發現，無論是從期權定價的角度上來說，還是從風險對沖的角度上來說，引入跳躍過程后的資產價格模型的表現都要好於简单的Black-Scholes模型。貝茨（Bates, 2000）研究了以標準普爾500（S&P500）股指期貨為標的資產的期權，發現引入跳躍過程后，有助於合理解釋1987年股災后期權的「偏度溢價」。潘（Pan, 2002）研究的是S&P500股指期權中的跳躍風險溢價，發現股價跳躍行為的引入對解釋期權價格（時間序列和橫截面）至關重要。埃瑞克、約翰內斯和波爾森（Eraker, Johannes & Polson，2003）通過採用收益率與波動率都能發生跳躍行為的 SVCJ 模型和 SVIJ 模型對 S&P500 和納斯達克 100（Nasdaq100）指數進行實證分析，並運用馬爾可夫蒙特卡洛方法估計模型，結果表明 S&P500 和 Nasdaq100 指數波動率近 20% 的變化可歸咎於跳躍行為的發生而引起。戈瑞德（Eraker, 2004）通過對期權價格數據的擬合研究也發現，儘管跳躍過程的作用有限，但是在價格模型中引入跳躍過程後的擬合效果大有改進。

國內學者對涉及資產價格或收益跳躍行為的研究相對較晚也較少。周彥、張世英和張彤（2007）採用具有跳躍連續時間隨機波動模型對不同時期中國股市波動跳躍進行了研究，發現中國股市存在跳躍行為，只是不同時期的跳躍強度大小不一。高延巡、胡日東、蘇桔芳（2010）研究發現，相對歐美市場，中國股市更容易受到重大政策的改變等外在因素的影響，而且跳躍強度遠超過歐美股市，另外中國股市缺乏理性的長期資本投資，投機成分相對較大，股市出現利好的正跳躍波動之后往往會出現負跳躍波動。

中國股市作為一個新興的金融市場，其市場機制尚不健全，同時又由於政府對股市的頻繁干預，因而中國股票市場出現股價異常波動也就成為市場運行中的常態。尤其在中國股市早期的發展過程中，政府對市場的干預措施往往是導致市場跳躍性變化的重要來源。例如，1992 年 5 月 21 日上海證券交易所取消對所有上市股票的限幅交易制度，實行自由競價方式，使得當天的上證指數漲幅就達到 110.7%；1995 年 5 月 18 日中國證監會暫停國債期貨交易，也促使該日的滬深兩市 A 股指數分別上漲 32.12% 和 31.29%；2007 年 5 月 29 日晚間財政部突然宣布（突襲性質的政策出抬），自 2007 年 5 月 30 日起調整證券（股票）交易印花稅稅率，稅率由 0.1% 上調為 0.3%，財政部這一政策宣布的第二天整個中國股市出現恐慌性拋盤，大盤低開低走，頹勢急轉直下，稅率上調的當天就有 900 多只股票跌停，次日又有 600 多只股票跌停，市場反應劇烈，在之後的短短 5 個交易日期間，市場振蕩下跌就將近 1,000 點；2008 年 11 月，為了應對全球金融危機帶來的影響，中國政府「4 萬億元」重拳出擊刺激經濟的消息一出抬就迅速對股市行情起到了刺激作用，政策出抬後的一個星期內上證指數上漲幅度達 13.66%。又如，突發事件對股市也會帶來大的衝擊，2008 年 5 月 12 日汶川地震發生當天，中國股市尾盤就出現跳水，次日大盤低開 100 多點，隨后幾天指數反覆震盪后反彈；2009 年 4 月 14 日玉樹地震發生後，中國 A 股市場也上演了一次驚心動魄的大地震，3 個交易日滬指連續下跌近 200 點；2011 年 3 月 11 日，日本發生里氏 8.9 級地震，受此影響，中國股市也未能幸免，當天收盤時滬指下跌 3.35 點，跌幅 0.79%，深成指下跌

156.84 點，跌幅 1.21%。

在歐美、日本等相對成熟的金融市場，價格受外部因素影響而發生異常的跳躍性波動也很常見。2008 年 10 月，荷蘭、法國、西班牙、德國以及奧地利等國政府同樣也是為了應對金融危機而推出銀行拯救計劃，總金額達 1.3 萬億歐元（約合 9.5 萬億元人民幣）。該計劃推出後，歐洲股市逆轉頹勢而急速回漲，其中道瓊斯 Stoxx 600 指數在一個交易日內最高回漲幅度達 7.4%。同樣也是受日本發生的里氏 8.9 級地震的影響，除中國股市受到衝擊外，整個亞洲地區的其他股市在 2011 年 3 月 11 日當天同樣也受此影響而全線下挫，其中日本的日經平均指數跌幅達到 1.72%，印尼的雅加達綜合指數跌幅達 1.27%，新加坡的海峽時報指數跌幅達 1.04%，而當日的中國香港恒生指數盤中最多跌 509 點，跌幅超過 2%，儘管在收市時下跌幅度略有縮小，該日的跌幅也達到 1.55%。日經 225 指數在「3/11」地震后的首個交易日還繼續跳空低開，報收 100,44.17 點，跌幅達 2.05%，早盤跌穿一萬點大關，午後更是急遽下挫至 9,579 點，盤中最大跌幅接近 7%，再創日內新低①。

以上的市場觀察和理論實證都表明，金融市場中任何不確定事件的發生或重大政策信息的發布都會引起資產價格或收益率大幅的跳躍性波動，可以說資產價格的跳躍行為無處不在、無時不有。

3.1.2　資產價格跳躍行為的檢測

金融時間序列數據通常具有複雜的波動特性，具有尖峰厚尾分佈、波動的群集性、長記憶性和持續性以及波動微笑現象（Volatility Smile）等，這些都是跳躍行為存在的表象。因此，以金融時間序列數據為研究對象時，首先進行跳躍行為存在與否的判斷是必不可少的步驟之一。前述文獻關於價格跳躍行為的研究雖然從不同角度闡述了資產價格建模中引入跳躍過程的重要性，但只是做了描述性地討論，而對一個具體的價格序列數據中是否存在跳躍行為以及跳躍行為的特徵同樣是未知的。因此，要更好地瞭解資產價格變化過程中的跳躍現象，就有必要對其進行直接的觀察研究並進行跳躍行為存在與否的甄別或檢測。

3.1.2.1　樣本數據的選取及統計特徵

本書以中國股市上證綜合指數自 2009 年 1 月 5 日至 2010 年 12 月 31 日，

---

① 搜狐網財經頻道

共486個交易日，每個交易日48個觀察數據的5分鐘高頻數據作為樣本內數據①，即n=48，T=486，共23,328個樣本數據，進行價格跳躍行為發生與否的檢測。

首先，我們對日度樣本數據漲跌幅度作一個直觀的判斷分析。表3.1是2009年1月5日至2010年12月31日的486個交易日中上證綜合指數日度漲跌頻率分佈的統計情況。在486個日度樣本數據中，漲跌幅度超過5%的天數為6天，占樣本數據的1.23%；漲跌幅度超過4%的天數為16天，占樣本數據的3.29%；漲跌幅度超過3%的天數為37天，占樣本數據的7.61%；漲跌幅度超過2%的天數為93天，占樣本數據的19.14%；漲跌幅度超過1%的天數為238天，占樣本數據的48.97%。由此可見，上證指數日度價格大幅漲跌較為頻繁。表3.1的結果也表明，相對2010年，2009年出現大幅波動的情況較多，這或許與2008年發生的全球金融危機有關。金融危機過后的頭一年，各種影響尚未完全消除，各種經濟政策的調整也會對股市波動造成一定影響。

表3.1　　　　　　　上證綜合指數日度漲跌幅頻率（天）

	1%	2%	3%	4%	5%
2009.01.05~2009.12.31	134(54.91%)	62(25.41%)	27(11.07%)	11(4.51%)	4(1.64%)
2010.01.04~2010.12.31	104(42.97%)	31(12.81%)	10(4.13%)	5(2.07%)	2(0.83%)
2009.01.05~2010.12.31	238(48.97%)	93(19.14%)	37(7.61%)	16(3.29%)	6(1.23%)

註：第二行和第三行括號內數據表示占當年樣本數據的百分比

前面提到尖峰厚尾、波動群集等現象都是價格跳躍行為存在的表象。下面從統計角度來分析選取的樣本數據所具有的統計特徵。

記第t天的開盤價為$S_{t,0}$，相應地，$S_{t,48}$表示第t天收盤價，則日對數收益率r_t可以表示為：

$$r_t = \ln S_{t,48} - \ln S_{t,0}, \quad t = 1, \cdots, T \tag{3.1}$$

同樣，第t天中每五分鐘對應的高頻收益率$r_{t,j}$可以定義為：

$$r_{t,j} = \ln S_{t,j} - \ln S_{t,j-1}, \quad t = 1, \cdots, T; \quad j = 1, \cdots, n \tag{3.2}$$

顯然，$r_t = \sum_{j=1}^{n} r_{t,j}$。

在此，我們還可以定義上證綜合指數高頻數據的已實現波動率（Realized Variance，RV）RV_t為：

---

① 數據來源：RESSET金融研究數據庫。

$$RV_t = \sum_{j=1}^{n} r_{t,j}^2, \quad t = 1, \cdots, T \tag{3.3}$$

偏度（Skewness）是用以衡量序列分佈關於其均值的非對稱性的統計量。其計算公式如下：

$$Skew = \frac{1}{T} \sum_{t=1}^{T} \left(\frac{r_t - \bar{r}}{\hat{\sigma}} \right)^3 \tag{3.4}$$

其中，$\hat{\sigma} = \sqrt{\frac{1}{T-1} \sum_{t=1}^{T} (r_t - \bar{r})}$，$\bar{r} = \frac{1}{T} \sum_{t=1}^{T} r_t$，如果序列的分佈是對稱的，Skew 值為 0；相應地，正的 Skew 值對應序列分佈具有較長的右拖尾，而負的 Skew 值則表示序列分佈具有較長的左拖尾。

峰度（Kurtosis）是度量序列分佈凸起或平坦程度的統計量。其計算公式如下：

$$Kurt = \frac{1}{T} \sum_{t=1}^{T} \left(\frac{r_t - \bar{r}}{\hat{\sigma}} \right)^4 \tag{3.5}$$

正態分佈的 Kurt 值為 3。如果 Kurt 值大於 3，則序列分佈的凸起程度較正態分佈要大，而小於 3 的 Kurt 值對應的序列分佈較正態分佈而言更平坦。

Jarque-Bera 統計量檢驗序列是否服從正態分佈。其計算公式如下：

$$J - B = \frac{T - k}{6} \left[Skew^2 + \frac{1}{4} (Kurt - 3)^2 \right] \tag{3.6}$$

在正態分佈的原假設下，Jarque-Bera 統計量則是服從自由度為 2 的 χ^2 分佈。Jarque-Bera 統計量中顯示的概率值（即 P 值）也就是在某一給定的置信水平下，Jarque-Bera 超出原假設下的觀測值的概率。如果該值很小，則拒絕原假設。當然，不同的顯著性水平所對應的拒絕域也不一樣。

表 3.2 給出了日收益率 r_t 的描述性統計特徵信息。表 3.2 中，J-B 值為 Jarque-Bera 統計量的值；顯著性水平為 1%。標準正態分佈的偏度等於 0，峰度均等於 3。

表 3.2　　上證綜指樣本期間日度收益率的基本統計特徵

均值	標準差	偏度	峰度	J-B 值（P 值）
0.001,364	0.015,314	-0.477,8	4.305,8	53.022（0.000）

由表 3.2 中日度收益率的基本統計特徵可以發現，日收益率的正態分佈統計量 J-B 值很大，對應的 P 值很小，表明在 99% 的置信水平下強烈拒絕正態分佈的原假設。而且相對於正態分佈，上證綜合指數日收益率表現出左偏和尖

峰特徵。為進一步檢驗這些特徵，我們再來看看其他統計特性。

對於收益率序列，我們容易得到其經驗分佈函數，然而對其分佈的判斷通常需要密度函數。在此，我們借助核函數（Kernel Function）$K(\cdot)$，對收益率序列 $\{r_t\}_{t=1}^{T}$ 進行核密度估計：

$$p_h(x) = \frac{1}{T}\sum_{t=1}^{T}\frac{1}{h}K_h(x_t - x) \tag{3.7}$$

這裡，$K_h(\ ) = K(\cdot/h)$ 是核函數，h 表示選定的帶寬，對於核函數和帶寬可以根據不同需要做出不同選擇，通常選用高斯分佈密度函數作為核函數。

$$K(x) = \frac{1}{\sqrt{2\pi}}\exp(-\frac{x^2}{2}) \tag{3.8}$$

對應的最優帶寬則滿足：

$$h = 1.06\hat{\sigma}\frac{1}{\sqrt{T}} \tag{3.9}$$

圖 3.1 是樣本期間上證綜指日度收益率的直方圖。其中，正態分佈的參數是上證綜合指數日樣本收益率的均值和方差。由直方圖可以發現，樣本期間上證綜合指數日收益率表現出較為明顯的尖峰厚尾形態，同時也表現出左拖尾現象，這個結論也可以從 Q-Q 圖（見圖 3.2）和收益率序列的核密度估計結果（見圖 3.3）得到。

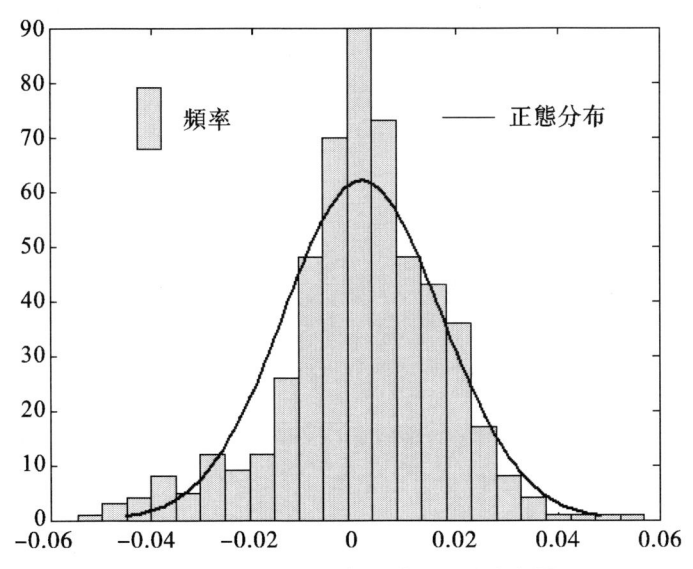

圖 3.1 上證綜合指數日收益率的直方圖

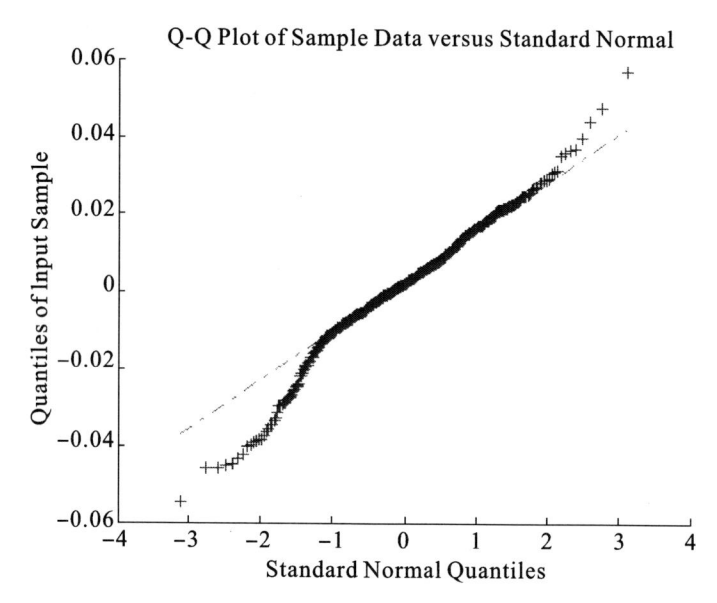

图 3.2　上证综合指数日收益率的 Q-Q 图

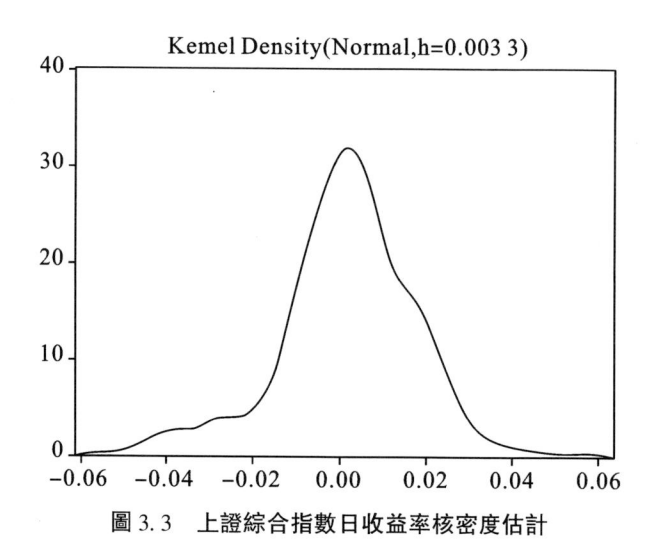

图 3.3　上证综合指数日收益率核密度估计

　　图 3.4 的上部分是根据上证综合指数历史数据得到的日收益率，下部分是上证综合指数日已实现波动率。由图 3.4 可以看出波动率有较为明显的集聚性。

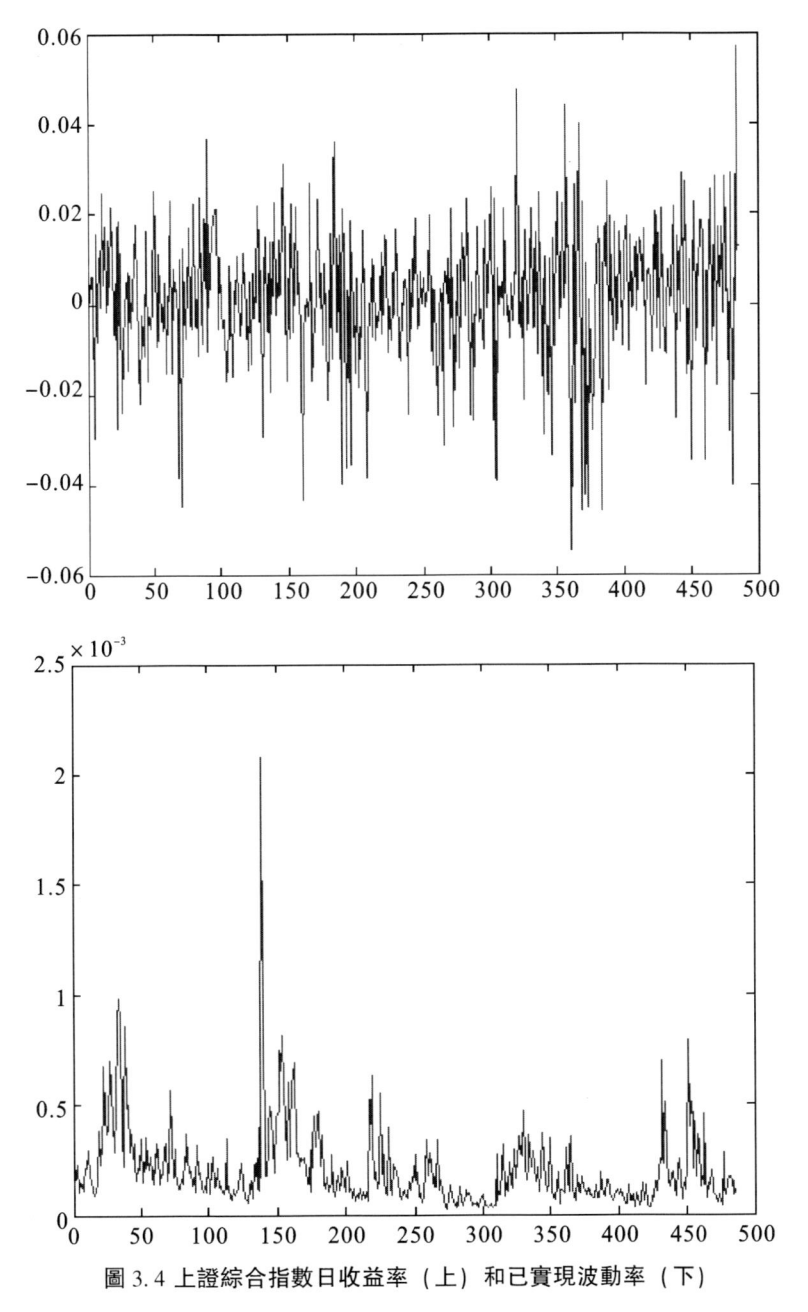

圖 3.4 上證綜合指數日收益率（上）和已實現波動率（下）

前面已經提到，金融市場資產價格很容易受外來因素的影響而產生大幅度跳躍性波動，尤其是在中國，因為市場機制不成熟，中國股市的一個顯著特徵就是股票價格大幅漲跌比較頻繁。

總之，通過對股市運行的統計分析表明，市場大幅波動時有發生，股票價格也確有跳躍行為的表現。下面就股價跳躍行為的理論檢測進行探討研究。

3.1.2.2 跳躍的檢測方法

我們主要參照邦德芙—尼爾森和謝波德（Barndorff-Nielsen & Shephard, 2006），安德森、波羅瑟芙和迪堡（Andersen, Bollerslev & Diebold, 2007）以及李和邁克蘭德（Lee & Mykland, 2008）的方法，在非參模型框架內採用計量經濟學的理論對中國股市價格的跳躍行為進行檢測。

設 $\{S_t > 0, t \geq 0\}$ 表示資產價格過程，記 $Y_t = \ln S_t$，對於任意時間段 $[0, t]$ 進行劃分 $0 = t_0 < t_1 < \cdots < t_n = t$。我們檢測跳躍發生的基本原理是：如果在某一時刻 t_i 資產價格有一次非連續跳躍發生，那麼該時刻的資產瞬時收益率必定會比連續情況下的瞬時收益大很多。

定義 3.1 平方變差（Quadratic Variation）。隨機過程 $Y = \{Y_t, t \geq 0\}$ 的已實現平方變差可以定義為：

$$[Y]_t = \lim_{n \to \infty} \sum_{i=0}^{n-1} (Y_{t_{i+1}} - Y_{t_i})^2 \qquad (3.10)$$

根據雅可和謝里亞耶夫（Jacod & Shiryaev, 1987）的研究，當 $n \to \infty$，$\sup_i \{t_{i+1} - t_i\} \to 0$ 時，

$$[Y]_t = [Y^c]_t + [Y^d]_t \qquad (3.11)$$

其中，Y^c 表示隨機過程 Y 的連續變化部分，Y^d 是由純跳過程帶來的變化部分，並且 $[Y^d]_t = \sum_{0 \leq u \leq t} \Delta Y_u^2$，$\Delta Y_u = Y_u - Y_{u^-}$ 表示 u 時刻的跳躍部分對平方變差的貢獻。

根據邦德芙—尼爾森和謝波德（Barndorff-Nielsen & Shephard, 2004）的研究，在沒有跳躍發生的情況下，通過代入高頻歷史數據，（3.10）式可以作為收益率方差的一致估計量，如果有跳躍發生，則需要對（3.10）式進行修正。

定義 3.2 雙冪次變差（Bipower Variation）。隨機過程 $Y = \{Y_t, t \geq 0\}$ 的已實現雙冪次變差可以定義為連續絕對收益率的乘積的和：

$$BV_t = \lim_{n \to \infty} \sum_{i=2}^{n-1} |Y_{t_{i+1}} - Y_{t_i}| |Y_{t_i} - Y_{t_{i-1}}| \qquad (3.12)$$

現實中，因為只能在有限的離散時間點上對資產價格進行觀察，所以為簡便起見，通常對 $t_0 < t_1 < \cdots < t_n = t$ 進行等間距劃分，記 $\Delta t = t_i - t_{i-1}$。

定義 3.3 已實現冪次變差。

已實現平方變差（RQV）：

$$RQV_{\Delta t}(t) = \sum_{i=1}^{[t/\Delta t]} y_i^2$$

已實現雙冪次變差（RBV）：

$$RBV_{\Delta t}(t) = \sum_{i=2}^{[t/\Delta t]} |y_{i-1}||y_i|$$

已實現四冪次變差（RQDV）：

$$RQDV_{\Delta t}(t) = \frac{1}{\Delta t} \sum_{i=2}^{[t/\Delta t]} |y_{i-3}||y_{i-2}||y_{i-1}||y_i|$$

根據已有研究（Das S. R，2002；Johannes M，2004；Press S. J，1967），當 $\Delta t \to 0$ 時，有：

$$RQV_{\Delta t}(t) \xrightarrow{P} [Y]_t, \ RBV_{\Delta t}(t) \xrightarrow{P} BV_t \quad (3.13)$$

因此，只要 Δt 足夠小，可以用 $RQV_{\Delta t}(t)$ 和 $RBV_{\Delta t}(t)$ 作為 $[Y]_t$ 和 BV_t 的近似替代。在沒有跳躍發生的零假設下，有：

$$\hat{G}(t) = \frac{(\Delta t)-1/2[\mu^{-2}RBV_{\Delta t}(t) - RQV_{\Delta t}(t)]}{\sqrt{\mu^{-4}RQDV_{\Delta t}(t)}} \xrightarrow{L} N(0, \vartheta) \quad (3.14)$$

說明如下：

第一，(3.14)式中，$\mu = \sqrt{2}/\sqrt{\pi} \approx 0.797,88$，$\vartheta = (\pi^2/4) + \pi - 5 \approx 0.609,0$。

第二，在進行日收益率（t = 1 天）跳躍檢測時，本書選用的是 Δt = 5 分鐘的高頻數據，按每天交易 4 小時計算，每天共有 48 個有用數據，則（3.14）式中的 Δt 可取為 1/48 天。

第三，在給定顯著性水平 α 下，根據（3.14）式中任一個都可以確定第 t 個交易日「沒有發生跳躍」的拒絕域進而做出該天跳躍與否的判斷。

第四，根據（3.11）式，如果某天沒有跳躍發生，則該天的收益率平方變差全由連續部分貢獻，平均貢獻為 $\frac{1}{M}\sum_{i=1}^{M} Y_{t,i}$，$\{Y_{t,i}\}_{i=1}^{M}$ 表示第 t 天的高頻收益率。如果該天檢測到有跳躍發生，則可以將與 $\frac{1}{M-1}\sum_{i \neq j, i=1}^{M} Y_{t,i}$ 的偏差較大的 $Y_{t,j}$ 認為是跳躍的發生時刻，並將其從 $\{Y_{t,i}\}_{i=1}^{M}$ 中剔除，重新計算（3.14）式的統計量，並重新判斷該天剩餘數據中是否有跳躍存在。如此反覆，直至接受「沒有跳躍發生」的原假設。

3.1.2.3 上證綜指跳躍行為的檢測結果

我們在上述理論框架內對樣本數據進行跳躍行為的檢測。檢測結果如表 3.3 和表 3.4 所示。

表 3.3　　　顯著性水平 α 下檢測到的有跳躍發生的天數

顯著性水平（α）	1%
檢驗統計量	$\hat{G}$
跳躍發生的天數（天）	179

表 3.4　　　檢驗統計量 $\hat{G}$ 的統計特性

檢驗統計量	Mean	Std.	Skewness	Kutosis	J-B 1%
$\hat{G}$	-1.606,7	1.972,8	-1.750,7	8.434,6	「1」

　　從表 3.3 中關於價格跳躍行為的檢測結果可知，在 1% 的顯著性水平下，由（3.14）式的統計量檢測到跳躍發生的天數為 179 天，占樣本總天數的 36.83%。這表明有相當可觀的跳躍現象被檢測出來了。

　　從表 3.4 中關於跳躍檢測統計量的統計特性看，有較為明顯的偏度和峰度特徵，而且在 1% 的顯著性水平下，J-B 統計量拒絕了「統計量服從正態分佈」的零假設，也就是拒絕了「跳躍不存在」的零假設。進一步證實了我們在前面章節中關於跳躍存在的理論探討，即上證綜指存在跳躍性波動是不容忽視的事實。

3.2　資產價格跳擴散模型的引入

　　研究未定權益的套期保值問題，首先要能有效地刻畫風險資產價格的變化規律，也就是標的資產價格的模型刻畫。

　　在 20 世紀 70 年代初，菲舍爾·布萊克、邁倫·舒爾斯以及羅伯特·默頓（Fischer Black, Myron Scholes & Robert Merton）在股票期權定價方面取得了突破性進展，提出了著名的 Black-Scholes 期權定價模型。該模型的建立是受物理學中布朗運動（Brownian Motion）的啟發，在股票價格的波動項中引入布朗運動（也稱維納過程，Wiener Processes），即

$$\frac{dS_t}{S_t} = \mu dt + \sigma dw_t \qquad (3.15)$$

　　（3.15）式就是當前廣泛地用於描述股價行為的單因子擴散模型（One-Factor Diffusion Model）。S_t，即股票價格；μ，即股票的瞬時收益率；σ，即股價的波動率；w_t，即標準布朗運動。Black-Scholes 微分方程則是假設 μ 和 σ 為常數的情況下推導得出的，這時股票價格變動符合對數正態分佈。

作為第一個有理論和實際價值的資產價格模型，Black-Scholes 模型奠定了未定權益從定性分析到定量研究的基礎，推動了金融衍生工具的快速發展，豐富了金融風險管理的工具，同時也促進了金融市場的繁榮。（3.15）式的價格模型中，布朗運動保證了價格過程的馬爾可夫性。該性質表明只有當前資產價格與未來價格預測相關，未來價格不取決於過去價格變化過程，而且該模型描述的是一個連續變化的價格過程。現實中的資產價格通常有不連續變化或異常波動的現象，而這些現象都不能通過 Black-Scholes 模型得到一個完美的解釋。因為不能描述市場實際價格存在劇烈波動和突變現象，許多學者認為僅在 Black-Scholes 模型中假定股票價格遵循幾何布朗運動並不十分確切，而且大量的市場實證研究也證明了這一點。

近年來，各種影響經濟平穩發展的重大事件時常發生，從亞洲金融危機的爆發到美國次貸危機的發生，從自然災害的突發到國家重大政策的出抬，這些都使得金融市場的運行變得越來越複雜。前面已經提到，各種重大經濟信息的發布、宏觀經濟政策的調整都會對股票市場價格產生跳躍性的影響。基姆和梅（Kim & Mei，2001）通過構建政治事件指數，研究了政治政策變化與香港股市回報率跳躍之間的關係，發現政治事件的發生是香港股市回報率跳躍的一個重要因素。梅和郭（Mei & Guo，2004）研究了政治因素的不確定性與金融風險發生的關係，研究表明政治環境的不確定性會引發金融市場的大幅波動甚至導致金融危機的發生。對中國股市上證綜合指數的跳躍性檢測也發現，跳躍現象在股市中的確存在，甚至發生頻率較高。因此，用 Black-Scholes 模型來描述股票價格的變化並不可靠。戴斯（Das，2002）和納翰內斯（Johannes，2004）的研究表明，一般的擴散模型通常無法解釋股票價格波動所存在的過度尖峰現象。

為了彌補 Black-Scholes 模型以及由它演化而來的常彈性方差模型、隨機波動模型不能捕捉實際價格表現出的不連續跳躍現象，很多學者對幾何布朗運動過程加以拓展和完善，研究者在 Black-Scholes 模型的基礎上引入非連續的泊松（Poisson）跳躍對其進行修正，得到可以客觀地描繪股價行為的數理模型，即用跳擴散模型來刻畫資產價格的變化過程。

跳擴散模型也稱為不連續市場模型，其首先誕生於期權定價領域，之後應用到其他各個金融領域當中，而且迄今為止，其也是刻畫資產價格過程的首選模型。

在此，我們對跳擴散過程做一個簡介。首先，定義跳躍。對於概率空間 (Ω, F, P) 中的隨機過程 X_t，如果存在 $t \in [0, T]$，使得 $X_{t_-}(\omega) \neq X_t(\omega)$，$\omega \in \Omega$，則認為 t 時刻 X_t 發生了一次跳躍，跳躍幅度為 $\Delta X_t = X_t - X_{t_-}$。接下來，假設泊松過程 $\{N_t, t \in [0, T]\}$ 具有泊松強度 λ，$\{\xi_n\}_{n=1}^{\infty}$ 是概率空間

(Ω, F, P) 上的 R^m - 取值的獨立同分佈隨機變量，並且具有累計分佈函數為 $B(R^m) \to [0, 1]$，$\{\xi_n\}_{n=1}^{\infty}$ 與 N_t 相互獨立。定義隨機過程：

$$x_t(\omega) = \left[\sum_{n=1}^{N_t(\omega)} \xi_n(\omega)\right] 1_{\{N_t(\omega) \geq 1\}} \quad (3.16)$$

$x_t(\omega)$ 是由一個純跳躍過程和具有隨機幅度的跳躍高度構成，稱為泊松點過程。另外，定義隨機泊松測度：

$$v(t, \Gamma) = \sum_{0 < s \leq t} 1_{\Gamma}[\Delta x_s(\omega)] \quad (3.17)$$

其中，$\Delta x_s = x_s - x_{s^-}$，$v(t, \Gamma)$ 滿足 $v(t, R^m) = N_t$ 和 $v(\Gamma) = \lambda \Pi(\Gamma)$，$\Pi(\Gamma)$ 是跳躍幅度在 Γ 內的跳躍發生的概率。$v(t, \Gamma)$ 表示在時間段 $[0, t]$ 內發生的跳躍幅度在 Γ 內的跳躍次數。

布萊斯（Press, 1967）最早把跳躍過程引入到股價行為中，他假設股票對數價格由一個布朗運動和一個 Poisson 點過程（複合 Poisson 過程）的線性迭加，這可以看成后來的跳擴散過程的雛形。而后，考克斯和羅斯（Cox & Ross, 1976）引入一個簡單的 Poisson 跳躍過程（單位跳躍幅度）來刻畫資產價格行為，要比布萊斯（Press, 1967）的泊松點過程簡單。在此基礎上，默頓（Merton, 1976）引入複合 Poisson 過程來衡量價格跳躍行為，而且假設跳躍幅度服從對數正態分佈。這就是后來著名的默頓（Merton）跳擴散價格模型。

關於跳擴散模型，主要有兩類：

一類是 Poisson-Gaussian 過程。該類模型是直接在 Black-Scholes 模型下加 n 個與布朗運動 W_t 相獨立的 Poisson 變化過程。其形式如下：

$$\frac{dS_t}{S_{t^-}} = \mu dt + \sigma dW(t) + \sum_{i=1}^{n} \delta_i (dN_t^{(i)} - \lambda_t^{(i)} dt) \quad (3.18)$$

其中，$\delta_i > -1$ 為常數，$\{N_t^{(i)}, t \geq 0\}_{i=1}^{n}$ 是強度為 $\lambda_t^{(i)} > 0$ 的相互獨立的 Poisson 過程。

另一類是複合 Poisson 過程。默頓（Merton, 1976）假定股票價格服從複合 Poisson 的跳擴散過程。其形式如下：

$$\frac{dS_t}{S_{t^-}} = \mu dt + \sigma dW(t) + d\left(\sum_{i=1}^{N(t)} [V_i - 1]\right) \quad (3.19)$$

其中，$W(t)$ 是一個標準布朗運動，$\{V_i\}$，$i = 1, 2, \cdots$，是非負的獨立同分佈隨機變量，並且 $Y = \ln(V_i) \sim N(\mu_j, \sigma_j^2)$，它代表股票價格的跳躍比例，$N = \{N_t, t \geq 0\}$ 是強度為 λ（$\lambda > 0$）的 Poisson 過程。

跳擴散模型通過引入一個 Poisson 點過程來刻畫資產價格可能發生的跳躍行為，一定程度上改進了擴散模型刻畫資產價格過程存在的不足。同時，由於該模型具有較好的數學性質，被廣泛地應用於未定權益定價、套期保值研究以

及其他金融領域中。

自從默頓（Merton，1976）的跳擴散模型提出以來，國內外很多學者對此進行了深入的研究並提出各種形式的改進。例如，Levy 過程模型、一般半鞅模型和分數布朗運動模型等。跳擴散模型具有很多模型不具備的優點，能夠解釋行為金融中的各種突發信息，具有較強的市場刻畫能力和市場實證支撐，而且通過改變跳躍的強度和幅度，模型可以使用於不同風險資產價格刻畫需求。然而值得說明的是，模型並沒有絕對的好壞區分，它們都在一定程度上客觀地刻畫了風險資產的價格變化。一種模型對這類風險資產可能具有良好的刻畫能力，而對另一類風險資產未必是好的價格模型。總之，相對於擴散模型而言，跳擴散模型有較強的市場刻畫能力和市場實證支持以及較好的數學性質。

迄今為止，假定股價服從 Black-Scholes 模型的期權定價、最優投資組合、風險管理等金融理論與應用研究已相當深入和成熟，這方面的成果也層出不窮。但是關於跳擴散模型的很多金融數學問題的研究尚處於起步階段，尤其是實證方面的論證研究更是剛剛開始。

根據對中國股市價格變化跳躍行為的檢測結果，我們發現跳躍行為對資產價格的波動影響不容忽視，因而本書採用複合 Poisson 跳擴散模型來描述風險資產的價格，並對未定權益的套期保值問題進行研究。

3.3 跳擴散模型的參數估計

3.3.1 極大似然估計（MLE）

根據前面對上證綜合指數歷史數據檢測可知，指數跳躍行為確實存在。在此，我們假設指數價格過程為：

$$\frac{dS_t}{S_{t^-}} = \mu dt + \sigma dW(t) + d\left(\sum_{i=1}^{N(t)}[V_i - 1]\right) \quad (3.20)$$

其中，$W(t)$ 是一個標準布朗運動，$\{V_i, i = 1, 2, \cdots\}$ 是非負的獨立同分佈隨機變量，並且 $y_i = \ln(V_i) \sim N(\mu_J, \sigma_J^2)$，它代表股票價格的跳躍幅度，$N = \{N_t, t \geq 0\}$ 是強度為 $\lambda(\lambda > 0)$ 的 Poisson 過程。價格模型中共有 5 個參數：$\mu, \sigma, \lambda, \mu_J, \sigma_J$。其中，前兩個是連續過程（幾何布朗運動）的參數，后三個是非連續過程（複合泊松跳躍）的參數。

我們選取上證綜合指數 2009 年 1 月 5 日至 2010 年 12 月 31 日 $\Delta t = 5$ 分鐘為時間間隔的高頻數據，採用極大似然估計方法對價格過程（3.20）式進行參數估計。

首先對（3.20）式進行離散化，可得：

$$\begin{aligned}S_{t+\Delta t} &= S_t \exp\left\{(\mu - \frac{1}{2}\sigma^2)\Delta t + \sigma\sqrt{\Delta t}\varepsilon_t\right\} \prod_{i=N(t)+1}^{N(t+\Delta t)} V_i \\ &= S_t \exp\left\{(\mu - \frac{1}{2}\sigma^2)\Delta t + \sigma\sqrt{\Delta t}\varepsilon_t + \sum_{i=N(t)+1}^{N(t+\Delta t)} y_i\right\}\end{aligned} \quad (3.21)$$

也即：

$$\ln\frac{S_{t+\Delta t}}{S_t} = (\mu - \frac{1}{2}\sigma^2)\Delta t + \sigma\sqrt{\Delta t}\varepsilon_t + \sum_{i=N(t)+1}^{N(t+\Delta t)} y_i \quad (3.22)$$

其中，$\varepsilon_t \sim N(0, 1)$ 且 $\{\varepsilon_1, \varepsilon_2, \cdots\}$ 相互獨立。

因為 $\{V_i, i = 1, 2, \cdots\}$ 是非負的獨立同分佈隨機變量，並且 $y_i = \ln(V_i) \sim N(\mu_J, \sigma_J^2)$，所以 $x = \ln\frac{S_{t+\Delta t}}{S_t}$ 具有條件密度函數：

$$\begin{aligned}&P(x \mid N(t+\Delta t) - N(t) = k) \\ &= \frac{1}{\sqrt{2\pi(\sigma^2\Delta t + k\sigma_J^2)}}\exp\left\{-\frac{[x - (\mu - \frac{1}{2}\sigma^2)\Delta t - k\mu_J]^2}{2(\sigma^2\Delta t + k\sigma_J^2)}\right\}\end{aligned} \quad (3.23)$$

又因為 Poisson 過程 $N = \{N_t, t \geq 0\}$ 具有的泊松強度為 $\lambda (\lambda > 0)$，根據 Poisson 過程的獨立增量性，有：

$$P(N(\Delta t) = N(t+\Delta t) - N(t) = k) = \frac{e^{-\lambda\Delta t}(\lambda\Delta t)^k}{k!} \quad (3.24)$$

進而有：

$$\begin{aligned}P(x) &= \sum_{k=0}^{\infty} P(N(\Delta t) = k)P(x \mid N(\Delta t) = k) \\ &= \sum_{k=0}^{\infty} \frac{e^{-\lambda\Delta t}(\lambda\Delta t)^k}{k!} \frac{1}{\sqrt{2\pi(\sigma^2\Delta t + k\sigma_J^2)}}\exp\left\{-\frac{[x - (\mu - \frac{1}{2}\sigma^2)\Delta t - k\mu_J]^2}{2(\sigma^2\Delta t + k\sigma_J^2)}\right\}\end{aligned}$$

$$(3.25)$$

記 $D_S = \{S_0, S_1, \cdots, S_N\}$ 表示在離散時間集 $t \in \{0, \Delta t, 2\Delta t, \cdots, N\Delta t \mid \Delta t = T/N\}$ 觀察得到的價格序列，根據價格過程（3.20）式以及布朗運動和泊松過程的獨立增量性質，$\{x_i = \ln S_i - \ln S_{i-1}, i = 1, \cdots, N\}$ 獨立同分佈且其密度函數如（3.25）式所示。這樣，$D = \{r_1, \cdots, r_N\}$ 的似然函數可表示如下：

$$L(D; \mu, \sigma, \lambda, \mu_J, \sigma_J) = \prod_{i=1}^{N} P(x_i) \quad (3.26)$$

進一步有對數似然函數：

$$L(D;\mu,\sigma,\lambda,\mu_J,\sigma_J) = \sum_{i=1}^{N} \ln P(x_i)$$

$$= \sum_{i=1}^{N} \left\{ \ln \left[\sum_{k=0}^{\infty} \frac{e^{-\lambda\Delta t}(\lambda\Delta t)^k}{k!} \frac{1}{\sqrt{2\pi(\sigma^2\Delta t + k\sigma_J^2)}} \exp\left\{ -\frac{\left[x - (\mu - \frac{1}{2}\sigma^2)\Delta t - k\mu_J\right]^2}{2(\sigma^2\Delta t + k\sigma_J^2)} \right\} \right] \right\}$$

(3.27)

這樣，參數 $\{\mu, \sigma, \lambda, \mu_J, \sigma_J\}$ 有極大似然估計值：

$$(\hat{\mu},\hat{\sigma},\hat{\lambda},\hat{\mu}_J,\hat{\sigma}_J)$$

$$= \max_{(\mu,\sigma,\lambda,\mu_J,\sigma_J)} \sum_{i=1}^{N} \left\{ \ln \left[\sum_{k=0}^{\infty} \frac{e^{-\lambda\Delta t}(\lambda\Delta t)^k}{k!} \frac{1}{\sqrt{2\pi(\sigma^2\Delta t + k\sigma_J^2)}} \exp\left\{ -\frac{\left[x - (\mu - \frac{1}{2}\sigma^2)\Delta t - k\mu_J\right]^2}{2(\sigma^2\Delta t + k\sigma_J^2)} \right\} \right] \right\}$$

(3.28)

3.3.2 極大似然估計的 EM 算法

在極大似然估計中，如果似然函數是簡單形式的分佈，則估計計算較為簡單，而對於（3.27）式的對數似然函數，進行極大似然估計的計算則十分複雜，甚至常規的算法難以實現。在此我們借助 EM 算法。

從計算方法上看，極大似然估計的計算類似於貝葉斯中后驗眾數的計算，但是它不是直接對複雜後驗分佈的極大化計算，而是在觀測數據的基礎上補加一些潛在數據來簡化計算，並完成一系列較為簡單的極大化計算。EM 算法基本原理可概括為：

記可觀察數據為 X，參數集 Θ 關於 X 的后驗分佈 $p(\Theta|X)$ 較為複雜，通常難以直接進行各種統計計算，假如存在潛在數據 Z，使得添加數據 Z 以後，利用後驗分佈 $p(\Theta|X,Z)$ 進行統計計算會變得更為簡單。EM 算法就是通過適當地進行數據填補把一個複雜的極大化問題轉化為一系列簡單的極大化問題。EM 算法是一種迭代方法，其每一步迭代由兩步構成，即 E 步（求期望）和 M 步（極大化）。一般稱 $p(\Theta|X)$ 為基於觀察數據的后驗分佈函數，稱 $p(\Theta|X,Z)$ 為添加後驗分佈函數，$p(Z|\Theta,X)$ 表示在給定 Θ 和觀察到 X 的條件下 Z 的條件密度函數。利用 EM 算法的目的是計算后驗分佈的眾數（極大似然估計），算法步驟如下：

記 $\Theta^{(i)}$ 為第 $i+1$ 次迭代開始時參數的估計值，則第 $i+1$ 次迭代分兩步。

E 步：將 $p(X,Z|\Theta)$ 或 $\ln p(X,Z|\Theta)$ 關於 Z 的條件分佈求期望，即

$$Q(\Theta \mid \Theta^{(i)}, X) = E_Z[\ln P(X,Z \mid \Theta) \mid \Theta^{(i)}, X] = \int \ln P(X,Z \mid \Theta) P(Z \mid \Theta^{(i)}, X) dZ$$
(3.29)

M 步：極大化 $Q(\Theta \mid \Theta^{(i)}, X)$，即求 $\Theta^{(i+1)}$，使得

$$Q(\Theta^{(i+1)} \mid \Theta^{(i)}, X) = \max_{\Theta} Q(\Theta \mid \Theta^{(i)}, X)$$
(3.30)

這樣，得到一次迭代 $\Theta^{(i)} \to \Theta^{(i+1)}$。

重複進行上述 E 步和 M 步，直至 $\mid Q(\Theta^{(i+1)} \mid \Theta^{(i)}, X) - Q(\Theta^{(i)} \mid \Theta^{(i-1)}, X) \mid$ 充分小。

EM 算法的關鍵是選取合適的「潛在數據」Z。

本書中，利用上證綜合指數 2009 年 1 月 5 日至 2010 年 12 月 31 日以 $\Delta t = 5$ 分鐘為時間間隔的 23,328 個高頻數據關於跳躍檢測結果表明，在顯著性水平 $\alpha = 1\%$ 下，在 5 分鐘的時間間隔內跳躍次數不超過一次。因此，對於 5 分鐘高頻數據，極大似然估計（3.28）式可表示為：

$$(\hat{\mu},\hat{\sigma},\hat{\lambda},\hat{\mu}_J,\hat{\sigma}_J)$$

$$= \max_{(\mu,\sigma,\lambda,\mu_J,\sigma_J)} \sum_{i=1}^{N} \left\{ \ln \left[\sum_{k=0}^{1} \frac{e^{-\lambda \Delta t}(\lambda \Delta t)^k}{k!} \frac{1}{\sqrt{2\pi(\sigma^2 \Delta t + k\sigma_J^2)}} \exp\left\{-\frac{[x-(\mu-\frac{1}{2}\sigma^2)\Delta t - k\mu_J]^2}{2(\sigma^2 \Delta t + k\sigma_J^2)}\right\} \right] \right\}$$
(3.31)

為表述簡便，把（3.33）式中的對數似然函數記為：

$$\ln[L(\Theta \mid X)] = \ln \prod_{i=1}^{N} p(x_i \mid \Theta) = \sum_{i=1}^{N} \ln \left[\sum_{j=0}^{1} \alpha_j p_j(x_i \mid \Theta_j) \right]$$
(3.32)

其中，X 表示觀察到的樣本對數收益率，樣本長度為 N，α_j 表示一個樣本時間間隔段（這裡是 5 分鐘）內發生 j（0 或 1）次泊松跳躍的概率，$p_j(x_i \mid \Theta_j)$ 則表示發生 j（0 或 1）次泊松跳躍時對於的條件密度函數，Θ_j 表示對應狀態 j 時的分佈參數。

引入「潛在數據」$Z = \{Z_i\}_{i=1}^{N}$，$Z_i = 0$（或 1），表示第 i 個樣本時間間隔段（這裡是 5 分鐘）內無跳躍（有跳躍）發生。

如果 $Z = \{Z_i\}_{i=1}^{N}$ 是已知的，那麼關於 (X, Z) 的似然函數可表示為：

$$\ln[L(\Theta \mid X, Z)]$$
$$= \ln \prod_{i=1}^{N} p(X_i, Z_i \mid \Theta) = \sum_{i=1}^{N} \ln p(X_i, Z_i \mid \Theta)$$
$$= \sum_{i=1}^{N} \ln p(X_i \mid Z_i, \Theta) p(Z_i \mid \Theta)$$
$$= \sum_{i=1}^{N} \ln[\alpha_{Z_i} p_{Z_i}(X_i \mid \Theta_{Z_i})]$$
(3.33)

相對（3.32）式，（3.33）式要簡單得多，EM 算法也就是從（3.33）式為出發點尋找參數的極大似然估計。然而實際上，$Z = \{Z_i\}_{i=1}^{N}$ 是未知的。因此，首先要確定「潛在數據」的條件分佈，假設 $\Theta^g = (\alpha_0^g, \alpha_1^g; \Theta_0^g, \Theta_1^g)$ 為初值，在給定初值後，容易計算 $p_j(X_i \mid \Theta_j^g)$，利用貝葉斯公式，有

$$p(Z_i \mid X_i; \Theta^g) = \frac{p(X_i \mid Z_i, \Theta^g) p(Z_i \mid \Theta^g)}{p(X_i \mid \Theta^g)} = \frac{\alpha_{Z_i}^g p_{Z_i}(X_i \mid \Theta_{Z_i}^g)}{\sum_{k=0}^{1} \alpha_k^g p_k(X_i \mid \Theta_k^g)} \quad (3.34)$$

$$p(Z \mid X, \Theta^g) = \prod_{i=1}^{N} p(Z_i \mid X_i, \Theta^g) \quad (3.35)$$

再由（3.30）式，並記 $I_{(Z_i=l)}$ 表示示性函數，則有

$$Q(\Theta \mid \Theta^g, X) = E_Z\{\ln p(X, Z \mid \Theta) \mid \Theta^g, X\}$$

$$= \sum_{D(Z)} [\ln p(X, Z \mid \Theta)] p(Z \mid \Theta^g, X)$$

$$= \sum_{D(Z)} \left\{ \sum_{i=1}^{N} \ln[\alpha_{Z_i} p_{Z_i}(X_i \mid \Theta_{Z_i})] \prod_{j=1}^{N} p(Z_j \mid X_j, \Theta^g) \right\}$$

$$= \sum_{D(Z)} \left\{ \sum_{i=1}^{N} \sum_{l=0}^{1} I_{(Z_i=l)} \ln[\alpha_l p_l(X_i \mid \Theta_l)] \prod_{j=1}^{N} p(Z_j \mid X_j, \Theta^g) \right\}$$

$$= \sum_{l=0}^{1} \sum_{i=1}^{N} \ln[\alpha_l p_l(X_i \mid \Theta_l)] \sum_{Z_1=0} \cdots \sum_{Z_N=0} I_{(Z_i=l)} \prod_{j=1}^{N} p(Z_j \mid X_j, \Theta^g)$$

$$= \sum_{l=0}^{1} \sum_{i=1}^{N} \ln[\alpha_l p_l(X_i \mid \Theta_l)] \prod_{j=1, j\neq i} \left[\sum_{Z_j=0} p(Z_j \mid X_j, \Theta^g) \right] p(l \mid X_j, \Theta^g)$$

$$(3.36)$$

又因為 $\sum_{Z_j=0}^{1} p(Z_j \mid X_j, \Theta^g) = 1$，所以（3.36）式可進一步表示為：

$$Q(\Theta \mid \Theta^g, X)$$

$$= \sum_{l=0}^{1} \sum_{i=1}^{N} \ln[\alpha_l p_l(X_i \mid \Theta_l)] p(l \mid X_j, \Theta^g)$$

$$= \sum_{l=0}^{1} \sum_{i=1}^{N} \ln(\alpha_l) p(l \mid X_j, \Theta^g) + \sum_{l=0}^{1} \sum_{i=1}^{N} \ln[p_l(X_i \mid \Theta_l)] p(l \mid X_j, \Theta^g)$$

$$(3.37)$$

其中，$p(l \mid X_j, \Theta^g)$ 也即（3.34）式。

這樣，通過極大化（3.37）式，即可得到參數的極大似然估計值，而且關於（3.37）式的極大化計算，只需要極大化含 α_l 和 Θ_l 的項即可。

由前面關於 α 的記號可知，$\alpha_0 + \alpha_1 = 1$，因而為了估計 α_l，引入拉格朗日乘子 h，約束條件為 $\alpha_0 + \alpha_1 = 1$ 下，則有：

$$H(\Theta, h) = \sum_{l=0}^{1} \sum_{i=1}^{N} [\ln(\alpha_l) p(l \mid X_i, \Theta^g)] - h(\alpha_0 + \alpha_1 - 1) \quad (3.38)$$

極大化（3.38）式即可得參數 α_l 的極大似然估計。其他參數 Θ_l 的極大似然估計同樣可以由（3.37）式最后一個等式的第二項得到。

根據（3.31）式，以 $\Delta t = 5$ 分鐘為一個時間間隔單位，記：

$$\begin{cases}\alpha_0 = 1-\lambda \\ \alpha_1 = \lambda\end{cases} ; \begin{cases}\mu_0 = \mu - \frac{1}{2}\sigma^2 \\ \mu_1 = \mu - \frac{1}{2}\sigma^2 - \mu_J\end{cases} ; \begin{cases}\sigma_0^2 = \sigma^2 \\ \sigma_1^2 = \sigma^2 + \sigma_J^2\end{cases} \quad (3.39)$$

對（3.38）式關於參數 α_l, μ_l, $\sigma_l^2 (l = 0, 1)$ 求偏導，可得極大似然估計為：

$$\hat{\alpha}_l^{g+1} = \frac{1}{N}\sum_{i=1}^N w_{il}^g \quad (3.40)$$

$$\hat{\mu}_l^{g+1} = \frac{\sum_{i=1}^N (w_{il}^g X_i)}{\sum_{i=1}^N w_{il}^g} \quad (3.41)$$

$$(\hat{\sigma}_l^{g+1})^2 = \frac{\sum_{i=1}^N [w_{il}^g (X_i - \mu_l^{g+1})^2]}{\sum_{i=1}^N w_{il}^g} \quad (3.42)$$

其中，$w_{il}^g = p(l \mid X_i, \Theta^g) = \dfrac{\alpha_l^g p_l(X_i \mid \Theta_l^g)}{\sum_{j=0}^1 \alpha_j^g p_j(X_i \mid \Theta_j^g)}$, $l = 0, 1$。

這樣，可以得到全體參數的一次估計值，並用該次所得參數估計值作為下一次迭代的初始值。如此循環迭代，直至滿足 $|Q(\Theta^{g+1}|\Theta^g, X) - Q(\Theta^g|\Theta^{g-1}, X)|$ 充分小。

3.3.3 參數估計結果及模型檢驗

根據前面的 EM 算法，我們利用上證綜合指數 2009 年 1 月 5 日至 2010 年 12 月 31 日 $\Delta t = 5$ 分鐘為時間間隔的高頻數據，可得參數 $\{\mu, \sigma, \lambda, \mu_J, \sigma_J\}$ 的極大似然估計值（如表 3.5 所示）。

表 3.5　上證綜合指數跳擴散模型的參數估計值（$\Delta t = 5$min）

參數	μ	σ	λ	μ_J	σ_J
估計值	3.49e-5	0.002,1	0.01	-2.022,0e-017	1.624,3e-009

為了說明模型的合理性和參數估計的準確性，我們利用參數的極大似然估計結果，對模型進行 K-S 檢驗。

Kolmogorov-Smirnov（K-S）單樣本檢驗是對給定樣本是否符合某種特定分佈的擬合優度檢驗，其基本原理就是將一個變量的累積分佈函數與特定分佈進行比較。設 $F_n(x)$ 表示一組容量為 n 的樣本的累積概率函數，$F_0(x)$ 表示特定分佈的概率函數，定義：

$$D_n = \sup_x [|F_n(x) - F_0(x)|]$$

H_0：樣本來自的總體服從分佈 $F_0(x)$。
H_1：樣本來自的總體不服從分佈 $F_0(x)$。

K-S 檢驗就是比較 D_n 與給定顯著性水平 $\alpha = 1 - P(D_n \leq D_{n,\alpha})$ 時的 K-S 檢驗臨界值 $D_{n,\alpha}$ 進行比較，當 $D_n > D_{n,\alpha}$ 時，則接受 H_1，反之，不拒絕 H_0。

本書中，我們認為資產價格變化滿足跳擴散過程（3.20）式，則離散化后對應的 $\Delta t = 5$ 分鐘高頻收益率的理論密度函數為：

$$P(x) = \sum_{k=0}^{1} \frac{e^{-\lambda \Delta t}(\lambda \Delta t)^k}{k!} \frac{1}{\sqrt{2\pi(\sigma^2 \Delta t + k\sigma_J^2)}} \exp\left\{-\frac{\left[x - \left(\mu - \frac{1}{2}\sigma^2\right)\Delta t - k\mu_J\right]^2}{2(\sigma^2 \Delta t + k\sigma_J^2)}\right\}$$

各參數估計值如表 3.5 所示。根據所選樣本數據可計算得 $D_n = 2.357e - 3$，查 K-S 檢驗統計量表，有 $D_{n,0.05} = 1.36/\sqrt{n} = 8.9e - 3 > D_n$（$n = 23,328$ 表示樣本觀察數據個數）。因此，在 $1 - \alpha = 0.95$ 的置信水平下，不拒絕「樣本來自的總體服具有密度函數 $p(x)$」，即不拒絕「價格過程滿足（3.20）式」。

3.4 本章小結

本章對金融市場中資產價格的影響因素及影響結果做了理論探討，並針對中國股票市場用上證綜合指數高頻歷史數據為樣本，進行資產價格變化的統計特徵分析，結果表明中國股票市場中股票價格存在明顯的異常波動現象，進而在非參框架內，採用基於邦德芙—尼爾森和謝波德（Barndorff-Nielsen & Shephard）等人的方法，對所選樣本數據檢測到上證綜合指數跳躍行為的存在天數占所選數據總天數的 36% 左右，這表明對中國股市進行研究時，價格異常的跳躍性波動是不容忽視的事實。為此，我們選取默頓（Merton）的跳擴散模型來刻畫資產價格的變化過程，並在 EM 算法基礎上，選用 5 分鐘高頻數據對模型參數進行極大似然估計，估計結果與統計分析基本一致，其中衡量跳躍發生的泊松強度 $\lambda = 0.01$ 次 /5 分鐘，這再一次佐證了跳躍的存在。

4 Delta 約束下歐式未定權益的套期保值問題研究

在 Black-Scholes 模型中，如果投資者對期權的當前價值 $C = C(t, S_t)$ 關於標的資產價格 S_t 求一階偏導數並以此作為對沖策略頭寸，即 $\Delta = \partial C/\partial S$，而且保持兩者的頭寸方向相反即可構造一個無風險組合 $\Pi = C - \Delta S$。那麼只要連續地調整股票頭寸就可以消除股票價格風險，做到對期權的完全複製。然而，這只是一種理想化情況，現實中不可能實現。其一是連續交易不可能實現，況且也因為交易費用的存在，過於頻繁地進行策略調整並不可取；其二是 Black-Scholes 模型代表的是一個完備的金融市場，而現實市場中資產價格並不連續。第三章的研究已經表明資產價格常常會受外部因素影響而伴隨有跳躍情況出現，因而市場並不完備，而不完備市場中的未定權益通常難以通過自融資策略進行完全複製。本章我們在 Delta 策略約束下對未定權益的套期保值問題進行研究。

4.1 問題的引入

在 Black-Scholes 模型

$$\frac{dS_t}{S_t} = \mu dt + \sigma dW(t)$$

表示的金融市場中，布萊克和舒爾斯（Black & Scholes, 1973）在利用無套利原理對未定權益進行定價研究的過程中發現，可以通過構造一個僅包含標的資產和無風險資產的投資組合對未定權益進行完全複製，而且標的資產的持有量就是未定權益價值關於標的資產價格的偏導數，即 $\Delta = \partial C/\partial S$。這也就是 Delta 套期保值的原型。

本書中，我們研究跳擴散結構下未定權益的套期保值問題，即資產價格服從跳擴散過程

$$\frac{dS_t}{S_{t^-}} = \mu dt + \sigma dW(t) + d\left(\sum_{i=1}^{N(t)}[V_i - 1]\right)$$

相對於 Black-Scholes 模型，跳擴散模型刻畫的資產價格變化過程多出一個跳躍風險源。此時關於未定權益的套期保值，不可能像 Black-Scholes 模型那樣，僅通過用標的資產和無風險資產構建對沖組合併利用 Delta 策略對未定權益進行完全複製。事實上，布拉特 A（Sepp A，2010）對跳擴散結構下未定權益的 Delta 套期保值誤差進行研究的結果表明，因為資產價格跳躍成分的存在而不可能完全消除對沖誤差。

為此，何、甘乃迪和科爾曼（He, Kennedy & Coleman, 2006），甘乃迪、福塞斯和斯威馳（Kennedy, Forsyth & Vetzal, 2009）在布萊克和舒爾斯（Black & Scholes）的基礎上，通過引入與標的資產相關的其他風險資產，在不同策略調整時刻，首先在 Delta 策略約束下消除資產價格過程中布朗運動帶來的風險，然後再最小化資產價格過程中跳躍部分帶來的風險，從而達到降低總風險的目的。

受上述研究的啟示，本章中我們利用何和甘乃迪（He & Kennedy）等人的思想，通過引入標的資產、另一種與標的資產相關的風險資產以及無風險資產共同構成對沖組合，並在 Delta 策略約束下，以最小化期末組合價值與未定權益的平方誤差為優化目標，對跳擴散結構下歐式未定權益的套期保值問題進行研究。

4.2 Delta 約束下歐式未定權益的套期保值問題

4.2.1 Delta 約束下套期保值的基本問題與模型

我們設 (Ω, F, P) 是具有流域 $F = (F_t)_{t \in [0, T]}$ 的概率空間，金融市場中風險資產 S 的價格 $S = (S_t)_{t \in [0, T]}$ 是非負的 F 適應過程，並且其價格變化過程由 (3.20) 式給出，即風險資產價格服從跳擴散過程。C 是以 S 為標的資產的歐式未定權益，假設某投資者在初始時刻簽署一份以 S 為標的資產的歐式未定權益 C。這時僅通過構建簡單的 Delta 對沖組合已不可能消除因為布朗運動和泊松跳躍兩個風險源帶來的風險。因為對於一個由 ϑ 份多頭標的股票和一個 ϑ 份

空頭歐式未定權益構成的組合 $\Pi_t = \vartheta_t S_t - C_t$ 來說，它滿足 $d\Pi_t = \vartheta_t dS_t - dC_t$，根據跳擴散結構下的 Itô 公式，有：

$$dC_t = [\frac{\partial C_t}{\partial t} + \frac{(\sigma S_t)^2}{2}\frac{\partial^2 C_t}{\partial S^2} + \mu S_t \frac{\partial C_t}{\partial S}]dt + \sigma S_t \frac{\partial C_t}{\partial S}dw_t + \delta C_t dN_t \quad (4.1)$$

其中，$\delta C_t = C(JS_t) - C(S_t)$ 表示由於一次泊松跳躍引起的期權價格增量。

記 $\delta S_t = S_t(J-1)$，並把標的資產價格過程（3.20）式和（4.1）式代入 $\Pi_t = \vartheta_t S_t - C_t$，並對其兩邊同時微分，可得：

$$\begin{aligned}
d\Pi_t &= \vartheta_t dS_t - dC_t \\
&= \vartheta_t(S_t\mu dt + S_t\sigma dW_t + \delta S_t dN_t) \\
&\quad - [(\frac{\partial C_t}{\partial t} + \frac{(\sigma S_t)^2}{2}\frac{\partial^2 C_t}{\partial S^2} + \mu S_t\frac{\partial C_t}{\partial S})dt + \sigma S_t\frac{\partial C_t}{\partial S}dW_t + \delta C_t dN_t] \\
&= -(\frac{\partial C_t}{\partial t} + \frac{(\sigma S_t)^2}{2}\frac{\partial^2 C_t}{\partial S^2})dt + \mu S_t(-\frac{\partial C_t}{\partial S_t} + \vartheta_t)dt \\
&\quad + \sigma S_t(-\frac{\partial C_t}{\partial S_t} + \vartheta_t)dW_t + (-\delta C_t + \vartheta_t \delta S_t)dN_t
\end{aligned} \quad (4.2)$$

對於上面（4.2）式中的 $\frac{\partial C_t}{\partial t}$，根據布拉特 A（Sepp A，2010）的研究，滿足：

$$\begin{cases} \frac{\partial C_t}{\partial t} = -\frac{1}{2}(\sigma S_t)^2\frac{\partial^2 C_t}{\partial S^2} - \mu S_t\frac{\partial C_t}{\partial S_t} - \lambda[\int_0^{+\infty} C(JS_t)p(J)dJ - C(S_t)] + rC_t \\ C_T = C(S_T, T, K) = (S_T - K)^+ \end{cases} \quad (4.3)$$

把（4.3）式代入（4.2）式，得：

$$\begin{aligned}
d\Pi_t &= -(\frac{\partial C_t}{\partial t} + \frac{(\sigma S_t)^2}{2}\frac{\partial^2 C_t}{\partial S^2})dt + rB_t dt + \mu S_t(-\frac{\partial C_t}{\partial S_t} + \vartheta_t)dt \\
&\quad + \sigma S_t(-\frac{\partial C_t}{\partial S_t} + \vartheta_t)dw_t + (-\delta C_t + \vartheta_t \delta S_t)dN_t \\
&= r\Pi_t dt + [-r\vartheta_t S_t + \mu\vartheta_t S_t + \lambda E(\delta C_t)]dt \\
&\quad + \sigma S_t(-\frac{\partial C_t}{\partial S_t} + \vartheta_t)dw_t + (-\delta C_t + \vartheta_t \delta S_t)dN_t
\end{aligned} \quad (4.4)$$

顯然，（4.4）式中最后一個等式右邊第一項表示組合資產按無風險利率

發生的增值，后三項表示由於布朗運動和泊松跳躍的發生引起的價值增量，但是在價格過程具有確定參數情況下，第二項是一個確定量，這樣組合資產價值風險完全在於布朗運動增量部分 $\sigma S_t(-\frac{\partial C_t}{\partial S_t} + \vartheta_t)$ 和泊松跳躍部分 $(-\delta C_t + \vartheta_t \delta S_t)$。

因此，我們首先可以通過 Delta 策略來消除布朗運動風險，然后再引入另一種與 S 相關的資產 I 來降低由於泊松跳躍帶來的風險，從而達到降低期末未定權益支付風險的目的。

本書討論的是離散時間集上未定權益的套期保值，因此為了方便後面的敘述，假設對 $[0, T]$ 時間段進行間隔為 $\Delta t = \frac{T}{N}$ 的劃分，並且記 $S_n = S_{n\Delta t}$，$n = 0, 1, \cdots, N$ 表示 $t = n\Delta t$ 時刻的資產價格。

定義4.1 一個投資策略 φ 就是三維隨機過程 (ϑ, δ, B)，並且：

$$V_n(\varphi) = \vartheta_n S_n + \delta_n I_n + B_n \in L^2(P), \quad n \in [0, 1, \cdots, N] \quad (4.5)$$

$\{V_n(\varphi), n = 0, 1, \cdots, N\}$ 稱為投資策略 $\{(\vartheta_n, \delta_n, B_n), n = 0, \cdots, N\}$ 對應的價值過程，其中 $(\vartheta_n, \delta_n, B_n)$ 表示在時刻 $t = n\Delta t$ 做出策略調整后投資者持有的風險資產 S、I 頭寸份額和無風險資產 B 的數量，相應地，$V_n(\varphi)$ 表示 $t = n\Delta t$ 時刻策略調整后的資產組合的理論價值。

當策略 φ 是一個自融資策略時，記 $R = e^{r\Delta t}$，則有：

$$\begin{aligned} V_{n+1} &= \vartheta_{n+1} S_{n+1} + \delta_{n+1} I_{n+1} + B_{n+1} \\ &= \vartheta_n S_{n+1} + \delta_n I_{n+1} + B_n e^{r\Delta t} \\ &= V_n + \vartheta_n \Delta S_{n+1} + \delta_n \Delta I_{n+1} + B_n(R - 1) \quad n = 0, 1, \cdots, N - 1 \end{aligned} \quad (4.6)$$

假設投資者在初始時刻空頭持有一份以 S 為標的資產、將於 T 時刻到期、執行價格為 K 的歐式未定權益 $C = C(S, t)$，並通過在離散時間集 $\{0, 1, \cdots, N-1\}$ 內各時刻持有頭寸為 $\varphi_n = (\vartheta_n, \delta_n, B_n)$ 的資產 S、I 和 B，在自融資和 Delta 策略約束下對其進行套期保值。記期末歐式未定權益價值為 $H_N = (S_N - K)^+$，以期末對沖資產組合價值與未定權益價值差的平方的期望作為風險度量，則可以建立如下套期保值模型：

$$\begin{cases} \min_{(\varphi_0, \cdots, \varphi_{N-1})} E[H_N - V_N(\varphi)]^2 \\ s.t. \quad V_{n+1} = V_n + \vartheta_n \Delta S_{n+1} + \delta_n \Delta I_{n+1} + B_n(R - 1) \\ \quad \vartheta_n = \frac{\partial C}{\partial S}\big|_{t=n\Delta t} \quad n = 0, 1, \cdots, N - 1 \end{cases} \quad (4.7)$$

4.2.2 Delta 約束下套期保值策略的確定

根據貝爾曼最優性原理，在自融資約束下，套期保值問題（4.7）式的優化目標可以表示為：

$$\min_{(\varphi_0,\cdots,\varphi_{N-1})} \mathrm{E}[H_N - V_N(\varphi)]^2 = \min_{(\varphi_0,\cdots,\varphi_{N-2})} \mathrm{E}\{\min_{\varphi_{N-1}} \mathrm{E}[(H_N - V_N(\varphi))^2 \mid F_{N-1}]\}$$

$$= \cdots = \min_{\varphi_0} \mathrm{E}\{\min_{\varphi_1}\cdots \mathrm{E}\{\min_{\varphi_{N-2}} \mathrm{E}\{\min_{\varphi_{N-1}} \mathrm{E}[(H_N - V_N(\varphi))^2 \mid F_{N-1}] \mid F_{N-2}\}\cdots\}$$

(4.8)

這樣，我們可以從 $N-1$ 開始，採用倒向遞歸法得到最優策略 $\varphi = (\vartheta_n, \delta_n, B_n)$。

首先，我們通過解如下優化問題，得 $t = (N-1)\Delta t$ 時刻的最優策略 $(\vartheta_{N-1}^*, \delta_{N-1}^*, B_{N-1}^*)$：

$$\begin{cases} \min_{\varphi_{N-1}} \mathrm{E}[(H_N - V_N)^2 \mid F_{N-1}] \\ s.t. \quad V_N = V_{N-1} + \vartheta_{N-1}\Delta S_N + \delta_{N-1}\Delta I_N + B_{N-1}(R-1) \\ \vartheta_{N-1} = \dfrac{\partial C}{\partial S}\bigg|_{t=(N-1)\Delta t} \end{cases} \quad (4.9)$$

解（4.9）式，可得：

$$\begin{cases} \vartheta_{N-1}^* = \dfrac{\partial C}{\partial S}\bigg|_{t=(N-1)\Delta t} \\ \delta_{N-1}^* = \dfrac{\mathrm{Cov}(H_N, \Delta I_N \mid F_{N-1}) - \vartheta_{N-1}^* \mathrm{Cov}(\Delta S_N, \Delta I_N \mid F_{N-1})}{\mathrm{Var}(\Delta I_N \mid F_{N-1})} \\ B_{N-1}^* = \dfrac{\mathrm{E}(H_N \mid F_{N-1}) - \mathrm{E}[(\vartheta_{N-1}^* S_N + \delta_{N-1}^* I_N) \mid F_{N-1}]}{R} \end{cases} \quad (4.10)$$

記 $H_{N-1} = \mathrm{E}[(H_N - \vartheta_{N-1}^*\Delta S_N - \delta_{N-1}^*\Delta I_N - B_{N-1}^*(R-1)) \mid F_{N-1}]$，並且在自融資 $V_{N-1} = V_{N-2} + \vartheta_{N-2}\Delta S_{N-1} + \delta_{N-2}\Delta I_{N-1} + B_{N-2}(R-1)$ 的約束下，則有：

$$\min_{\varphi_{N-1}} \mathrm{E}[(H_N - V_N(\varphi))^2 \mid F_{N-1}]$$

$$= V_{N-1}^2 - 2V_{N-1}\mathrm{E}[(H_N - \vartheta_{N-1}^*\Delta S_N - \delta_{N-1}^*\Delta I_N - B_{N-1}^*(R-1)) \mid F_{N-1}]$$

$$+ \mathrm{E}[(H_N - \Delta S_N - \Delta I_N - (R-1))^2 \mid F_{N-1}]$$

$$= (H_{N-1} - V_{N-1})^2 + \mathrm{E}[(H_N - \Delta S_N - \Delta I_N - (R-1))^2 \mid F_{N-1}]$$

$$- \mathrm{E}^2[(H_N - \vartheta_{N-1}^*\Delta S_N - \delta_{N-1}^*\Delta I_N - B_{N-1}^*(R-1)) \mid F_{N-1}]$$

$$= (H_{N-1} - V_{N-2} - \vartheta_{N-2}\Delta S_{N-1} - \delta_{N-2}\Delta I_{N-1} - B_{N-2}(R-1))^2$$

$$+ \mathrm{E}[(H_N - \Delta S_N - \Delta I_N - (R-1))^2 \mid F_{N-1}]$$

$$- \mathrm{E}^2[(H_N - \vartheta_{N-1}^*\Delta S_N - \delta_{N-1}^*\Delta I_N - B_{N-1}^*(R-1)) \mid F_{N-1}] \quad (4.11)$$

顯然，(4.11) 式中最后一個等式的后兩項與 $t=(N-2)\Delta t$ 時刻的策略無關，因此同樣在自融資和 Delta 約束下，根據 (4.8) 式，$t=(N-2)\Delta t$ 時刻的最優策略可通過解類似於 (4.9) 式的優化問題 (4.12) 式得到：

$$\begin{cases} \min_{\varphi_{N-2}} E\left[(H_{N-1} - V_{N-1})^2 \mid F_{N-2}\right] \\ s.t. \quad V_{N-1} = V_{N-2} + \vartheta_{N-2}\Delta S_{N-1} + \delta_{N-2}\Delta I_{N-1} + B_{N-2}(R-1) \\ \vartheta_{N-2} = \dfrac{\partial C}{\partial S}\Big|_{t=(N-2)\Delta t} \end{cases} \quad (4.12)$$

比較 (4.9) 式和 (4.12) 式，兩者的形式完全一致，因而它們的求解方法和解的形式也類似；

如此下去，對任意 n 時刻的策略可以通過解下面形式的優化問題：

$$\begin{cases} \min_{\varphi_n} E\left[(H_{n+1} - V_{n+1})^2 \mid F_n\right] \\ s.t. \quad V_{n+1} = V_n + \vartheta_n \Delta S_{n+1} + \delta_n \Delta I_{n+1} + B_n(R-1) \\ \vartheta_n = \dfrac{\partial C}{\partial S}\Big|_{t=n\Delta t} \end{cases} \quad (4.13)$$

解 (4.13) 式，可得：

$$\begin{cases} \vartheta_n^* = \dfrac{\partial C}{\partial S}\Big|_{t=n\Delta t} \\ \delta_n^* = \dfrac{\text{Cov}(H_{n+1}, \Delta I_{n+1} \mid F_n) - \vartheta_n^* \text{Cov}(\Delta S_{n+1}, \Delta I_{n+1} \mid F_n)}{\text{Var}(\Delta I_{n+1} \mid F_n)} \\ B_n^* = \dfrac{E(H_{n+1} \mid F_n) - E\left[(\vartheta_n^* S_{n+1} + \delta_n^* I_{n+1}) \mid F_n\right]}{R} \end{cases} \quad (4.14)$$

其中，$\{H_n, n=0,\cdots,N-1\}$ 滿足如下遞歸關係：

$$\begin{cases} H_n = \dfrac{E(H_{n+1} \mid F_n)}{R} + \dfrac{\partial C_n}{\partial S_n}\left(S_n - \dfrac{E(S_{n+1} \mid F_n)}{R}\right) \\ \quad + \dfrac{\text{Cov}(H_{n+1}, I_{n+1} \mid F_n) - \dfrac{\partial C_n}{\partial S_n}\text{Cov}(S_{n+1}, I_{n+1} \mid F_n)}{\text{Var}(I_{n+1} \mid F_n)}\left[I_n - \dfrac{E(I_{n+1} \mid F_n)}{R}\right] \\ H_N = (S_N - K)^+ \end{cases}$$

$$(4.15)$$

這樣，可以根據 (4.14) 式和 (4.15) 式確定各策略調整時刻的對冲頭寸，從而完成套期保值操作。

4.3 Delta 約束下平方套期保值策略的應用

4.3.1 數據採集及相關性分析

我們假設投資者因業務需要持有一份以上證綜指為標的資產的空頭頭寸歐式未定權益，為避免指數價格暴漲帶來的風險，用上證 A 股指數、無風險資產與上證綜指共同組成對沖組合進行套期保值為例，來說明本書所提方法和策略的可行性與合理性。我們選用上證綜指和上證 A 股指數從 2009 年 1 月 5 日至 2010 年 12 月 31 日的 5 分鐘高頻數據作為樣本內數據，對資產價格進行跳躍性檢驗和模型的參數估計，選取 2011 年 1 月 4 日至 3 月 31 日的日收盤價格作為樣本外數據，對不同情形（不同交易費率、不同策略調整頻率、不同合約期限）的套期保值進行實例分析。無風險利率取中國人民銀行規定的現行活期存款利率，即年利率為 $r = 0.4\%$。

圖 4.1 和圖 4.2 分別是兩種風險資產（上證綜指和上證 A 股指數）從 2011 年 1 月至 3 月的收盤價格走勢圖。圖 4.3 是兩種風險資產從 2009 年 1 月至 2010 年 12 月的日度收盤價格走勢對比圖。

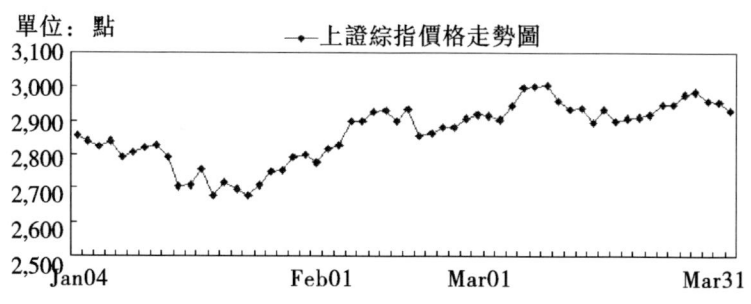

圖 4.1 上證綜指從 2011 年 1 月 4 日至 3 月 31 日的收盤價格走勢圖

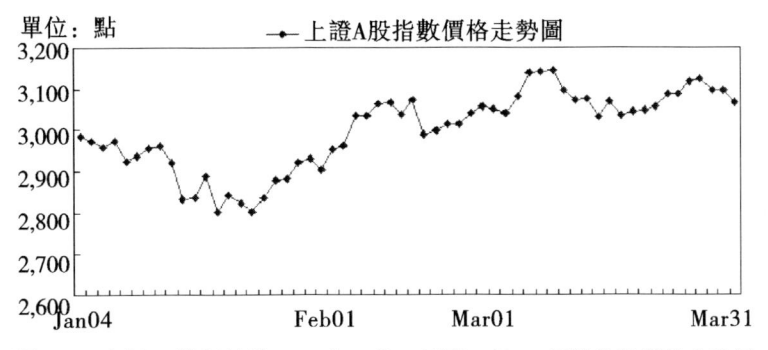

圖 4.2　上證 A 股指數從 2011 年 1 月 4 日至 3 月 31 日的收盤價格走勢圖

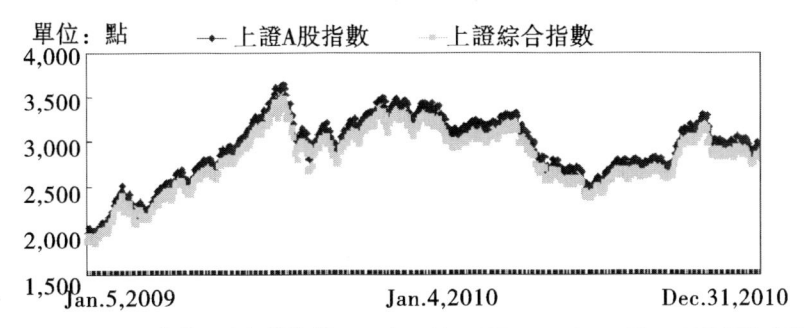

圖 4.3　上證 A 股指數和上證綜指從 2009 年 1 月 5 日至 2010 年 12 月 31 日的價格走勢圖

從上述兩種風險資產的樣本內價格和樣本外價格走勢圖可以發現，它們的價格走勢十分相似，初步表明兩者之間具有高度的相關性。事實上，由相關係數計算公式：

$$\rho_{XY} = \frac{\sum_{i=1}^{n}(X_i - \bar{X})(Y_i - \bar{Y})}{\sqrt{\sum_{i=1}^{n}(X_i - \bar{X})^2}\sqrt{\sum_{i=1}^{n}(Y_i - \bar{Y})^2}}$$

利用價格的歷史數據可以計算得兩者的相關係數 $\rho = 0.997$，相關性極高，因此可以選擇其中一種資產為另一種資產對應的歐式未定權益進行套期保值。

對兩種風險資產價格過程參數進行極大似然估計，估計值如表 4.1 所示。

表 4.1　兩種風險資產價格過程參數的極大似然估計值

參數	$\mu(\mu^{(I)})$	$\sigma(\sigma^{(I)})$	$\lambda(\lambda^{(I)})$	$\mu_J(\mu_J^{(I)})$	$\sigma_J(\sigma_J^{(I)})$	ρ
上證綜指	3.49e-5	0.002,1	0.01	-2.022,0e-17	1.624,3e-9	0.99
上證 A 股指數	2.017e-5	0.002,45	0.020,6	-6.429e-17	3.106e-9	

4.3.2　策略調整頻率對套期保值效果的影響

在自融資和 Delta 策略約束下未定權益的均方套期保值是以期末對沖組合價值與未定權益價值間的均方偏差 $E[(H-V_N)^2]$ 為優化目標進行策略確定。顯然，因為市場的波動會導致對沖組合價值與未定權益價值發生偏離，而且市場波動程度越大，兩者的偏差也會增大，所以對給定的一項未定權益進行套期保值，就必須隨時進行對沖頭寸的調整以應對市場變化。只有這樣，才能最大限度地降低對沖組合價值與未定權益的偏差，從而達到好的保值效果。圖 4.4 是模擬得到的 3 個月期限套期保值期末虧損（期末期權價值－期末組合價值，即 $H-V_T$）與策略調整頻率的關係圖。由圖 4.4 可見，隨策略調整頻率的提高，期末虧損隨之降低。因此，提高策略調整頻率有利於提高保值效果。

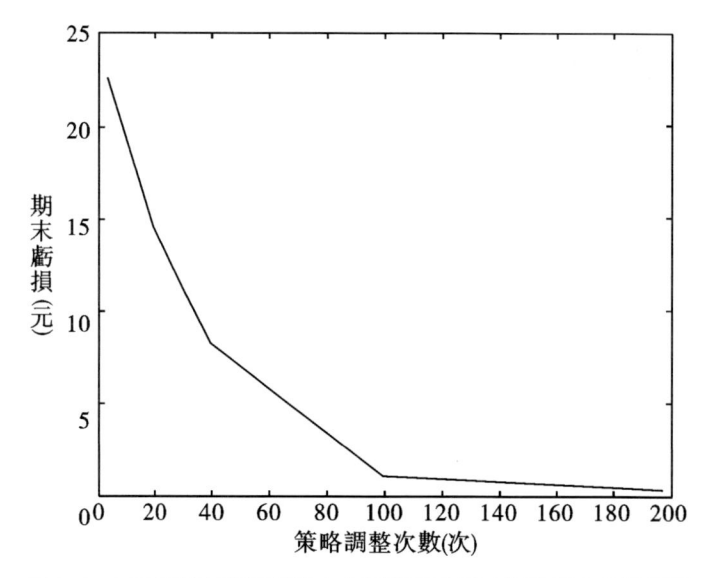

圖4.4　3個月期套期保值期末虧損與策略頭寸調整頻率的關係圖

然而，資產的交易需要費用，況且 Delta 約束下的均方套期保值存在兩種相關風險資產，如果策略調整過於頻繁，會導致交易佣金的大幅增加。尤其是套期保值期限較長、交易費率較高時，儘管頻率的策略調整在一定程度上降低了期末虧損，卻可能因為高額的交易佣金發生而使套期保值總成本增加。圖 4.5 是模擬得到期限為 3 個月的套期保值策略調整頻率與交易佣金的關係圖（交易費率為 2‰）。圖 4.5 表明，策略調整越頻繁，發生的交易佣金也越高。

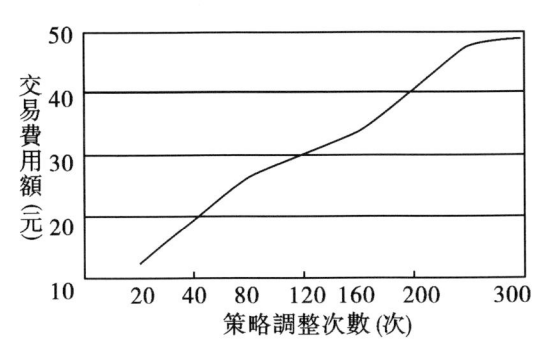

图 4.5　3 個月期套期保值交易佣金與策略頭寸調整頻率的關係圖

總之，對套期保值來說，頻繁的策略調整在降低期末虧損的同時也增加了交易佣金的發生，因此需要綜合考慮整個套期保值過程的總支出（包括期初頭寸構建及策略調整費用、期末行權及平倉損益），並以此作為套期保值效果的評價指標：

$$\begin{aligned} TC = &(\vartheta_0 S_0 + \delta_0 I_0 + B_0)e^{rT} + (|\vartheta_0|S_0 + |\delta_0|I_0)fe^{rT} \\ &+ \sum_{n=1}^{N-1}[f(S_n|\vartheta_n - \vartheta_{n-1}| + I_n|\delta_n - \delta_{n-1}|)e^{r(N-n)\Delta t}] \\ &+ (|\vartheta_{N-1}|S_N + |\delta_{N-1}|I_N)f + (S_N - K)^+ \\ &- (\vartheta_{N-1}S_N + \delta_{N-1}I_N + B_{N-1}e^{r\Delta t}) \end{aligned} \quad (4.16)$$

其中，f 表示股票交易費率。

4.3.3　套期保值策略調整頻率的確定

假設投資者在 2011 年 1 月 4 日因業務開展而持有一份以上證綜指為標的資產的空頭歐式未定權益，期限為 1 個月、2 個月和 3 個月，策略調整頻率為 1 天/次、1 周/次、2 周/次，並用上證綜指、上證 A 股指數和無風險資產作為套期保值工具，在自融資和 delta 策略約束下，以期末均方誤差最小為目標，按照（4.14）式和（4.15）式確定的策略進行套期保值，按（4.16）式表示的套期保值總成本最小來確定策略調整頻率。期初建立套期保值組合時，作為標的資產的上證綜指價格為 $S_0 = 2,852.65$ 點，上證 A 股指數的價格為 $I_0 = 2,987.03$ 點。在此我們僅對執行價格 $K = S_0$ 的套期保值進行分析。

表 4.2 至表 4.4 是不同策略調整頻率和不同交易費率下發生的套期保值總成本情況。

表4.2　　　　　　　套期保值總成本（期限：1個月）　　　　單位：元

費率＼頻率	1天	1周	2周
1‰	4.74	5.89	6.86
2‰	11.86	12.90	13.68
4‰	26.11	26.93	27.32

表4.3　　　　　　　套期保值總成本（期限：2個月）　　　　單位：元

費率＼頻率	1天	1周	2周
1‰	43.72	43.59	43.82
2‰	52.56	51.96	51.66
4‰	70.23	68.69	67.33

表4.4　　　　　　　套期保值總成本（期限：3個月）　　　　單位：元

費率＼頻率	1天	1周	2周
1‰	67.92	67.45	68.14
2‰	77.98	76.24	76.39
4‰	98.01	93.81	92.90

　　首先，表4.2表明1個月期限套期保值在策略調整頻率為1天/次時的總成本最少。事實上，就1個月期限的套期保值而言，因為期限較短，即使是4‰的高交易費率情況，策略調整頻率從2周/次提高到1周/次增加的交易佣金為0.77元，而對應的期末誤差則降低了1.16元；策略調整頻率從1周/次提高到1天/次增加的交易佣金為0.45元，而對應的期末誤差卻降低了1.16元。也就是說，對於1個月期限的套期保值，無論交易費率是多少，無論策略調整頻率是從2周/次提高到1周/次，還是從1周/次提高到1天/次，期末誤差的減少都足以彌補增加的交易佣金。

　　對於2個月期限的套期保值，當交易費率為1‰時，對應於策略調整頻率從2周/次提高到1周/次，交易佣金增加了0.53元，而期末虧損降低了0.76元，期末誤差的減少足以彌補交易佣金的增加，但是對應於策略從1周/次提高到1天/次，交易佣金則增加了0.47元，而期末誤差只降低了0.34元，期末誤差的降低不足以彌補交易佣金的增加。當交易費率為2‰和4‰時，策略調

整頻率從2周/次提高到1周/次，交易佣金分別增加了1.06元和2.12元，而期末誤差只減少了0.76元，期末誤差的減少不足以彌補交易佣金的增加；同樣，策略調整頻率從1周/次提高到1天/次，對於2‰和4‰兩種費率情況，交易佣金分別增加了0.94元和1.87元，而期末誤差只減少0.34元，期末誤差的減少也不足以彌補佣金的增加。另外，從表4.3可知，當交易費率為1‰時，1周/次的策略調整頻率對應的總成本最少，而當交易費率為2‰和4‰時，則是2周/次的策略調整頻率對應的總成本最少。

對於3個月期限的套期保值來說，對應於1‰和2‰的交易費率情況，當策略調整頻率從2周/次提高到1周/次時，交易佣金分別增加了0.54元和1.07元，期末誤差降低了1.23元，期末誤差的減少均足以彌補交易佣金的增加；而當策略調整頻率從1周/次提高到1天/次時，期末誤差的減少則不足以彌補交易佣金的增加。對應於4‰的交易費率情況，無論策略調整頻率是從2周/次提高到1周/次還是從1周/次提高到1天/次，期末誤差的減少均不足以彌補交易佣金的增加。從表4.4可知，1‰和2‰的交易費率當策略調整頻率為1周/次時，對應的套期保值總成本最少，而4‰的交易費率當策略調整頻率為2周/次時，對應的套期保值總成本最少。

由此看來，策略調整的頻率並非越高越好，而應根據套期保值期限和交易費率等情況合理確定。期限越長、費率越高，策略調整時間間隔可適當拉長，過於頻繁地進行策略調整，可能因為交易費的增加而耗費資金。而對於期限較短、交易費率較低的情況，適當提高策略調整頻率則有利於應對市場波動帶來的風險。

4.4 本章小結

本章通過引入與標的資產相關的另一種風險資產，首先在Delta策略約束下消除布朗運動風險，然后通過構造期末未定權益與對沖組合價值的均方誤差最小優化模型，根據動態規劃原理和倒向遞歸方法得到未定權益的動態套期保值策略，降低跳躍風險，達到期末未定權益和組合資產價值的平方誤差最小的目的。

實例分析結果表明，策略調整頻率的高低直接影響到期末虧損的大小。高頻率的策略調整有利於規避市場價格波動帶來的風險，降低期末虧損。但是會因為交易佣金的增加而加大套期保值成本的支出，尤其是交易費率較高時，過於頻繁地進行策略調整未必可取。因此，策略調整的頻率並非越高越好，而應根據套期保值期限的長短、資產價格變化決定，期限越長，策略調整時間間隔可適當拉長，策略調整過於頻繁，會因為交易佣金的存在而耗費資金。

5 跳擴散結構下歐式未定權益的均方套期保值問題研究

上一章我們討論了 Delta 約束下歐式未定權益的平方套期保值問題。該方法由無風險資產、標的風險資產和另一種相關風險資產共同構成對沖組合，對歐式未定權益進行套期保值操作。然而，這種包含其他資產的對沖組合不便於管理和實踐操作，而且本章的模擬結果也表明，因為交易佣金的存在，參與交易的資產越多需要的交易佣金也越多，從而增加套期保值的總成本，尤其是費率較高、期限較長時，成本增加更為顯著。在本章中，我們僅用無風險資產和標的資產構建對沖組合，以期末組合價值與未定權益的均方誤差為風險度量，研究均方標準下歐式未定權益的套期保值問題。

5.1 均方套期保值

弗勒和桑德曼（Follmer & Sonderman, 1986）最早在他們的論文中提出均方套期保值標準，也就是通過尋找一個自融資策略使終期財富與未定權益的差的平方的期望值達到最小。他們運用 Kunita-Watanable 投影方法解得最優均方套期保值策略。均方套期保值標準具有簡明的經濟意義，即通過最優策略的選擇使得對沖組合財富價值與未定權益支付間的偏差最小。該準則提出後，因為其良好的經濟意義而受到學術界的重視，很多學者都對此加以研究。達夫和理查德（Duffie & Richard, 1991）研究了資產價格服從擴散模型時特殊未定權益的均方套期保值問題，並給出了擴散模型下均方套期保值的顯式解。賽切爾和德爾賓（Schachermayer & Delbean, 1994）引入方差最優鞅測度，然後利用 G-K-W 投影方法得到最優均方套期保值策略。勞倫特等（Laurent 等, 1999）

運用動態規劃原理對擴散模型下均方套期保值進行了研究,並得到最優策略的遞推表達式。範(Pham,2000)給出了一般連續半鞅模型下未定權益 Follmer-Schweizer 分解存在的充要條件,並運用動態規劃原理給出了構造均方最優套期保值策略的方法。博布羅夫和施魏策爾(Bobrovnytska & Schweizer,2004)運用隨機控制的方法研究了布朗運動模型下的均方套期保值問題。安德魯(Andrew,2005)通過構建隨機控制問題,引入倒向隨機微分方程,得到跳擴散結構下均方套期保值策略的閉式解。顧斯威里(Gugushvili,2003)和格恩(Cerny,2004)運用動態規劃原理研究了離散時間下的均方對沖並得到最優策略的遞歸方程形式解。此外,蒂爾(Thierbach,2002)討論了有附加市場信息模型下的均方套期保值問題。比亞吉和奧克森山(Biagini & Oksendal,2004)利用 Malliavin 積分研究了擴散模型下內部信息者的最小方差套期保值策略。

目前關於均方標準下未定權益的套期保值研究,技術已十分成熟,但是從上述文獻給出的最優策略可以發現,均方套期保值策略表達式或者是通過 Follmer-Schweizer 分解中的量來表示,這些量雖然在理論上是存在的,但實際應用中卻很難直接得到,或者是通過求解方程得到,操作繁瑣。本章將對標的資產價格服從跳擴散過程的歐式未定權益的均方套期保值問題進行研究。我們先構建均方誤差最小優化問題,然后借助動態規劃原理,在套期保值期間 $[0,T]$ 內,通過把下一時刻優化目標中與前一時刻策略不相關的部分進行剝離,採用逐步倒推方法,得到均方標準下套期保值最優策略的遞推表達式。該表達式中涉及的量僅與資產價格過程有關,在實際應用中很容易確定。

5.2 均方套期保值的基本問題與模型

我們設 (Ω, F, P) 是具有流域 $F=(F_t)_{t\in[0,T]}$ 的概率空間,金融市場中有兩種資產,一種是風險資產 S,其價格 $S=(S_t)_{t\in[0,T]}$ 為非負的 F 適應過程,並且滿足(3.20)式;另一種是無風險資產 B,其價格過程滿足 $dB_t = rB_t dt$,r 表示無風險利率。

對任意隨機序列 $l=(l_t)_{t\in[0,T]}$,$\Theta(l)$ 表示所有滿足 $\vartheta_t \Delta l_t \in L^2(P)$ 的隨機過程 $(\vartheta_t)_{t\in[0,T]}$ 構成的空間。在此,我們同樣考慮離散時間集 $\{t \mid t=0, \Delta t, \cdots, N\Delta t\}$ 上的套期保值問題,即取 $\Delta t = T/N$ 對時間區間 $[0,T]$ 進行等距劃分,並且記 $S_n = S_{n\Delta t}$,$n=0,1,\cdots,N$ 表示 $t=n\Delta t$ 時刻的資產價格。

定義 5.1　一個投資策略 φ 就是一對隨機過程 (ϑ, δ)，並且 (ϑ_n, δ_n) 滿足：

$$V_n(\varphi) = \vartheta_n S_n + \delta_n B_n \in L^2(P), \quad n = 0, 1, \cdots, N \qquad (5.1)$$

$\{V_n(\varphi), n = 0, 1, \cdots, N\}$ 稱為投資策略 $\{(\vartheta_n, \delta_n), n = 0, \cdots, N\}$ 對應的價值過程。其中，(ϑ_n, δ_n) 表示在時刻 $t = n\Delta t$ 做出策略調整后投資者持有的風險資產和無風險資產數量。相應地，$V_n(\varphi)$ 表示 $t = n\Delta t$ 時刻策略調整后的資產組合的價值。

進一步地，當 φ 是一個自融資策略時，有：

$$\vartheta_n S_{n+1} + \delta_n B_{n+1} = \vartheta_{n+1} S_{n+1} + \delta_{n+1} B_{n+1} \quad n = 0, 1, \cdots, N-1 \qquad (5.2)$$

假設投資者在初始時刻簽署一份將在 T 時刻到期、執行價格為 K 的歐式未定權益合約 $H_T = (S_T - K)^+$，因為標的資產 S 滿足跳擴散過程（3.20）式，所以它的期末價格 S_T 是一個隨機變量，如果 S_T 超過合約約定的執行價格 K，則合約出售者需要承擔未定權益的支付義務，而且 S_T 越高，需要承擔的義務也就越大。為此，該投資者打算通過持有標的資產 S 和無風險資產 B 對該未定權益 H 進行套期保值。由於市場的不完備性（跳擴散資產價格過程有布朗運動和泊松跳躍兩個風險源），因此通過自融資策略不能對未定權益進行完全複製，即不能完全消除因為 S_T 的隨機性帶來的風險，只能通過持有對沖組合盡可能的降低風險。對一般套期保值者來說，一個直觀可行的目標就是，在自融資約束下通過持有標的資產 S 和無風險資產 B 構成的對沖組合，並在離散時間集 $t \in \{n\Delta t \mid n = 0, \cdots, (N-1)\}$ 上調整各時刻的持有頭寸 $\varphi_n = (\vartheta_n, \delta_n)$，使組合價值最大限度地逼近未定權益，即兩者偏差的均方誤差最小。這樣，可以建立如下套期保值模型：

$$\begin{cases} \min_{(\varphi_0, \cdots, \varphi_{N-1})} E[H_N - V_N(\varphi)]^2 \\ s.t. \quad \vartheta_n S_{n+1} + \delta_n B_{n+1} = \vartheta_{n+1} S_{n+1} + \delta_{n+1} B_{n+1} \\ n = 0, \cdots, N-1 \end{cases} \qquad (5.3)$$

均方套期保值標準是最小化自融資策略所得的終期財富與未定權益之差的平方的期望，即假定正、負偏差之間的對稱，把正負偏差都認為是風險，屬於雙向套期保值類型。該準則套期保值的經濟意義十分明確，即確保自融資策略的終期財富盡可能地逼近未定權益。對於一個極度厭惡風險的投資者來說，他認為有利風險部分帶來的正效用會遠小於等量的不利風險部分帶來的負效用，其目的也僅在於複製未定權益而不求額外收益，因此更偏向於選擇該準則進行套期保值。

5.3 均方套期保值最優策略的確定

我們記 $\varphi_n = (\vartheta_n, \delta_n)$,$n = 0, 1, \cdots, N-1$ 表示在 $t = n\Delta t$ 時刻做出策略調整后,在 $[n\Delta t, (n+1)\Delta t]$ 時段內持有的兩種資產頭寸,$P_n = (S_n, B_n)'$ 表示在 $t = n\Delta t$ 時刻的兩種資產的折現價格向量,$\Delta P_n = (\Delta S_n, \Delta B_n)'$ 表示資產價格在時間段 $[(n-1)\Delta t, n\Delta t]$ 內發生的價格增量。為表述簡便起見,設 $B_n \equiv 1$,S_n 為折現價格。根據定義 5.1 和自融資約束 (5.2),有:

$$\begin{aligned}V_N &= V_{N-1} + \vartheta_{N-1}\Delta S_N + \delta_{N-1}\Delta B_N \\ &= V_{N-1} + \varphi_{N-1}\Delta P_N \\ &= \cdots \\ &= V_n + \sum_{i=n+1}^{N} \varphi_{i-1}\Delta P_i \\ &= V_0 + \sum_{i=1}^{N} \varphi_{i-1}\Delta P_i \end{aligned} \qquad (5.4)$$

記最優值函數為:

$$\begin{aligned}J(n, V_n) &= \min_{(\varphi_n, \cdots, \varphi_{N-1})} \mathrm{E}[(V_N - H)^2 \mid F_n] \\ &= \min_{(\varphi_n, \cdots, \varphi_{N-1})} \mathrm{E}[(V_n + \sum_{i=n+1}^{N} \varphi_{i-1}\Delta P_i - H)^2 \mid F_n]\end{aligned} \qquad (5.5)$$

定理 5.1 對於值函數 $J(n, V_n)$,$n = 0, \cdots, N-1$,滿足:

$$J(n, V_n) = \min_{\varphi_n} \mathrm{E}[J(n+1, V_n + \varphi_n \Delta P_{n+1}) \mid F_n] \qquad (5.6)$$

證明:根據引理 2.1 和引理 2.2(最優性原理)以及 (5.4) 式,有:

$$\begin{aligned}J(n, V_n) &= \min_{(\varphi_n, \cdots, \varphi_{N-1})} \mathrm{E}[(V_N - H)^2 \mid F_n] \\ &= \min_{(\varphi_n, \cdots, \varphi_{N-1})} \mathrm{E}[(V_n + \sum_{i=n+1}^{N} \varphi_{i-1}\Delta P_i - H)^2 \mid F_n] \\ &= \min_{\varphi_n} \mathrm{E}\{\min_{(\varphi_{n+1}, \cdots, \varphi_{N-1})} \mathrm{E}[(V_n + \sum_{i=n+1}^{N} \varphi_{i-1}\Delta P_i - H)^2 \mid F_{n+1}] \mid F_n\} \\ &= \min_{\varphi_n} \mathrm{E}\{\min_{(\varphi_{n+1}, \cdots, \varphi_{N-1})} \mathrm{E}[(V_n + \sum_{i=n+1}^{N} \varphi_{i-1}\Delta P_i - H)^2 \mid F_{n+1}] \mid F_n\}\end{aligned} \qquad (5.7)$$

再根據 (5.5) 式有:

$$J(n+1, V_{n+1})$$
$$= \min_{(\varphi_{n+1},\cdots,\varphi_{N-1})} E[(V_{n+1} + \sum_{i=n+2}^{N} \varphi_{i-1}\Delta P_i - H)^2 | F_{n+1}]$$
$$= \min_{(\varphi_{n+1},\cdots,\varphi_{N-1})} E[(V_n + \varphi_n \Delta P_{n+1} + \sum_{i=n+2}^{N} \varphi_{i-1}\Delta P_i - H)^2 | F_{n+1}] \quad (5.8)$$
$$= \min_{(\varphi_{n+1},\cdots,\varphi_{N-1})} E[(V_n + \sum_{i=n+1}^{N} \varphi_{i-1}\Delta P_i - H)^2 | F_{n+1}]$$
$$= J(n+1, V_n + \varphi_n \Delta P_{n+1})$$

只要把 (5.8) 式代入 (5.7) 式的最后一個等式，即可得到 (5.6) 式，證畢。

定理 5.2 優化 (5.3) 式有如下最優策略：
$$\varphi_n^* = (\vartheta_n^*, \delta_n^*)'$$
$$= (0, V_n)' + [E(^a_{n+1}\Delta\Delta P_{n+1}) | F_n]^{-1} E[(b_{n+1} - a_{n+1}V_n) I \Delta P_{n+1} | F_n](1, -S_n)' \quad (5.9)$$

且
$$J(n, V_n) = \min_{(\vartheta_n,\cdots,\vartheta_{N-1})} E[(V_N - H)^2 | F_n] = a_n V_n^2 - 2b_n V_n + c_n \quad (5.10)$$

其中, $I = (1, 1)$, $\{a_n, b_n, c_n, n = 0, 1, \cdots, N-1\}$ 具有邊界條件 $a_N = 1$, $b_N = H$, $c_N = H^2$, 並滿足遞歸關係：
$$a_n = E(a_{n+1} | F_n) - E(a_{n+1}\Delta P'_{n+1} | F_n) E^{-1}(a_{n+1}\Delta P'_{n+1}\Delta P_{n+1} | F_n) E(a_{n+1}\Delta P_{n+1} | F_n) \quad (5.11)$$

$$b_n = E(b_{n+1} | F_n) - E(b_{n+1}\Delta P'_{n+1} | F_n) E^{-1}(a_{n+1}\Delta P'_{n+1}\Delta P_{n+1} | F_n) E(a_{n+1}\Delta P_{n+1} | F_n) \quad (5.12)$$

$$c_n = E(c_{n+1} | F_n) - E(b_{n+1}\Delta P'_{n+1} | F_n) E^{-1}(a_{n+1}\Delta P'_{n+1}\Delta P_{n+1} | F_n) E(b_{n+1}\Delta P_{n+1} | F_n) \quad (5.13)$$

證明（用歸納法證明）：

第一步，在 $t = (N-1)\Delta t$ 時刻，在 $V_N = V_{N-1} + \varphi_{N-1}\Delta P_N = \varphi_{N-1}(P_{N-1} + \Delta P_N)$ 的約束下，有
$$\min_{\varphi_{N-1}} E[(V_N - H)^2 | F_{N-1}] = \min_{\varphi_{N-1}} E[(\varphi_{N-1} P_N - H)^2 | F_{N-1}]$$
$$= \min_{\varphi_{N-1}} E[(V_{N-1} + \varphi_{N-1}\Delta P_N - H)^2 | F_{N-1}] \quad (5.14)$$

解 (5.14) 式，有：

$$\begin{cases} \dfrac{\partial}{\partial \vartheta_{N-1}} \mathrm{E}[(V_{N-1} + \varphi_{N-1}\Delta P_N - H)^2 \mid F_{N-1}] \\ = \dfrac{\partial}{\partial \vartheta_{N-1}} \mathrm{E}[(V_{N-1} + \vartheta_{N-1}\Delta S_N - H)\Delta S_N \mid F_{N-1}] = 0 \\ \delta_{N-1} = V_{N-1} - \vartheta_{N-1} S_{N-1} \end{cases}$$

$$\Rightarrow \begin{cases} \vartheta^*_{N-1} = \dfrac{\mathrm{E}(H\Delta S_N \mid F_{N-1}) - V_{N-1}\mathrm{E}(\Delta S_N \mid F_{N-1})}{\mathrm{E}(\Delta S_N^2 \mid F_{N-1})} \\ \delta^*_{N-1} = V_{N-1} - \vartheta^*_{N-1} S_{N-1} \end{cases}$$

$$\Rightarrow \begin{aligned} \varphi^*_{N-1} &= (\vartheta^*_{N-1}, \delta^*_{N-1})' \\ &= (0, V_{N-1})' + [\mathrm{E}(\Delta\Delta P_N \mid F_{N-1})]^{-1}\mathrm{E}[(H-V_{N-1})\mathrm{I}\Delta P_N \mid F_{N-1}](1, -S_{N-1})' \end{aligned}$$
(5.15)

其中 I = (1, 1)。

在自融資約束下，可得 $t = (N-1)\Delta t$ 時刻的最優值函數為：

$$\begin{aligned} J(N-1, V_{N-1}) &= \min_{\varphi_{N-1}} \mathrm{E}[(V_N - H)^2 \mid F_{N-1}] \\ &= \mathrm{E}[(V_{N-1} + \Delta S_N - H)^2 \mid F_{N-1}] \\ &= V_{N-1}^2 - 2V_{N-1}\mathrm{E}[(H - \vartheta^*_{N-1}\Delta S_N) \mid F_{N-1}] \\ &\quad + \mathrm{E}[(H - \Delta S_N)^2 \mid F_{N-1}] \\ &= (V_{N-1} - H_{N-1})^2 + \mathrm{E}[(H - \Delta S_N)^2 \mid F_{N-1}] \\ &\quad - \mathrm{E}^2[(H - \Delta S_N)^2 \mid F_{N-1}] \end{aligned}$$
(5.16)

其中，$H_{N-1} = \mathrm{E}[(H - \vartheta^*_{N-1}\Delta S_N) \mid F_{N-1}]$

顯然，（5.16）式的最后一個等式的后兩項與該時刻前的策略無關，根據動態規劃原理，只要對（5.16）式中最后一個等式的第一項優化求解就可得到前一時刻的最優策略，而且優化問題和解的形式完全與（5.14）式和（5.15）式類似。

進一步地，記：

$a_{N-1} = 1 - \mathrm{E}(\Delta P'_N \mid F_{N-1})\mathrm{E}^{-1}(\Delta P'_N \Delta P_N \mid F_{N-1})\mathrm{E}(\Delta P_N \mid F_{N-1})$

$b_{N-1} = \mathrm{E}(H \mid F_{N-1}) - \mathrm{E}(H\Delta P'_N \mid F_{N-1})\mathrm{E}^{-1}(\Delta P'_N \Delta P_N \mid F_{N-1})\mathrm{E}(\Delta P_N \mid F_{N-1})$

$c_{N-1} = \mathrm{E}(H^2 \mid F_{N-1}) - \mathrm{E}(H\Delta P'_N \mid F_{N-1})\mathrm{E}^{-1}(\Delta P'_N \Delta P_N \mid F_{N-1})\mathrm{E}(H\Delta P_N \mid F_{N-1})$

再把（5.15）式代入（5.16）式，可得：

$J(N-1, V_{N-1})$
$= V_{N-1}^2 - 2V_{N-1}\{\mathrm{E}(H \mid F_{N-1}) - \mathrm{E}(H\Delta P_N' \mid F_{N-1})\mathrm{E}^{-1}(\Delta P_N'\Delta P_N \mid F_{N-1})\mathrm{E}(\Delta P_N \mid F_{N-1})$
$\quad + V_{N-1}\mathrm{E}(\Delta P_N' \mid F_{N-1})\mathrm{E}^{-1}(\Delta P_N'\Delta P_N \mid F_{N-1})\mathrm{E}(\Delta P_N \mid F_{N-1})\}$
$\quad + \mathrm{E}\{[H - \mathrm{E}(H\Delta P_N' \mid F_{N-1})\mathrm{E}^{-1}(\Delta P_N'\Delta P_N \mid F_{N-1})\Delta P_N$
$\quad + V_{N-1}\mathrm{E}(\Delta P_N' \mid F_{N-1})\mathrm{E}^{-1}(\Delta P_N'\Delta P_N \mid F_{N-1})]^2 \mid F_{N-1}\}$
$= V_{N-1}^2 - 2V_{N-1}^2\mathrm{E}(\Delta P_N' \mid F_{N-1})\mathrm{E}^{-1}(\Delta P_N'\Delta P_N \mid F_{N-1})\mathrm{E}(\Delta P_N \mid F_{N-1})$
$\quad + V_{N-1}^2\mathrm{E}\{[\mathrm{E}(\Delta P_N' \mid F_{N-1})\mathrm{E}^{-1}(\Delta P_N'\Delta P_N \mid F_{N-1})\Delta P_N\Delta P_N'$
$\quad \cdot \mathrm{E}^{-1}(\Delta P_N'\Delta P_N \mid F_{N-1})\mathrm{E}(\Delta P_N \mid F_{N-1})] \mid F_{N-1}\}$
$\quad - 2V_{N-1}[\mathrm{E}(H \mid F_{N-1}) - \mathrm{E}(H\Delta P_N' \mid F_{N-1})\mathrm{E}^{-1}(\Delta P_N'\Delta P_N \mid F_{N-1})\mathrm{E}(\Delta P_N \mid F_{N-1})]$
$\quad + \mathrm{E}\{[H^2 - 2\mathrm{E}(H\Delta P_N' \mid F_{N-1})\mathrm{E}^{-1}(\Delta P_N'\Delta P_N \mid F_{N-1})\Delta P_N$
$\quad + \mathrm{E}(H\Delta P_N' \mid F_{N-1})\mathrm{E}^{-1}(\Delta P_N'\Delta P_N \mid F_{N-1})\Delta P_N\Delta P_N'$
$\quad \cdot \mathrm{E}^{-1}(\Delta P_N'\Delta P_N \mid F_{N-1})\mathrm{E}(H\Delta P_N \mid F_{N-1})]\}$
$= V_{N-1}^2[1 - \mathrm{E}(\Delta P_N' \mid F_{N-1})\mathrm{E}^{-1}(\Delta P_N'\Delta P_N \mid F_{N-1})\mathrm{E}(\Delta P_N \mid F_{N-1})]$
$\quad - 2V_{N-1}[\mathrm{E}(H \mid F_{N-1}) - \mathrm{E}(H\Delta P_N' \mid F_{N-1})\mathrm{E}^{-1}(\Delta P_N'\Delta P_N \mid F_{N-1})\mathrm{E}(\Delta P_N \mid F_{N-1})]$
$\quad + [\mathrm{E}(H^2 \mid F_{N-1}) - \mathrm{E}(H\Delta P_N' \mid F_{N-1})\mathrm{E}^{-1}(\Delta P_N'\Delta P_N \mid F_{N-1})\mathrm{E}(H\Delta P_N \mid F_{N-1})]$
$= a_{N-1}V_{N-1}^2 - 2b_{N-1}V_{N-1} + c_{N-1}$

定理成立。

第二步，假設 $t = n\Delta t$ 時刻，定理也成立，即：
$\varphi_n^* = (\vartheta_n^*, \delta_n^*)'$
$\quad = (0, V_n)' + [\mathrm{E}(_{n+1}^a\Delta\Delta P_{n+1}) \mid F_n]^{-1}\mathrm{E}[(b_{n+1} - a_{n+1}V_n)\mathrm{I}\Delta P_{n+1} \mid F_n](1, -S_n)'$

$J(n, V_n) = a_n V_n^2 - 2b_n V_n + c_n$，其中 a_n, b_n, c_n 滿足 (5.17-5.19) 式。

第三步，在 $t = (n-1)\Delta t$ 時刻，由定理 5.1 可知：
$J(n-1, V_{n-1}) = \min_{\varphi_{n-1}}\mathrm{E}[J(n, V_{n-1} + \varphi_{n-1}\Delta P_n) n F_{t-1}]$
$\quad = \min_{\varphi_{n-1}}\mathrm{E}[a_n(V_{n-1} + \varphi_{n-1}\Delta P_n)^2 - 2b_n(V_{n-1} + \varphi_{n-1}\Delta P_n) + c_n \mid F_{n-1}]$ (5.17)

解 (5.17) 式得：
$\varphi_{n-1}^* = (\vartheta_{n-1}^*, \delta_{n-1}^*)'$
$\quad = (0, V_{n-1})' + [\mathrm{E}(a_n\Delta\Delta P_n \mid F_{n-1})]^{-1}\mathrm{E}[(b_n - a_n V_{n-1})\mathrm{I}\Delta P_n \mid F_{n-1}](1, -S_{n-1})'$
(5.18)

同樣在自融資約束下，把 (5.18) 式代入 (5.17) 式，可得 $t = (n-1)\Delta t$ 時刻的最優值函數為：

$$J(n-1, V_{n-1}) = \min_{\varphi_{n-1}} \mathrm{E}[J(n, V_{n-1}+\varphi_{n-1}\Delta P_n) \mid F_{n-1}]$$
$$= \mathrm{E}[a_n(V_{n-1}+\Delta P_n)^2 - 2b_n(V_{n-1}+\varphi_{n-1}^*\Delta P_n) + c_n \mid F_{n-1}]$$
$$= \mathrm{E}[a_n V_{n-1}^2 + 2a_n V_{n-1}\varphi_{n-1}^*\Delta P_n + a_t \varphi_{n-1}^*\Delta P_n(\Delta P_n)'$$
$$\quad -2b_n V_{n-1} - 2b_n \varphi_{n-1}^*\Delta P_n + c_n \mid F_{n-1}]$$
$$= V_{n-1}^2 \mathrm{E}(a_n \mid F_{n-1}) + 2V_{n-1}\mathrm{E}[a_n\varphi_{n-1}^*\Delta P_n - b_n \mid F_{n-1}]$$
$$\quad + \mathrm{E}[a_n\varphi_{n-1}^*\Delta P_n(\Delta P_n)' - 2b_n\varphi_{n-1}^*\Delta P_n + c_n \mid F_{n-1}]$$
$$= V_{n-1}^2 \mathrm{E}(a_n \mid F_{n-1}) - 2V_{n-1}\mathrm{E}(b_n \mid F_{n-1}) + 2V_{n-1}\varphi_{n-1}^*\mathrm{E}(a_n\Delta P_n \mid F_{n-1})$$
$$\quad + \varphi_{n-1}^*\mathrm{E}[a_n\Delta P_n\Delta P_n' \mid F_{n-1}](\varphi_{n-1}^*)' - 2\varphi_{n-1}^*\mathrm{E}(b_n\Delta P_n \mid F_{n-1}) + \mathrm{E}(c_n \mid F_{n-1})$$
$$= V_{n-1}^2 \mathrm{E}(a_n \mid F_{n-1}) - 2V_{n-1}\mathrm{E}(b_n \mid F_{n-1})$$
$$\quad + 2V_{n-1}[\mathrm{E}(b_n\Delta P_n' \mid F_{n-1}) - V_{n-1}\mathrm{E}(a_n\Delta P_n' \mid F_{n-1})][\mathrm{E}(a_n\Delta\Delta P_n \mid F_{n-1})]^{-1}\mathrm{E}(a_n\Delta P_n \mid F_{n-1})$$
$$\quad + [\mathrm{E}(b_n\Delta P_n' \mid F_{n-1}) - V_{n-1}\mathrm{E}(a_n\Delta P_n' \mid F_{n-1})][\mathrm{E}(a_n\Delta\Delta P_n \mid F_{n-1})]^{-1}\mathrm{E}(a_n\Delta P_n'\Delta P_n \mid F_{n-1})$$
$$\quad \cdot [\mathrm{E}(a_n\Delta\Delta P_n \mid F_{n-1})]^{-1}[\mathrm{E}(b_n\Delta P_n \mid F_{n-1}) - V_{n-1}\mathrm{E}(a_n\Delta P_n \mid F_{n-1})]$$
$$\quad -2[\mathrm{E}(b_n\Delta P_n' \mid F_{n-1}) - V_{n-1}\mathrm{E}(a_n\Delta P_n' \mid F_{n-1})][\mathrm{E}(a_n\Delta\Delta P_n \mid F_{n-1})]^{-1}\mathrm{E}(b_n\Delta P_n \mid F_{n-1})$$
$$\quad + \mathrm{E}(c_n \mid F_{n-1})$$
$$= V_{n-1}^2 \mathrm{E}(a_n \mid F_{n-1}) - 2V_{n-1}^2\mathrm{E}(a_n\Delta P_n' \mid F_{n-1})[\mathrm{E}(a_n\Delta\Delta P_n \mid F_{n-1})]^{-1}\mathrm{E}(a_n\Delta P_n \mid F_{n-1})$$
$$\quad + V_{n-1}^2\mathrm{E}(a_n\Delta P_n' \mid F_{n-1})[\mathrm{E}(a_n\Delta\Delta P_n \mid F_{n-1})]^{-1}\mathrm{E}(a_n\Delta P_n'\Delta P_n \mid F_{n-1})$$
$$\quad \times [\mathrm{E}(a_n\Delta\Delta P_n \mid F_{n-1})]^{-1}\mathrm{E}(a_n\Delta P_n \mid F_{n-1})$$
$$\quad -2V_{n-1}\mathrm{E}(b_n \mid F_{n-1}) + 2V_{n-1}\mathrm{E}(b_n\Delta P_n' \mid F_{n-1})[\mathrm{E}(a_n\Delta\Delta P_n \mid F_{n-1})]^{-1}\mathrm{E}(a_n\Delta P_n \mid F_{n-1})$$
$$\quad -V_{n-1}\mathrm{E}(b_n\Delta P_n' \mid F_{n-1})[\mathrm{E}(a_n\Delta\Delta P_n \mid F_{n-1})]^{-1}\mathrm{E}(a_n\Delta P_n'\Delta P_n \mid F_{n-1})$$
$$\quad \times [\mathrm{E}(a_n\Delta\Delta P_n \mid F_{n-1})]^{-1}\mathrm{E}(a_n\Delta P_n \mid F_{n-1})$$
$$\quad -V_{n-1}\mathrm{E}(a_n\Delta P_n' \mid F_{n-1})[\mathrm{E}(a_n\Delta\Delta P_n \mid F_{n-1})]^{-1}\mathrm{E}(a_n\Delta P_n'\Delta P_n \mid F_{n-1})$$
$$\quad \times [\mathrm{E}(a_n\Delta\Delta P_n \mid F_{n-1})]^{-1}\mathrm{E}(b_n\Delta P_n \mid F_{n-1})$$
$$\quad + 2V_{n-1}\mathrm{E}(a_n\Delta P_n' \mid F_{n-1})[\mathrm{E}(a_n\Delta\Delta P_n \mid F_{n-1})]^{-1}\mathrm{E}(b_n\Delta P_n \mid F_{n-1})$$
$$\quad + \mathrm{E}(b_n\Delta P_n' \mid F_{n-1})[\mathrm{E}(a_n\Delta\Delta P_n \mid F_{n-1})]^{-1}\mathrm{E}(a_n\Delta P_n'\Delta P_n \mid F_{n-1})$$
$$\quad \times [\mathrm{E}(a_n\Delta\Delta P_n \mid F_{n-1})]^{-1}\mathrm{E}(b_n\Delta P_n \mid F_{n-1})$$
$$\quad -2\mathrm{E}(b_n\Delta P_n' \mid F_{n-1})[\mathrm{E}(a_n\Delta\Delta P_n \mid F_{n-1})]^{-1}\mathrm{E}(b_n\Delta P_n \mid F_{n-1}) + \mathrm{E}(c_n \mid F_{n-1})$$
$$= V_{n-1}^2\{\mathrm{E}(a_n \mid F_{n-1}) - \mathrm{E}(a_n\Delta P_n' \mid F_{n-1})[\mathrm{E}(a_n\Delta\Delta P_n \mid F_{n-1})]^{-1}\mathrm{E}(a_n\Delta P_n \mid F_{n-1})\}$$
$$\quad -2V_{n-1}\{\mathrm{E}(b_n \mid F_{n-1}) - \mathrm{E}(b_n\Delta P_n' \mid F_{n-1})[\mathrm{E}(a_n\Delta\Delta P_n \mid F_{n-1})]^{-1}\mathrm{E}(a_n\Delta P_n \mid F_{n-1})\}$$
$$\quad + \{\mathrm{E}(c_n \mid F_{n-1}) - \mathrm{E}(b_n\Delta P_n' \mid F_{n-1})[\mathrm{E}(a_n\Delta\Delta P_n \mid F_{n-1})]^{-1}\mathrm{E}(b_n\Delta P_n \mid F_{n-1})\}$$
$$= a_{n-1}V_{n-1}^2 - 2b_{n-1}V_{n-1} + c_{n-1}$$

其中：

$$a_{n-1} = \mathrm{E}(a_n \mid F_{n-1}) - \mathrm{E}(a_n \Delta P'_n \mid F_{n-1})[\mathrm{E}(a_n \Delta P'_n \Delta P_n \mid F_{n-1})]^{-1}\mathrm{E}(a_n \Delta P_n \mid F_{n-1})$$

$$b_{n-1} = \mathrm{E}(b_n \mid F_{n-1}) - \mathrm{E}(b_n \Delta P'_n \mid F_{n-1})[\mathrm{E}(a_n \Delta P'_n \Delta P_n \mid F_{n-1})]^{-1}\mathrm{E}(a_n \Delta P_n \mid F_{n-1})$$

$$c_{n-1} = \mathrm{E}(c_n \mid F_{n-1}) - \mathrm{E}(b_n \Delta P'_n \mid F_{n-1})[\mathrm{E}(a_n \Delta P'_n \Delta P_n \mid F_{n-1})]^{-1}\mathrm{E}(b_n \Delta P_n \mid F_{n-1})$$

因此，當 $t = (n-1)\Delta t$ 時，定理 5.2 也成立。

綜合上述三步，(5.9) 式、(5.11) 式對任意的 $n = 0, \cdots, N-1$ 都成立，即定理 5.2 成立，證畢。

5.4 均方套期保值策略的應用

5.4.1 數據的採集

我們以投資者空頭持有一份以上證綜指為標的資產的歐式未定權益，並用上證綜指和無風險資產共同組成對沖組合進行均方套期保值為例，來說明本書所提方法和策略的可行性與合理性。我們選取上證綜指從 2009 年 1 月 5 日至 2010 年 12 月 31 日的 5 分鐘高頻數據作為樣本內數據，對資產價格進行跳躍性檢驗和模型的參數估計，選取上證綜指從 2011 年 1 月 4 日至 3 月 31 日的日度數據作為樣本外數據，對不同情形（不同交易費率、不同策略調整頻率）的套期保值進行實例分析。無風險利率按當時中國人民銀行規定的活期存款利率，即年利率為 $r = 0.4\%$。

5.4.2 策略調整頻率對均方套期保值效果的影響

對套期保值來說，市場的不斷波動需要不斷調整對沖頭寸才能達到好的保值效果，通常策略調整頻率越高，對沖組合的期末價值和未定權益的誤差會越小。圖 5.1 是以 3 個月期限套期保值為例，通過模擬得到的策略調整頻率與期末虧損的關係圖。由圖 5.1 可知，隨著套期保值期限內策略調整次數的不斷增加，期末虧損也不斷減小，因此提高策略調整頻率有利於應對市場波動，降低期末組合價值與未定權益間的誤差。

然而我們也知道，策略的調整會產生交易費用，尤其是期限較長、費率較高時，因為過多的交易費用同樣會導致套期保值成本的增加，所以過於頻繁地調整策略也不見得可取。圖 5.2 是模擬得到的 3 個月期限套期保值策略調整頻率與交易費用的關係圖（交易費率為 1‰）。由圖 5.2 可見，策略調整越頻繁，

發生的交易費用也越高。

綜上所述，對套期保值而言，頻繁的策略調整在降低期末虧損的同時也增加了交易費用的發生，因此必須綜合考慮整個套期保值過程的總支出（包括期初頭寸構建及策略調整費用、期末行權及平倉損益），並以此作為套期保值效果的評價指標：

$$TC = (S_N - K)^+ + (\vartheta_0 S_0 + \delta_0 B_0)e^{rN\Delta t} - (\vartheta_{N-1} S_N + \delta_{N-1} B_N)$$
$$+ |\vartheta_0| S_0 f e^{rN\Delta t} + \sum_{n=1}^{N-1}(fS_n |\vartheta_n - \vartheta_{n-1}| e^{r(N-n)\Delta t}) + |\vartheta_{N-1}| S_N f \quad (5.19)$$

其中，f 表示股票交易費率。

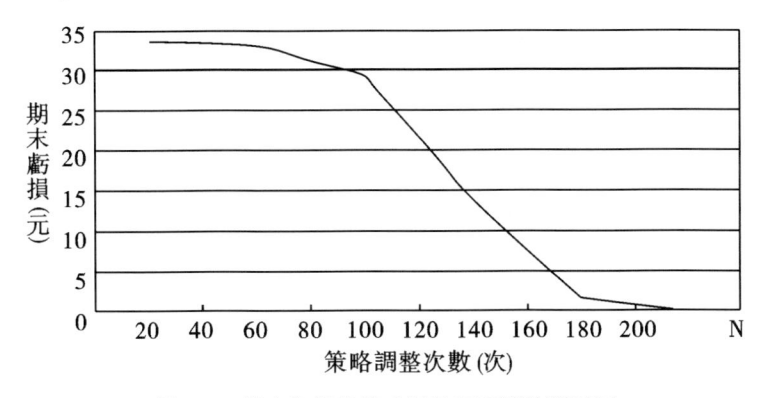

圖 5.1　期末虧損與策略調整頻率間的關係圖

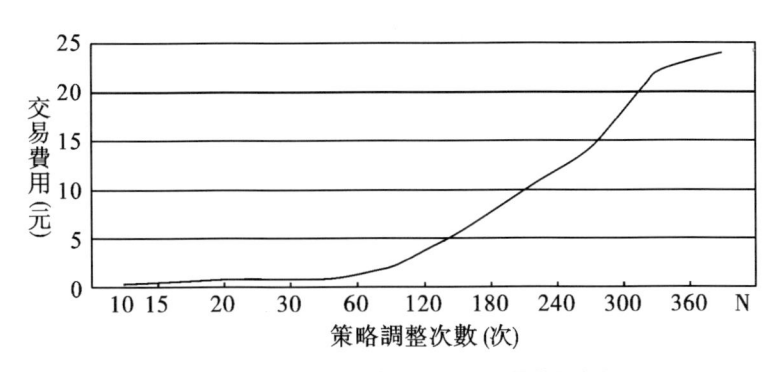

圖 5.2　交易費用與策略調整頻率間的關係圖

5.4.3　均方套期保值策略調整頻率的確定

這裡我們假設投資者因業務需要於 2011 年 1 月 4 日空頭持有以上證綜合指數為標的資產的歐式未定權益，期限分別為 1 個月、2 個月、3 個月，策略調整頻率為 1 天/次、1 周/次、2 周/次，用上證指數和無風險資產作為套期保

值工具，在自融資約束下，按定理 5.2 所示的策略進行套期保值操作，按 (5.19) 式表示的總支出最小來確定策略調整頻率。期初建立套期保值頭寸時的指數價格為 S_0 = 2,852.65，這裡只分析執行價格 $K = S_0$ 情況的套期保值（$K > S_0$ 和 $K < S_0$ 與之類似，不再贅述）。

表 5.1~表 5.3 是不同策略調整頻率和不同交易費率下發生的套期保值總支出情況。

表 5.1　　　套期保值總支出（期限：1 個月）　　　單位：元

費率＼頻率	1 天	1 周	2 周
1‰	66.31	72.44	74.76
2‰	67.89	73.74	75.56
4‰	71.05	76.34	77.16

表 5.2　　　套期保值總支出（期限：2 個月）　　　單位：元

費率＼頻率	1 天	1 周	2 周
1‰	52.81	53.04	55.53
2‰	54.77	54.74	56.63
4‰	58.69	58.14	59.02

表 5.3　　　套期保值總支出（期限：3 個月）　　　單位：元

費率＼頻率	1 天	1 周	2 周
1‰	64.06	53.29	56.08
2‰	66.46	55.26	57.58
4‰	71.25	59.21	60.59

根據均方套期保值總支出表達式（5.19）式可知，套期保值總支出除了包含期初建倉成本（$\vartheta_0 S_0 + \delta_0 B_0$）外，還取決於期末對沖組合價值與未定權益間的偏差 $(S_N - K)^+ - (\vartheta_{N-1} S_N + \delta_{N-1} B_N)$ 以及套期保值期間進行策略頭寸調整發生的交易費用 $|\vartheta_0| S_0 f e^{rN\Delta t} + \sum_{n=1}^{N-1}(f S_n |\vartheta_n - \vartheta_{n-1}| e^{r(N-n)\Delta t}) + |\vartheta_{N-1}| S_N f$。而前面的模擬分析表明，通過提高策略調整頻率，一方面可以降低套期保值期末

偏差，另一方面又會增加交易費用，並且隨著費率的提高，交易費用的增加也更多。這對一增一減的矛盾體就決定了策略調整頻率並非越高越好。

事實上，對於1個月期限的套期保值而言，因為期限較短，即使是4‰的高交易費率情況，策略調整頻率從2周/次提高到1周/次增加的交易費為2元，而對應的期末誤差則降低了2.5元；策略調整頻率從1周/次提高到1天/次增加的交易費用為1.1元，而對應的期末誤差卻降低了近3元。也就是說，對於1個月期限的套期保值，無論交易費率是多少，無論策略調整頻率是從2周/次提高到1周/次，或者從1周/次提高到1天/次，期末誤差的減少都足以彌補增加的交易費。表5.1表明，1天/次的策略調整頻率對應的總支出最少。

對於2個月期限的套期保值，當交易費率為1‰時，對應於策略調整頻率從2周/次提高到1周/次和從1周/次提高到1天/次，交易費用分別增加了0.25元和0.6元，而期末虧損分別降低了大約1元和0.9元，即當交易費率為1‰時，提高策略調整頻率使得期末誤差的減少都足以彌補交易費用的增加。但是，當交易費率為2‰時，策略調整頻率從2周/次提高到1周/次，交易費用增加了0.5元，而期末誤差減少了1元，期末誤差的減少仍然可以彌補費用的增加；而策略調整頻率從1周/次提高到1天/次，交易費用則增加了1.2元，而期末誤差只減少0.9元，期末誤差的減少則不足以彌補費用的增加。同樣，當交易費率為4‰時，策略調整頻率從2周/次提高到1周/次，交易費用增加了1元，期末誤差也減少了約1元，策略調整頻率從1周/次提高到1天/次，交易費用增加了2.4元，期末誤差減少了0.9元，即策略調整頻率從2周/次提高到1周/次時，期末誤差的減少可以彌補費用的增加，而策略調整頻率從1周/次提高到1天/次時，期末誤差的減少不足以彌補費用的增加。從表5.2可知，當交易費率為1‰時，1天/次的策略調整頻率對應的總支出最少，而當交易費率為2‰和4‰時，則是1周/次的策略調整頻率對應的總支出最少。

對於3個月期限的套期保值來說，無論交易費率是多少，當策略調整頻率從2周/次提高到1周/次時，期末誤差的減少均足以彌補增加的交易費用；而當策略調整頻率從1周/次提高到1天/次時，期末誤差的減少均不足以彌補增加的交易費用。從表5.3可以發現，1周/次的策略調整頻率對應的套期保值總支出少於其他兩種調整頻率對應的總支出。

綜上所述，對於1個月期限的套期保值而言，不管交易費率為多少，都是1天/次的策略調整頻率為優；對於2個月期限的套期保值來說，當費率較低，如交易費率為1‰時，1天/次的策略調整頻率優於1周/次和2周/次，而當費率較高，如交易費率為2‰和4‰時，1周/次的調整頻率最好；而對於3個月

期限的套期保值，以 1 周/次的策略調整頻率為好。

由此看來，策略調整頻率確定是否恰當直接關係到套期保值效果的好壞。實踐中，對於短期的套期保值和較低的交易費用率情況，可以適當提高策略調整頻率以應對市場波動風險，而當套期保值期限相對較長且交易費率又較高時，因為存在高額的交易費用，過於頻繁地進行策略調整並非可取。

5.5 本章小結

本章在自融資約束下建立期末未定權益與組合價值的均方誤差最小優化模型，利用動態規劃方法得到策略顯式解，便於計算，易於操作。各種不同情形套期保值的實例分析表明，本章提出的策略方法具有一定的合理性和可行性，對投資者進行套期保值實踐具有很好的參考價值。

在套期保值實踐中，值得注意的是較高的策略調整頻率，可以較好地應對市場價格波動，降低期末誤差，達到較好的保值效果。但是策略調整過於頻繁，也會因為交易費的存在而耗費資金；反之，如果策略調整頻率太低，由於市場變化大、風險累積多，也不見得省錢。總之，策略調整頻率應根據期限、交易費用率高低來合理確定。

6 跳擴散結構下歐式未定權益的最小虧損套期保值問題研究

上一章對歐式未定權益的均方套期保值進行了研究。均方標準要求期末組合價值與未定權益的偏差（風險）盡可能小，然而這種作為風險度量的偏差包括正偏差和負偏差，而實際情況是，只有出現負偏差（虧損）時才認為有風險存在。基於此，本章從另外一個角度考慮歐式未定權益的套期保值問題，即對給定的初始成本，構造最優策略使得終期虧損 $(H - V_T)^+$ 最小化，也就是最小虧損套期保值。

6.1 歐式未定權益的最小虧損套期保值問題

6.1.1 最小虧損套期保值問題的提出

市場不完備時，通過超級套期策略同樣可以消除未定權益面臨的風險，然而這種超級套期保值策略往往成本高昂，大多數投資者通常不願採用，他們僅願意支付少量初始成本對未定權益進行套期保值，同時也不得不接受一定的風險，這就需要一個客觀標準來衡量投資者對風險的態度。實際上對於套期保值來說，投資者關注的只是期末可能面臨的虧損，如歐式未定權益的套期保值，最終目的是選擇合理的策略來使得期末虧損 $[H - V_T(\varphi)]^+$ 達到最小，這種虧損風險最小套期保值首先由弗勒和努克特（Follmer & Leukert，2000）提出，不同於均方標準的套期保值，最小虧損套期保值是一種單向選擇準則。最小虧損套期保值提出以後，很多學者對其進行了研究並取得了一定的成果。範（Pham，2002）通過測度變換和帶約束的可選分解定理給出最小虧損套期保值最優策略存在性結論，但最優策略以較為抽象的形式給出，實際應用困難。舒

爾美力克和特勞特曼（Schulmerich & Trautmann, 2003）把不完備市場中的多階段最小虧損套期保值分解成若幹單階段形式的局部虧損最小套期保值問題，並通過線性規劃方法得到最優策略的近似表達式。中野梓（Nakano, 2003, 2004）分別在離散時間模型和跳擴散模型下，分別通過引入另外一個修正的未定權益和對最小虧損套期保值問題進行分解，尋找最優策略。徐明欣（Mingxin Xu, 2004）運用對偶原理解決了不完備市場的最小虧損套期保值問題。特里維拉托（Trivellato, 2009）研究了二叉樹模型下最小虧損套期保值，並得到最優策略的顯式表達式。

由上述文獻可見，儘管可以在二叉樹模型下得到最小虧損套期保值策略的顯式表達式，但在不完備市場中最小虧損套期保值最優策略的解析解通常難以得到，而大量實證研究也表明，金融市場常常是不完備的。基於此，本章定義終期虧損 $[H - V_T(\varphi)]^+$ 的期望值作為風險度量標準，在一定初始成本約束下，嘗試性地採用馬爾可夫鏈蒙特卡羅模擬方法尋找最優自籌資策略使期末的虧損風險最小，即 $\min_{\varphi} E[H - V_T(\varphi)]^+$。我們首先把套期保值期間 $[0, T]$ 內各策略調整時刻的標的資產頭寸 $\Theta = (\vartheta_0, \cdots, \vartheta_{T-1})$ 作為一個隨機向量序列，合理構造聯合條件密度，據此生成策略頭寸的馬氏鏈 $\{\Theta^{(j)}\}_{j=1}^{G}$，根據貝葉斯原理等，$\{\Theta^{(j)}\}_{j=1}^{G}$ 以更大概率聚集在最優策略 Θ^* 附近並收斂於 Θ^*，因此可以認為 $\dfrac{1}{G}\sum_{j=1}^{G}\Theta^{(j)}$ 是 Θ^* 的一個合理估計。

6.1.2　最小虧損套期保值的模型描述

我們設 (Ω, F, P) 是具有流域 $F = (F_t)_{t \in [0, T]}$ 的概率空間，金融市場中有兩種資產，一種是風險資產 S，其價格 $S = (S_t)_{t \in [0, T]}$ 為非負的 F 適應過程，並且滿足（3.19）式；另一種是無風險資產 B，其價格過程滿足 $dB_t = rB_t dt$，r 表示無風險利率。

與前面一樣，我們仍然考慮離散時間集 $\{t \mid t = 0, \Delta t, \cdots, N\Delta t\}$ 上的套期保值，即取 $\Delta t = T/N$ 對時間區間 $[0, T]$ 進行等距劃分，並且記 $S_n = S_{n\Delta t}$，$n = 0, 1, \cdots, N$ 表示 $t = n\Delta t$ 時刻的資產價格。

自融資策略同定義 5.1。

定義 6.1　投資策略 $\varphi = (\vartheta_n, \delta_n)_{n=0, 1, \cdots, N-1}$ 對應的虧損風險定義為：

$$R_n(V_n, S_n, \varphi) = E\{[H - V_N(\varphi)]^+ \mid F_n\} \quad n = 0, 1, \cdots, N - 1 \quad (6.1)$$

其中，S_n 和 V_n 分別表示 $t = n\Delta t$ 時刻進行策略調整時的股票價格和擁有的對沖組合價值，V_N 表示對沖組合的期末價值，$H = (S_N - K)^+$ 是一個非負的 F_N 可

測隨機變量，表示期權發行者在期權到期時刻負有的支付義務。

在此，我們假設投資者在時刻 $t = 0$ 簽署一份執行價格為 K，將於 $t = N\Delta t$ 時刻到期的歐式未定權益合約，並且通過初始投入為 $V_0 = \vartheta_0 S_0 + \delta_0 B_0$，於離散時間集 $t \in \{0, \Delta t, \cdots, (N-1)\Delta t\}$ 上用股票和債券採取自融資方式對該期權進行套期保值，套期保值的目標是使期末可能面臨的虧損最小。這樣套期保值模型可表示為：

$$\begin{cases} \min_{\varphi} E\{[H - V_N(\varphi)]^+\} \\ s.t. \quad \vartheta_n S_{n+1} + \delta_n B_{n+1} = \vartheta_{n+1} S_{n+1} + \delta_{n+1} B_{n+1} \\ n = 0, 1, \cdots, N-1 \end{cases} \quad (6.2)$$

不同於均方標準的套期保值，最小虧損標準是在最小化終期虧損 $[H - V_N(\varphi)]^+$ 的目標下尋找套期保值策略，它僅把不利偏差視為風險的存在，這種定義與投資者對風險的通常認識一致。對於一個風險偏愛者來說，他認為有利風險部分帶來的正效用只略小於等量不利風險部分帶來的負效用，因而他會更傾向於選擇最小虧損標準進行套期保值。

6.2 MCMC 方法

在貝葉斯計算中，常常需要從后驗分佈中抽樣來估計某些參數值，而直接從一個高維聯合分佈產生樣本通常極為困難，這就使得基於樣本的方法受到局限。馬爾可夫鏈蒙特卡羅（MCMC）方法就是一種簡單而行之有效的貝葉斯統計計算方法。對於用普通方法無法求得的后驗分佈密度可以利用高維的積分運算得到，因而只要合理地定義和實施，MCMC 方法就能得到收斂的馬爾可夫鏈，該馬爾可夫鏈的極限分佈就是所需的后驗分佈。目前，MCMC 方法已經成為處理複雜統計問題的一個特別流行的工具，尤其在經常需要複雜的高維積分運算的貝葉斯分析領域更是如此。MCMC 方法的中心思想就是通過建立一個以 $\pi(x)$ 為平穩分佈的馬爾可夫鏈，對 $\pi(x)$ 進行反覆抽樣，然后基於樣本進行各種統計推斷。我們舉一個簡單的例子，假如通過抽樣得到 $\pi(x)$ 的馬爾可夫鏈樣本序列 $\{X_1, \cdots, X_n\}$，因為根據大數定律，有：

$$\hat{g}_n \xrightarrow{a.s.} E_\pi(g), \ n \to \infty \quad (6.3)$$

所以，只要 n 足夠大，則可以用：

$$\hat{g}_n = \frac{1}{n} \sum_{i=1}^{n} g(x_i) \quad (6.4)$$

來估計：

$$E_\pi(g) = \int_D g(x)\pi(x)dx \qquad (6.5)$$

定義6.1 設一個隨機序列 $\{\theta^{(0)}, \theta^{(1)}, \cdots\}$，對任意的時刻 $i(i \geq 0)$，序列中下一時刻 $i+1$ 的狀態 $\theta^{(i+1)}$ 只依賴於當前狀態 $\theta^{(i)}$，而與 i 時刻以前的狀態無關，即滿足 $p(\theta^{(i+1)} | \vartheta^{(0)}, \cdots, \vartheta^{(i)}) = p(\theta^{(i+1)} | \vartheta^{(i)})$，則稱該隨機序列是一個馬爾可夫鏈。馬爾可夫鏈的轉移核 $p(\cdot, \cdot)$ 表示為：

$$p(\theta, \theta') = p(\theta \to \theta') = p(\theta^{(i+1)} = \theta' | \theta^{(i)} = \theta) \qquad (6.6)$$

定義6.2 如果 $\pi(\vartheta)$ 滿足：

$$\int p(\theta, \theta')\pi(\theta)d\theta = \pi(\theta'), \quad \forall \theta' \in \Theta \qquad (6.7)$$

則稱 $\pi(\vartheta)$ 為轉移核 $p(\cdot, \cdot)$ 的平穩分佈。

理論上講，對任意選取的 $\theta^{(0)}$，只要經過一段足夠長時間的迭代后，馬爾可夫鏈 $\{\theta^{(i)}\}$ 的邊際分佈總能收斂到平穩分佈 $\pi(\vartheta)$，即馬爾可夫鏈收斂。但是在馬爾可夫鏈收斂前的若幹次迭代中，各狀態的邊緣分佈不能認為是收斂到平穩分佈 $\pi(\vartheta)$。因此，用（6.4）式作為（6.5）式的近似替代時，通常要去掉馬爾可夫鏈的前若幹個迭代值。

定義6.3 在條件分佈 $p(\theta_J | \theta_{-J})$ 上，所有變量都出現了（或者在條件中或者在變元中），則稱之為滿條件分佈。在 MCMC 模擬中，抽樣分佈可以和滿條件分佈相差一個常數系數。

MCMC 方法的中心思想就是通過建立一個以 $\pi(\theta)$ 為平穩分佈的馬爾可夫鏈，對 $\pi(\theta)$ 進行反覆抽樣，然后基於樣本進行各種統計推斷。其可以概括為如下三步：

第一步，在狀態空間 D 上建立一個以 $\pi(\theta)$ 為平穩分佈，轉移核為 $p(\cdot, \cdot)$ 的馬爾可夫鏈。

第二步，在狀態空間 D 中選取一個初始點 $\theta^{(0)}$，用第一步中的馬爾可夫鏈產生點列 $\{\theta^{(1)}, \theta^{(2)}, \cdots, \theta^{(n)}\}$。

第三步，對於足夠大的 n 和某個 m，對函數 $g(\vartheta)$ 的期望估計為：

$$\hat{g}(\vartheta) = \frac{1}{n-m}\sum_{i=m+1}^{n} g(\theta^{(i)}) \qquad (6.8)$$

（6.8）式也稱為遍歷平均。

MCMC 方法是一種基於貝葉斯理論框架的統計計算方法，通過建立滿足某一平衡分佈的馬爾可夫鏈，並對其進行反覆抽樣不斷更新樣本信息而使馬爾可夫鏈能充分搜索模型參數空間，並且最終收斂到高概率密度區。在採用 MCMC

方法過程中，構造轉移核是極為重要的一步，有效的轉移核有利於確保抽取的樣本收斂於高概率密度區，不同的 MCMC 算法也有不同的構造轉移核的方法。

目前，在貝葉斯分析中應用最為廣泛的 MCMC 方法主要基於 Gibbs 抽樣方法和 Metropolis-Hastings 方法。在此，我們僅對 Gibbs 方法做簡介。

Gibbs 抽樣方法是一種特殊的 MCMC 算法。它的基本思想是，在對高維總體或複雜總體進行取樣時，通過分佈 π 的條件分佈族來構造一個不可約、正常返的馬爾可夫鏈 $\{\theta^{(i)}\}_{i=1}^{n}$，使該馬爾可夫鏈以 π 為不變分佈。當 n 充分大時，$\theta^{(i)}$ 的分佈接近於 π，它就可以近似地看成分佈 π 的總體樣本。

Gibbs 方法的具體步驟如下：

第一步，給定初始值 $\theta^{(0)} = (\theta_1^{(0)}, \theta_2^{(0)}, \cdots, \theta_l^{(0)})$，觀測樣本為 Ω，並選擇調試期 m。

第二步，根據下列滿條件分佈，從 $\theta^{(i)} = (\theta_1^{(i)}, \cdots, \theta_l^{(i)})$ 抽取 $\theta^{(i+1)} = (\theta_1^{(i+1)}, \cdots, \theta_l^{(i+1)})$

$$\pi(\theta_1^{(i+1)} \mid \theta_2^{(i+1)}, \theta_3^{(i+1)}, \cdots, \theta_l^{(i+1)}, \Omega)$$

$$\pi(\theta_2^{(i+1)} \mid \theta_1^{(i+1)}, \theta_3^{(i+1)}, \cdots, \theta_l^{(i+1)}, \Omega)$$

$$\cdots\cdots$$

$$\pi(\theta_j^{(i+1)} \mid \theta_1^{(i+1)}, \cdots, \theta_{j-1}^{(i+1)}, \theta_{j+1}^{(i+1)}, \cdots, \theta_l^{(i+1)}, \Omega)$$

$$\cdots\cdots$$

$$\pi(\theta_l^{(i+1)} \mid \theta_1^{(i+1)}, \theta_3^{(i+1)}, \cdots, \theta_{l-1}^{(i+1)}, \Omega)$$

第三步，重複迭代 m 次，此時樣本 $(\theta_1^{(m)}, \theta_2^{(m)}, \cdots, \theta_l^{(m)})$ 可用做馬氏鏈起點，令：

$$(\theta_1^{(0)}, \cdots, \theta_l^{(0)}) = (\theta_1^{(m)}, \cdots, \theta_l^{(m)})$$

第四步，重複第二步，直至序列 $\{\theta^{(i)}\}$ 收斂。計算遍歷均值：

$$\hat{\theta}_1 = \frac{1}{n-m} \sum_{i=m+1}^{n} \theta_1^{(i)}$$

$$\cdots\cdots$$

$$\hat{\theta}_l = \frac{1}{n-m} \sum_{i=m+1}^{n} \theta_l^{(i)}$$

由 Gibbs 算法可知，$\theta^{(i+1)}$ 的分佈完全取決於 $\theta^{(i)}$，因此序列 $\{\theta^{(i)}\}$ 是一個馬爾可夫鏈，而且 $\pi(\theta)$ 是其平穩分佈。

6.3 基於 MCMC 方法的最小虧損套期保值策略

考慮離散時間集 $\{t \mid t = 0, \Delta t, \cdots, N\Delta t\}$ 上的套期保值問題，即取 $\Delta t = T/N$ 對時間區間 $[0, T]$ 進行等距劃分，並且記 $S_n = S_{n\Delta t}$，$n = 0, 1, \cdots, N$，表示 $t = n\Delta t$ 時刻的資產價格，(ϑ_n, δ_n) 表示 $t = n\Delta t$ 時刻標的資產和無風險資產的持有量。假定金融市場不允許賣空，即各時刻股票和債券頭寸 $\vartheta_n \geq 0$，$\delta_n \geq 0$。另外，如果在某一時刻的組合資產價值超過該時刻的股票價格 S_n，即 $V_n = \vartheta_n S_n + \delta_n B_n \geq S_n$，這時就可以購入一份標的資產並持有至期末，確保期末的組合價值能複製未定權益，即 $V_N = S_N + \delta_N B_N \geq S_N > H = (S_N - K)^+$，這樣可以保證沒有虧損發生。投資者的目的也僅僅在於 $\min\limits_{(\vartheta,\delta)_{i=0,\cdots,T-1}} E[H - V_T(\varphi)]^+$，因此為了避免市場波動帶來的風險，對一份未定權益也就最多只持有一份標的資產，其他剩餘資金都投於無風險資產，假定各時刻的股票頭寸 $\vartheta_n \leq 1$。事實上，最小虧損套期保值者的出發點也就是用較少的初始成本（低於一份標的資產價格），通過套期保值交易使得期末虧損最小。

另外，為簡便起見，首先對資產價格過程進行折現處理，即 $S_n = X_n e^{-rn\Delta t}$ 和 $B_n = Y_n e^{-rn\Delta t}$ 分別是標的資產和無風險資產的折現後的價格，X_n 和 Y_n 分別表示兩種資產折現前的價格，組合資產價值過程也是折現價值過程。因此，從 $(n-1)\Delta t$ 到 $n\Delta t$ 時刻的組合價值的折現增量 ΔV_n 可以表示為：

$$\begin{aligned}
\Delta V_n &= \vartheta_{n-1}(X_n e^{-rn\Delta t} - X_{n-1} e^{-r(n-1)\Delta t}) + \delta_{n-1}(Y_n e^{-rn\Delta t} - Y_{n-1} e^{-r(n-1)\Delta t}) \\
&= \vartheta_{n-1}(X_n e^{-rn\Delta t} - X_{n-1} e^{-r(n-1)\Delta t}) + \delta_{n-1}(Y_{n-1} e^{r\Delta t} e^{-rn\Delta t} - Y_{n-1} e^{-r(n-1)\Delta t}) \\
&= \vartheta_{n-1}(S_n - S_{n-1}) \\
&= \vartheta_{n-1}\Delta S_n
\end{aligned} \quad (6.9)$$

再根據自融資約束，有：

$$V_n = V_{n-1} + \Delta V_n = V_{n-1} + \vartheta_{n-1}\Delta S_{n-1} \quad (6.10)$$

由 n 的任意性，可得：

$$\begin{aligned}
V_N &= V_{N-1} + \vartheta_{N-1}\Delta S_{N-1} \\
&= V_{N-2} + \vartheta_{N-2}\Delta S_{N-2} + \vartheta_{N-1}\Delta S_{N-1} \\
&= \cdots \\
&= V_0 + \sum_{n=0}^{N-1}(\vartheta_n \Delta S_{n+1})
\end{aligned} \quad (6.11)$$

其中，$\Delta S_{n+1} = S_{n+1} - S_n$，$n = 0, 1, \cdots, N-1$，$V_0$ 是初始投入成本。

把（6.11）式代入（6.2）式的目標函數，則優化問題（6.2）式可以轉化為：

$$\min_{\varphi} E\left\{\left[H - V_0 - \sum_{n=0}^{N-1}(\vartheta_n \Delta S_{n+1})\right]^+\right\} \tag{6.12}$$

其中，$H = (S_N - Ke^{-rN\Delta t})^+$ 表示折現的未定權益。

記 $\Theta = (\vartheta_0, \cdots, \vartheta_{N-1})$，$\Omega = (S_0, S_1, \cdots, S_N)$，則優化目標是關於 $(\Theta, \Omega; H, V_0)$ 的函數，定義：

$$u = u(\Theta, \Omega; H, V_0) = \left[H - V_0 - \sum_{n=0}^{N-1}(\vartheta_n \Delta S_{n+1})\right]^+ \tag{6.13}$$

對於優化問題（6.12）式，顯然易見，其最優策略 Θ^* 取決於資產價格的隨機增量 $\Xi = (\Delta S_1, \cdots, \Delta S_N)$，進而取決於隨機馬氏鏈價格路徑 Ω，因此我們可以把策略係數 $\Theta = (\vartheta_0, \cdots, \vartheta_{N-1})$ 作為隨機向量，採用馬爾可夫鏈蒙特卡羅模擬（MCMC）方法求解優化問題（6.12）式並得到最優策略 Θ^* 的近似估計值。

我們先定義策略係數序列 Θ 和價格序列 Ω 的聯合分佈密度為：

$$f(\Theta, \Omega | V_0, S_0, K) \propto z(V_0, S_0, K) \exp[-u(\Theta, \Omega; V_0, S_0, K)]$$
$$\tag{6.14}$$

其中，$z(V_0, S_0, K)$ 是標準化係數，即 $z^{-1}(V_0, S_0, K) = \iint \exp[-u(\Theta, \Omega; V_0, S_0, K) d\Theta d\Omega]$

再由條件密度公式，可得：

$$f(\Theta | \Omega; V_0, S_0, K) = \frac{f(\Theta, \Omega | V_0, S_0, K)}{f(\Omega | V_0, S_0, K)}$$
$$\propto \frac{z(V_0, S_0, K) \exp[-u(\Theta, \Omega; V_0, S_0, K)]}{f(\Omega | V_0, S_0, K)} \tag{6.15}$$

對於（6.15）式中的 $f(\Omega | V_0, S_0, K)$，根據資產價格變化的跳擴散模型，由布朗運動和泊松過程的獨立增量性和它們間的相互獨立性，離散時間集 $\{0, \Delta t, \cdots, N\Delta t\}$ 上的資產價格 $\{S_0, S_1, \cdots, S_N\}$ 構成了一個馬爾可夫鏈。因此，其聯合分佈的密度函數可以表示為：

$$\begin{aligned} & f(\Omega | V_0, S_0, K) \\ & = f(S_1, \cdots, S_N | S_0) \\ & = f(S_1 | S_0) f(S_2 | S_1) \cdots f(S_N | S_{N-1}) \end{aligned} \tag{6.16}$$

$$y_n = \ln(S_n/S_{n-1}) = (\mu - \frac{\sigma^2}{2})\Delta t + \sigma\sqrt{\Delta t}\varepsilon_n + \sum_{i=1}^{N(\Delta t)} J_i \text{ 近似服從正態分佈，即}$$

$y_n \sim N(Ey_n, Dy_n)$。這裡：

$$Ey_n = (\mu - \frac{\sigma^2}{2})\Delta t + \mathrm{E}(\sum_{i=1}^{N(\Delta t)} J_i)$$
$$= (\mu - \frac{\sigma^2}{2})\Delta t + \lambda \Delta t \mathrm{E}(J_1) \quad (6.17)$$
$$= (\mu - \frac{\sigma^2}{2})\Delta t + \lambda \Delta t \mu_J$$

$$Dy_n = \sigma^2 \Delta t + D(\sum_{i=1}^{N(\Delta t)} J_i)$$
$$= \sigma^2 \Delta t + \lambda \Delta t \mathrm{E}(J_1^2) \quad (6.18)$$
$$= \sigma^2 \Delta t + \lambda \Delta t (\sigma_J^2 + \mu_J^2)$$

因此，對 $n = 1, \cdots, N$ 有：

$$f(S_n \mid S_{n-1})$$
$$= \frac{S_{n-1}}{S_n\sqrt{2\pi Dy_n}} \exp\left\{-\frac{\ln(S_n/S_{n-1}) - Ey_n}{2Dy_n}\right\}$$
$$= \frac{S_{n-1}}{S_n\sqrt{2\pi[\sigma^2 + \lambda(\sigma_J^2 + \mu_J^2)]\Delta t}} \exp\left\{-\frac{\ln(S_n/S_{n-1}) - [(\mu - \sigma^2/2 + \lambda\mu_J)\Delta t]}{2[\sigma^2 + \lambda(\sigma_J^2 + \mu_J^2)]\Delta t}\right\}$$

$$(6.19)$$

事實上，對於（6.14）式，它滿足隨機向量聯合密度的基本條件並且充分反應出 Θ 關於參數（Ω, H）的隨機性，也就是因為 $\Omega = (S_1, \cdots, S_N)$ 和 H 的不確定性使得 Θ 具有隨機性。在已知（Ω, H）的條件下，由（6.15）式可知，使優化目標（6.12）式取值越小的 Θ 對應的條件密度函數值越大，Θ 會以越大的概率聚集在使得目標函數取得較小值的區域，因此：

$$\overline{\Theta}(\Omega, S_0, V_0, K)$$
$$= Z^{-1}(V_0, S_0, K)\int_{D(\Theta)} \Theta f(\Theta \mid \Omega, V_0, S_0, V_0)[d\Theta] \quad (6.20)$$

我們可以認為是最優策略系數的一個合理估計。

這樣，（6.12）式的最優策略可轉化為解（6.20）式得出，因為 Θ 的條件密度函數的複雜性使得對（6.20）式直接進行理論計算並非容易，所以我們採用馬爾可夫鏈蒙特卡羅模擬（MCMC）方法解決。其步驟如下：

第一步，在沒有先驗知識情況下，我們認為 $\Theta = (\vartheta_0, \cdots, \vartheta_{N-1})$ 服從 $\{(0, 1)\}^T$ 上的均勻分佈。

第二步，從下列滿條件分佈抽樣：

$$\begin{aligned}&(\Omega^{(j)} \mid \Theta, V_0, S_0, K) \\ &\propto f(\Omega, \Theta \mid V_0, S_0, K) f(\Omega \mid V_0, S_0, K) \\ &\propto \exp[-u(\Omega, \Theta; V_0, S_0, K) f(s_1 \mid s_0) f(s_2 \mid s_1) \cdots f(s_T \mid s_{T-1})]\end{aligned} \quad (6.21)$$

$$j = 1, \cdots, J$$

$$\begin{aligned}&(\Theta \mid \Omega^{(1)}, \cdots, \Omega^{(J)}; V_0, S_0, K) \\ &\sim \prod_{j=1}^{J} f(\Theta \mid \Omega^{(j)}; V_0, S_0, K) \\ &\propto \prod_{j=1}^{J} \frac{\exp[-u(\Theta, \Omega^{(j)}; V_0, S_0, K)]}{f(S_1 \mid S_0) f(S_2 \mid S_1) \cdots f(S_T \mid S_{T-1})}\end{aligned} \quad (6.22)$$

第三步，重複進行（6.21）式和（6.22）式抽樣，我們可以得到關於組合系數的馬氏鏈 $\{\Theta^{(g)}\}_{g=1}^{G}$，去掉前 M 個值，則：

$$\begin{aligned}\overline{\Theta}(\Omega, S_0, V_0, K) &= Z^{-1}(V_0, S_0, K) \int_{D(\Theta)} \Theta f(\Theta \mid \Omega, V_0, S_0, V_0)[d\Theta] \\ &= E(\Theta \mid \Omega, V_0, S_0, V_0) \\ &\approx \frac{1}{G-M} \sum_{g=M+1}^{G} \Theta^{(g)}\end{aligned} \quad (6.23)$$

其可以作為最優策略的估計值。

6.4 最小虧損套期保值策略的應用

6.4.1 數據採集

我們以金融機構或投資者簽署一份上證綜指為標的資產的看漲期權合約，並用上證綜指和無風險資產作為套期保值工具為例，在期末虧損最小目標下進行套期保值操作，來說明本書提出策略調整的合理性和可行性。我們選用上證綜指 2009 年 1 月 5 日至 2010 年 12 月 31 日的 5 分鐘歷史價格作為樣本內數據，對資產價格進行跳躍性檢驗和模型的參數估計；選取上證綜指從 2011 年 1 月

4 日至 3 月 31 日間的 $TC = V_0 + |\vartheta_0|fS_0 + \sum_{n=1}^{N-1} |\vartheta_n - \vartheta_{n-1}|fS_n + |\vartheta_{N-1}|fS_N + H - V_N$ 數據作為樣本外數據,對不同情形(不同交易費率、不同策略調整頻率)的套期保值做實例分析。無風險利率按中國人民銀行當時規定的活期存款利率,即年利率為 $TC = V_0 + |\vartheta_0|fS_0 + \sum_{n=1}^{N-1} |\vartheta_n - \vartheta_{n-1}|fS_n + |\vartheta_{N-1}|fS_N + H - V_N$。

6.4.2 最小虧損套期保值策略調整頻率對套期保值效果的影響

首先,套期保值就是事先構建對沖組合以應對到期未定權益可能發生的支付義務。因為市場是不斷變化的,如果在構建對沖組合後不對頭寸進行調整,則對沖組合期末價值與未定權益間可能出現較大偏差,不夠支付或者超出支付義務很多而耗費資金。因此,只有隨市場波動不斷地調整對沖頭寸才能達到較好的保值效果,通常是策略調整頻率越高,對沖組合的期末價值和未定權益的誤差會越小。圖 6.1 是以 3 個月期限套期保值為例,通過模擬得到的策略調整頻率與期末虧損間的關係圖。由圖 6.1 可知,隨著套期保值期內策略調整次數的不斷增加,期末虧損也不斷減小,因此提高策略調整頻率有利於應對市場波動,並降低期末組合價值與未定權益間的誤差。

然而我們也知道,市場交易需要佣金,進行策略調整會產生交易費用,而交易費用的產生會導致套期保值總支出的增加,尤其是期限較長、費率較高時,過於頻繁地調整策略也不見得可取。圖 6.2 是模擬得到 3 個月期限套期保值策略調整頻率與交易費用的關係圖(交易費率為 2‰)。由圖 6.2 可見,策略調整越頻繁,發生的交易費用也越高。

因此,就套期保值而言,頻繁的策略調整在降低期末虧損的同時也增加了交易費用的發生,因而必須綜合考慮整個套期保值過程的總支出(包括期初頭寸構建及策略調整費用、期末行權及平倉損益),並以此作為套期保值效果的評價指標。對於本章所提的最小虧損套期保值,其總成本支出可表示為:

$$TC = V_0 + |\vartheta_0|fS_0 + \sum_{n=1}^{N-1} |\vartheta_n - \vartheta_{n-1}|fS_n + |\vartheta_{N-1}|fS_N + H - V_N \quad (6.24)$$

再把 (6.11) 式代入 (6.24) 式,進而可得:

$$TC = |\vartheta_0|fS_0 + \sum_{n=1}^{N-1} |\vartheta_n - \vartheta_{n-1}|fS_n + |\vartheta_{N-1}|fS_N + H - \sum_{n=0}^{N-1}(\vartheta_n \Delta S_{n+1})$$

$$(6.25)$$

其中,f 表示股票交易費率。

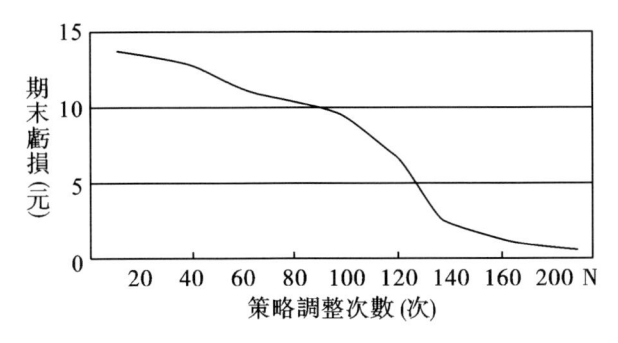

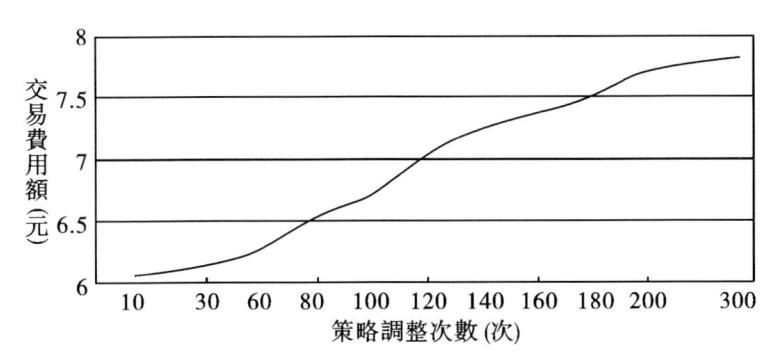

图 6.1 3个月期限套期保值的策略调整频率与期末亏损关系图

图 6.2 3个月期限套期保值的策略调整次数与交易费用关系图

6.4.3 最小亏损套期保值策略调整频率的确定

在此，我们假设投资者在 2011 年 1 月 4 日卖出以上证综指为标的资产的欧式未定权益，期限分别为 1 个月、2 个月和 3 个月，并通过持有上证综指和无风险资产对其进行套期保值，套期保值策略调整频率分别定为 1 天/次、1 周/次和 2 周/次，并且在自融资约束下，按照（6.21~6.23）式确定的策略进行套期保值，同时按（6.24）式给出的套期保值总支出最小来确定策略调整频率。上证指数的初始价格为 $S_0 = 2,852.65$ 点，这里仅对 $K = S_0$ 的套期保值情况做详细分析。

事实上，对于自融资约束下的最小亏损套期保值来说，在套期保值过程中无需增加头寸成本，只有进行策略调整的交易费用发生，而且由（6.24）式可知，整个套期保值过程的总支出除了期初建仓成本外，还取决于对冲组合期末价值与未定权益间的误差。前面的模拟分析表明，通过提高策略调整频率，一方面可以降低套期保值期末偏差，另一方面又会增加交易费用，这对一增一减的矛盾体就决定了策略调整频率并非越高越好。

表 6.1~表 6.3 是不同策略調整頻率和不同交易費率下發生的套期保值總支出情況。

表 6.1　　　　　套期保值總支出（期限：1 個月）　　　　單位：元

費率＼頻率	1 天	1 周	2 周
1‰	33.92	34.28	34.53
2‰	36.79	37.13	37.35
4‰	42.53	42.83	42.99

表 6.2　　　　　套期保值總支出（期限：2 個月）　　　　單位：元

費率＼頻率	1 天	1 周	2 周
1‰	31.69	31.91	31.76
2‰	34.63	34.86	34.67
4‰	40.51	40.76	40.49

表 6.3　　　　　套期保值總支出（期限：3 個月）　　　　單位：元

費率＼頻率	1 天	1 周	2 周
1‰	43.09	42.18	43.32
2‰	46.28	45.20	46.32
4‰	52.66	51.24	52.33

首先，對於 1 個月期限的套期保值來說，因為期限較短，即使是 4‰的高交易費率情況，策略調整頻率從 2 周/次提高到 1 周/次增加的交易費為 0.12 元，而對應的期末誤差則降低了 0.28 元，策略調整頻率從 1 周/次提高到 1 天/次增加的交易費用僅為 0.18 元，而對應的期末誤差卻降低了 0.37 元。也就是說，對於 1 個月期限的套期保值，無論交易費率是多少，無論策略調整頻率是從 2 周/次提高到 1 周/次，還是從 1 周/次提高到 1 天/次，期末誤差的減少都足以彌補增加的交易費。另外，表 6.1 還表明，無論交易費率為多少，1 天/次的策略調整頻率對應的總支出最少。

其次，對於 2 個月期限的套期保值，當交易費率為 1‰和 2‰時，策略調整頻率從 2 周/次提高到 1 周/次以及從 1 周/次提高到 1 天/次，期末誤差的減

少仍然可以彌補費用的增加。但是，當交易費率為4‰時，策略調整頻率從2周/次提高到1周/次，交易費用增加了0.16元，而期末誤差只減少了0.1元；策略調整頻率從1周/次提高到1天/次，交易費用同樣增加了大約0.16元，而期末誤差僅減少了0.12元，也即無論策略調整頻率是從2周/次提高到1周/次時，還是從1周/次提高到1天/次時，期末誤差的減少均不足以彌補費用的增加。另外，從表6.2可以發現，當交易費率為1‰和2‰時，1天/次的策略調整頻率對應的套期保值總支出最少；而當交易費率為4‰時，2周/次的策略調整頻率對應的總支出最少。

最後，對於3個月期限的套期保值來說，對應於3種不同的交易費率，當策略調整頻率從2周/次提高到1周/次時，期末誤差的減少均足以彌補增加的交易費用；而當策略調整頻率從1周/次提高到1天/次時，期末誤差的減少均不足以彌補增加的交易費用。從表6.3可以發現，1周/次的策略調整頻率對應的套期保值總支出少於其他兩種調整頻率對應的總支出。

綜上所述，對於1個月期限的套期保值而言，不管交易費率為多少，都是1天/次策略調整頻率為優；對於2個月期限的套期保值來說，當費率為1‰和2‰時，1天/次的策略調整頻率優於1周/次和2周/次，而當交易費率為4‰時，則2周/次的調整頻率最好；對於3個月期限的套期保值，無論交易費率為多少，都是1周/次的策略調整頻率最好。

6.5 本章小結

本章在自融資約束下建立期末虧損風險最小優化模型，通過馬爾可夫鏈蒙特卡羅模擬生成標的資產和策略系數的若幹條馬氏鏈模擬路徑，並用價格馬氏鏈路徑上的終期虧損均值作為優化目標期望值的估計、用策略系數馬氏鏈的均值作為最優策略的估計，方法易於理解而且操作簡便，對投資者進行套期保值具有很好的參考價值。

應用分析結果表明，進行策略頭寸調整的頻率相對較高時，可以較好地應對市場可能出現的價格波動，從而降低風險，達到較好的保值效果，但是因為市場交易需要佣金，尤其是套期保值期限較長、費率較高時，過於頻繁地調整策略也不見得節約成本。因此，在套期保值實踐中，對於短期的套期保值和較低的交易費率情況，可以適當提高策略調整頻率以應對市場波動風險，而當套期保值期限相對較長且交易費率又較高時，因為存在高額的交易佣金，過於頻繁地進行策略調整並不可取。

7 跳擴散結構下歐式未定權益的費用最小套期保值問題研究

前面章節的均方套期保值和虧損風險最小套期保值都是套期保值的途徑，即自融資約束下，尋找最優策略使得期末組合價值與未定權益價值的偏差盡可能小。套期保值還有一個途徑就是放寬自融資約束，允許追加或抽出成本以確保終期財富完全複製未定權益，即 $V_T = H$，但是要求追加的成本增量盡可能小，這也就是費用最小套期保值。本章就歐式未定權益的費用最小套期保值問題進行研究。

7.1 費用最小套期保值問題的提出

費用最小套期保值首先是由弗勒和桑德曼（Follmer & Sondermann，1986）提出的，他們引入可允許投資策略成本過程的條件均方誤差作為風險度量，並在最小均方誤差標準下尋求最優策略。費用最小套期保值策略不受自融資約束的限制，但要求期末組合價值等於未定權益價值。

費用最小套期保值標準提出后，因為其操作簡便、適用廣泛而深受研究者的青睞。在弗勒（Follmer）和桑德曼（Sondermann）提供的分析框架下，弗勒和施魏策爾（Follmer & Schweizer，1991）利用等價鞅測度方法研究了不完全信息下未定權益的費用最小套期保值問題。施魏策爾（Schweizer，1994）研究了限制信息條件下的費用最小套期保值。蘭伯頓等（Lamberton 等，1998）證明了離散時間帶交易費用的平方可積未定權益存在局部費用最小策略的存在性，並通過解滿足一定條件的方程得到套期保值策略。弗雷和瑞蓋勒迪爾（Frey & Runggaldier，1999，2001）研究了離散時間模型下的費用最小套期保

值問題。施弗納（Schiefner，2002）把期末未定權益折現成現金流的形式，利用動態規劃方法得到費用最小化標準下的最優動態套期保值策略。穆勒（Moller，1998）假設標的資產服從一維幾何布朗運動，將費用最小標準套期保值方法應用於到期支付的投資連結保險合同，並得到了單位投資連結保險合同的費用最小套期保值策略。此后雷斯納（Riesner，2006）將穆勒（Moller，1998）的結果推廣到標的資產價格服從跳擴散過程，也對壽險合約的費用最小套期保值策略問題進行了研究。基甸等（Gideon等，2007）將費用最小套期保值方法應用於銀行風險管理問題，給出了銀行存款取回風險的費用最小套期保值策略。陳A（Chen A，2008）研究了離散時間模型下壽險合約的費用最小套期保值問題，並對費用最小策略對應的損失進行了分析。範達爾和邁爾M.（Vandaele & Vanmaele M，2008）研究了壽險合約的費用最小套期保值，並給出了套期保值策略的具體構造方法。王春發（2003）對人壽保險合同的費用最小套期保值問題進行了研究，給出了離散模型下的費用最小的套期保值策略，但他考慮是一個局部鞅價格模型。王春發（2004）對隨機利率下保險合約的費用最小套期保值策略進行了研究，對局部費用最小標準下套期保值誤差與均方標準下套期保值誤差進行了比較，但沒有給出具體的套期保值策略的構造。成海波（2004）在等價鞅測度存在的條件下，討論了費用最小套期保值的存在性問題，也沒有給出具體的策略構造。

本章首先證明了費用最小標準下的套期保值成本過程是鞅，然后在此基礎上對原套期保值問題進行合理轉換，並利用成本增量是一個鞅差序列的性質，採用逐步倒推法得到最優動態套期保值策略的解析表達式。

7.2 費用最小套期保值的基本問題與模型

我們設 (Ω, F, P) 表示概率空間，$F = (F_t)_{t \in [0, T]}$ 表示市場信息流，非負的 F 適應過程 $S = (S_t)_{t \in [0, T]}$ 表示風險資產（股票）價格，即對每個 t，S_t 是 F_t 可測，並且滿足跳擴散過程（3.19）式；$B = (B_t)_{t \in [0, T]}$ 表示無風險資產（債券）價格。價格過程可表示為：

$$dB_t = rB_t dt \, (r\text{表示無風險利率})$$

對任意隨機過程 $Y = (Y_t)_{t \in [0, T]}$，$\Theta(Y)$ 表示所有滿足 $\vartheta_t \Delta Y_t \in L^2(P)$ 的隨機過程 $(\vartheta_t)_{t \in [0, T]}$ 構成的空間，其中 $\Delta Y_t = Y_t - Y_{t-\Delta t}$。

為了敘述方便起見，假設對 $[0, T]$ 時間段進行間隔為 $\Delta t = \dfrac{T}{N}$ 的劃分，並且記 $S_n = S_{n\Delta t}$，$n = 0, 1, \cdots, N$ 表示 $t = n\Delta t$ 時刻的資產價格。

在此首先給出幾個關於費用最小套期保值的定義。

定義 7.1 一個投資策略 φ 就是一對隨機過程 (ϑ, δ)，並且 (ϑ_n, δ_n) 滿足：

$$V_n(\varphi) = \vartheta_n S_n + \delta_n B_n \in L^2(P), \quad n = 0, 1, \cdots, N \tag{7.1}$$

$\{V_n(\varphi), n = 0, 1, \cdots, N\}$ 稱為投資策略 $\{(\vartheta_n, \delta_n), n = 0, 1, \cdots, N\}$ 對應的價值過程。其中，(ϑ_n, δ_n) 表示在時刻 $t = n\Delta t$ 做出策略調整后投資者持有的股票和債券數量。相應地，$V_n(\varphi)$ 表示 $t = n\Delta t$ 時刻策略調整后的資產組合的理論價值。

定義 7.2 對於一個給定的 T - 未定權益 H，如果投資策略 $\varphi = (\vartheta, \delta)$ 的終期財富價值 $V_T(\varphi)$ 滿足：

$$V_T(\varphi) = H \tag{7.2}$$

則稱策略 $\varphi = (\vartheta, \delta)$ 是一個 H 可允許投資策略。

定義 7.3 一個投資策略 $\varphi = (\vartheta, \delta)$ 對應的成本過程為：

$$\begin{cases} C_0(\varphi) = V_0(\varphi) = \vartheta_0 S_0 + \delta_0 B_0 \\ C_n(\varphi) = V_n(\varphi) - \sum_{j=1}^{n} \vartheta_{j-1} \Delta S_j - \sum_{j=1}^{n} \delta_{j-1} \Delta B_j \\ n = 1, \cdots, N \end{cases} \tag{7.3}$$

其中，$\Delta S_j = S_j - S_{j-1}$ 和 $\Delta B_j = B_j - B_{j-1}$ 分別是股票和債券的價格增量。

顯然，對應策略 $\varphi = (\vartheta, \delta)$，在 $[(n-1)\Delta t, n\Delta t]$ 時間內的資產組合價值增量 $\Delta V_n(\varphi) = V_n(\varphi) - V_{n-1}(\varphi)$ 可分解為：

第一，股票價格增量 $\vartheta_{n-1}(S_n - S_{n-1})$，債券價格增量 $\delta_{n-1}(B_n - B_{n-1})$。

第二，持股數量增量 $S_n(\vartheta_n - \vartheta_{n-1})$，債券數量增量 $B_n(\delta_n - \delta_{n-1})$。

在組合價值增量中，因為頭寸改變發生的增量部分則體現為成本的追加或抽出。記 $\Delta C_n(\varphi) = C_n(\varphi) - C_{n-1}(\varphi)$，根據定義 7.1，有：

$$\begin{aligned} \Delta C_n(\varphi) &= S_n(\vartheta_n - \vartheta_{n-1}) + B_n(\delta_n - \delta_{n-1}) \\ &= (\vartheta_n S_n + \delta_n B_n) - (\vartheta_{n-1} S_{n-1} + \delta_{n-1} B_{n-1}) \\ &\quad - \vartheta_{n-1}(S_n - S_{n-1}) - \delta_{n-1}(B_n - B_{n-1}) \\ &= \Delta V_n(\varphi) - \vartheta_{n-1} \Delta S_n - \delta_{n-1} \Delta B_n \end{aligned} \tag{7.4}$$

定義 7.4 投資策略 $\varphi = (\vartheta, \delta)$ 對應的風險過程定義為：
$$R_n(\varphi) = \mathrm{E}[(C_N(\varphi) - C_n(\varphi))^2 \mid F_n], \quad n = 0, 1, \cdots, N \quad (7.5)$$

定義 7.5 設 $\varphi = \{(\vartheta_n, \delta_n)\}$，$n = 0, 1, \cdots, N$ 是一個策略，如果對任意一個策略 $\varphi' = \{(\vartheta'_t, \delta'_t)\}$，有：$V_N(\varphi) = V_N(\varphi')P - as$；對 $s \leq n$，$\vartheta_s = \vartheta'_s$；對 $s < n$，$\delta_s = \delta'_s$，並且滿足 $R_n(\varphi) \leq R_n(\varphi')P - as$，$n = 0, 1, \cdots, N$，稱 $\varphi = (\vartheta, \delta)$ 是一個費用最小策略。

本章討論的是歐式未定權益的費用最小套期保值，對於一個投資策略來說，因為 $\delta_n B_n = V_n - \vartheta_n S_n$，所以 (ϑ, V) 和 (ϑ, C) 相互唯一確定。

假設投資者在初始時刻 $t = 0$ 簽署一份將於 T 時刻到期的歐式未定權益合約 H，並在費用最小標準下對其進行套期保值。我們可以建立如下優化模型：

$$\begin{cases} \min\limits_{(\delta_n, \vartheta_n)} \mathrm{E}[(C_N(\varphi) - C_n(\varphi))^2 \mid F_n] \\ s.t. \quad V_N(\varphi) = H \\ n = 0, 1, \cdots, N - 1 \end{cases} \quad (7.6)$$

對於優化模型 (7.6) 式，其中 $C_N(\varphi) - C_n(\varphi)$ 表示交易策略 φ 的未來成本增量。根據成本過程的定義 (7.3) 式以及成本過程增量表達式 (7.4) 式，在 $V_N(\varphi) = H$ 的約束下，顯而易見有：

$$C_N(\varphi) - C_n(\varphi) = H - \sum_{i=n+1}^{N} \vartheta_{i-1} \Delta S_i - \sum_{i=n+1}^{N} \delta_{i-1} \Delta B_i - V_n(\varphi) \quad (7.7)$$

(7.7) 式表明，對於某一特定時刻 $n\Delta t$ 而言，優化問題 (7.6) 式的費用最小化等價於尋找一個投資策略 φ，使其對應的 F_n - 可測的組合價值 $V_n(\varphi)$ 與策略對應的未來頭寸價值增量之和盡可能逼近 T - 未定權益 H。

費用最小套期保值放寬了自融資約束，而是要求交易策略的期末組合價值等於未定權益，在套期保值期間允許有成本的追加。這就要求投資者對套期保值的期末損益與套期保值期間的成本追加做出一個衡量和判斷，對那些以完全複製期末未定權益為目的而不惜追加成本的投資者來說，則會傾向於選擇該種套期保值標準。

7.3 費用最小套期保值策略的確定

費用最小套期保值標準是一個二次套期保值標準，本質上可以看成一系列的方差最小。為確定費用最小套期保值策略，首先證明兩個基本定理。

定義 7.6 設 $X = \{x_t, t \geq 0\}$ 是概率空間 (Ω, F, P) 上的隨機過程，

如果：

X 是 $\{F_t\}_{t \geq 0}$ 適應的；

$\mathrm{E}[|x_t|] < \infty, t \geq 0$；

對 $\forall\, 0 \leq s < t$，$\mathrm{E}[x_t | x_s] = x_s$，$a.e.$。

則稱 $X = \{x_t, t \geq 0\}$ 為 $\{F_t\}_{t \geq 0}$ 鞅。

定理 7.1 任意一個費用最小套期保值策略 $\varphi = (\vartheta, \delta)$ 對應的成本過程 $C(\varphi)$ 是鞅。

證明：

設 $\varphi = (\vartheta_n, \delta_n)_{n=0,\cdots,N-1}$ 是一個費用最小套期保值策略，對任意固定的 $n \in \{0, 1, \cdots, N-1\}$，二維隨機過程 $\varphi' = (\vartheta'_n, \delta'_n)_{n=0,\cdots,N-1}$ 滿足：

$\vartheta'_n = \vartheta_n, n \in \{0, 1, \cdots, N-1\}$；

當 $s \neq n$ 時，有 $\delta'_s = \delta_s$ 成立，並且 $\delta'_n B_n = \mathrm{E}[C_N(\varphi) - C_n(\varphi) | F_n] + \delta_n B_n$。

則 $V_n(\varphi') - V_n(\varphi) = B_n(\delta'_n - \delta_n)$，即有：

$$V_n(\varphi')$$
$$= V_n(\varphi) + B_n(\delta'_n - \delta_n)$$
$$= V_n(\varphi) + \mathrm{E}[C_N(\varphi) - C_n(\varphi) | F_n]$$
$$= \vartheta_n S_n + \delta_n B_n + \mathrm{E}[C_N(\varphi) - C_n(\varphi) | F_n]$$
$$= \vartheta'_n S_n + \delta'_n B_n$$

滿足定義 7.1，因此 $\varphi' = (\vartheta', \delta')$ 也是一個交易策略。

再由 (7.7) 式以及上述 $\varphi' = (\vartheta', \delta')$ 滿足的條件，有：

$$C_N(\varphi') - C_n(\varphi')$$
$$= V_N(\varphi') - V_n(\varphi') - \sum_{j=n+1}^{N} \vartheta'_{j-1} \Delta S_j - \sum_{j=n+1}^{N} \delta'_{j-1} \Delta B_j$$
$$= V_N(\varphi) - V_n(\varphi) - \mathrm{E}[C_N(\varphi) - C_n(\varphi) | F_n] - \sum_{j=n+1}^{N} \vartheta_{j-1} \Delta S_j - \sum_{j=n+1}^{N} \delta_{j-1} \Delta B_j$$
$$= C_N(\varphi) - C_n(\varphi) - \mathrm{E}[C_N(\varphi) - C_n(\varphi) | F_n]$$

$$(7.8)$$

根據定義 7.4 和 (7.8) 式，交易策略 $\varphi' = (\vartheta', \delta')$ 對應的風險過程滿足：

$$R_n(\varphi')$$
$$= \mathrm{E}[(C_N(\varphi') - C_n(\varphi'))^2 | F_n]$$
$$= \mathrm{E}\{[C_N(\varphi) - C_n(\varphi) - \mathrm{E}[C_N(\varphi) - C_n(\varphi) | F_n]]^2 | F_n\}$$
$$= \mathrm{Var}[C_N(\varphi) - C_n(\varphi) | F_n] \tag{7.9}$$
$$= \mathrm{E}[(C_N(\varphi) - C_n(\varphi))^2 | F_n] - \{\mathrm{E}[C_N(\varphi) - C_n(\varphi)) | F_n]\}^2$$
$$\leqslant \mathrm{E}[(C_N(\varphi) - C_n(\varphi))^2 | F_n]$$
$$= R_n(\varphi)$$

即 $R_n(\varphi') \leqslant R_n(\varphi)$。

又因為 $\varphi = (\vartheta, \delta)$ 本身是一個費用最小策略，所以有 $R_n(\varphi') \geqslant R_n(\varphi)$ 成立。

因此，$R_n(\varphi') = R_n(\varphi)$。

即

$$R_n(\varphi')$$
$$= \mathrm{E}[(C_N(\varphi') - C_n(\varphi'))^2 | F_n]$$
$$= \mathrm{E}[(C_N(\varphi) - C_n(\varphi))^2 | F_n] - \{\mathrm{E}[C_N(\varphi) - C_n(\varphi) | F_n]\}^2 \tag{7.10}$$
$$= \mathrm{E}[(C_N(\varphi) - C_n(\varphi))^2 | F_n]$$
$$= R_n(\varphi)$$

因此，對於 (7.9) 式中的第四個等式，有：

$$\{\mathrm{E}[(C_N(\varphi) - C_n(\varphi)) | F_n]\}^2$$
$$= \{\mathrm{E}[C_N(\varphi) | F_n] - \mathrm{E}[C_n(\varphi) | F_n]\}^2 \tag{7.11}$$
$$= 0$$

又因為：

$$C_n(\varphi)$$
$$= V_n(\varphi) - \sum_{j=1}^{n} \vartheta_{j-1} \Delta S_j - \sum_{j=1}^{n} \delta_{j-1} \Delta B_j \tag{7.12}$$
$$= \vartheta_n S_n + \delta_n B_n - \sum_{j=1}^{n} \vartheta_{j-1} \Delta S_j - \sum_{j=1}^{n} \delta_{j-1} \Delta B_j$$

所以，$\mathrm{E}[C_n(\varphi) | F_n] = C_n(\varphi)$，再由 (7.11) 式，有 $\mathrm{E}[C_N(\varphi) | F_n] = C_n(\varphi)$ 成立，即 $C(\varphi)$ 是鞅，證畢。

定理7.2 套期保值問題

$$\begin{cases} \min_{(\delta_n, \theta_n)} \mathrm{E}[(C_N(\varphi) - C_n(\varphi))^2 \mid F_n] \\ s.\,t. \quad V_N(\varphi) = H \\ n = 0, 1, \cdots, N-1 \end{cases}$$

在任意 $n \in \{0, 1, \cdots, N-1\}$ 時刻的交易策略 (ϑ_n, δ_n) 可以轉化為求

$$\begin{cases} \min_{(\vartheta_n, \delta_n)} \mathrm{E}[(C_{n+1}(\varphi) - C_n(\varphi))^2 \mid F_n] \\ s.\,t. \quad V_N(\varphi) = H \\ n = 0, 1, \cdots, N-1 \end{cases} \quad (7.13)$$

在 t 時刻的交易策略來確定。

證明：

根據定理 7.1，任意費用最小策略對應的成本過程 $\{C_n(\varphi), n=0, 1, \cdots, N\}$ 是鞅，因此在 $n=1, \cdots, N$ 時刻進行策略調整時發生的成本增量 $\{\Delta C_n(\varphi)\}$ 是一個鞅差序列，即 $\mathrm{E}[\Delta C_{n+1}(\varphi) \mid F_n] = 0$，因而：

$$\begin{aligned} & \mathrm{Var}[\Delta C_{n+1}(\varphi) \mid F_n] \\ =\ & \mathrm{E}\{[\Delta C_{n+1}(\varphi) - \mathrm{E}[\Delta C_{n+1}(\varphi) \mid F_n]]^2 \mid F_n\} \\ =\ & \mathrm{E}[(\Delta C_{n+1}(\varphi))^2 \mid F_n] \\ =\ & \mathrm{E}[(C_{n+1}(\varphi) - C_n(\varphi))^2 \mid F_n] \end{aligned} \quad (7.14)$$

進而根據條件期望的平滑性，有：

$$\begin{aligned} & R_n(\varphi) \\ =\ & \mathrm{E}[(C_N(\varphi) - C_n(\varphi))^2 \mid F_n] \\ =\ & \mathrm{E}\{\mathrm{E}[(C_N(\varphi) - C_n(\varphi))^2 \mid F_{n+1}] \mid F_n\} \\ =\ & \mathrm{E}\{\mathrm{E}[(C_N(\varphi) - C_{n+1}(\varphi) + C_{n+1}(\varphi) - C_n(\varphi))^2 \mid F_{n+1}] \mid F_n\} \\ =\ & \mathrm{E}\{\mathrm{E}[(C_N(\varphi) - C_{n+1}(\varphi))^2 + (C_{n+1}(\varphi) - C_n(\varphi))^2 \mid F_{n+1}] \mid F_n\} \\ =\ & \mathrm{E}\{\mathrm{E}[(C_N(\varphi) - C_{n+1}(\varphi))^2 + (C_{n+1}(\varphi) - C_n(\varphi))^2 \mid F_{n+1}] \mid F_n\} \\ =\ & \mathrm{E}\{\mathrm{E}[(C_N(\varphi) - C_{n+1}(\varphi))^2 \mid F_{n+1}] + \mathrm{E}[(C_{n+1}(\varphi) - C_n(\varphi))^2 \mid F_{n+1}]\} \mid F_n\} \\ =\ & \mathrm{E}\{\mathrm{E}[(C_N(\varphi) - C_{n+1}(\varphi))^2 \mid F_{n+1}] + [(C_{n+1}(\varphi) - C_n(\varphi))^2]\} \mid F_n\} \\ =\ & \mathrm{E}\{R_{n+1}(\varphi) + [(C_{n+1}(\varphi) - C_n(\varphi))^2] \mid F_n\} \\ =\ & \mathrm{E}(R_{n+1}(\varphi) \mid F_n) + \mathrm{E}[(C_{n+1}(\varphi) - C_n(\varphi))^2 \mid F_n] \\ =\ & \mathrm{E}(R_{n+1}(\varphi) \mid F_n) + \mathrm{Var}(\Delta C_{n+1}(\varphi)) \mid F_n) \end{aligned}$$

$$(7.15)$$

事實上，$R_{n+1}(\varphi)$ 不依賴於 n 時刻交易策略 $\varphi_n = (\vartheta_n, \delta_n)$，因而在 n 時刻

最小化 $R_n(\varphi)$ 只需對最小化 $\mathrm{E}[(\Delta C_{n+1}(\varphi))^2 | F_n] = \mathrm{Var}[\Delta C_{n+1}(\varphi) | F_n]$ 即可得出 n 時刻的交易策略，所以套期保值問題 (7.6) 式的最優策略可以通過解優化問題 (7.13) 式求得，證畢。

定理 7.2 的經濟意義十分明顯，要使 $\mathrm{E}[(C_N(\varphi) - C_n(\varphi))^2 | F_n]$ 達到最小，就必須保證每一次策略調整發生的成本增量的波動幅度盡可能小，這也是直觀上的結論，即每步都達到最優，從而確保全部最優。

定理 7.2 表明，費用最小套期保值策略實質上是在 $V_N(\varphi) = H$ 約束下，使得成本增量序列 $\{\Delta C_n(\varphi)\}$ 的方差最小的交易策略。事實上，根據 (7.4) 式，有：

$$\begin{aligned}\Delta C_{n+1}(\varphi) &= C_{n+1}(\varphi) - C_n(\varphi) \\ &= \Delta V_{n+1}(\varphi) - \vartheta_n \Delta S_{n+1} - \delta_n \Delta B_{n+1} \\ &= V_{n+1}(\varphi) - V_n(\varphi) - \vartheta_n \Delta S_{n+1} - \delta_n \Delta B_{n+1}\end{aligned}$$

再根據 (7.14) 式，有：

$$\begin{aligned}&\min_{(\vartheta_n, \delta_n)} \mathrm{E}[(C_{n+1}(\varphi) - C_n(\varphi))^2 | F_n] \\ &= \min_{(\vartheta_n, \delta_n)} \mathrm{Var}[(C_{n+1}(\varphi) - C_n(\varphi)) | F_n] \\ &= \min_{(\vartheta_n, \delta_n)} \mathrm{Var}[(V_{n+1}(\varphi) - V_n(\varphi) - \vartheta_n(S_{n+1} - S_n) - \delta_n(B_{n+1} - B_n)) | F_n] \\ &= \min_{(\vartheta_n, \delta_n)} \mathrm{Var}[(V_{n+1}(\varphi) - \vartheta_n \Delta S_{n+1} - \delta_n \Delta B_{n+1}) | F_n]\end{aligned}$$

(7.16)

因為：

$$\frac{\partial \mathrm{Var}(f(x))}{\partial x} = 2\mathrm{Cov}(f(x), f'(x)) \tag{7.17}$$

$$\mathrm{E}(\Delta C_{n+1}(\varphi) | F_n) = \mathrm{E}(\Delta V_{n+1}(\varphi) - \vartheta_n \Delta S_{n+1} - \delta_n \Delta B_{n+1} | F_n) = 0 \tag{7.18}$$

所以，利用 (7.17) 式和 (7.18) 式，求解 (7.16) 式可得任意時刻 $t = n\Delta t$ 的套期保值策略為：

$$\begin{cases}\vartheta_n = \dfrac{\mathrm{Cov}(V_{n+1}(\varphi), \Delta S_{n+1} | F_n)}{\mathrm{Var}(\Delta S_{n+1} | F_n)} \\ \delta_n = \dfrac{\mathrm{E}(V_{n+1}(\varphi) - \vartheta_n S_{n+1} | F_n)}{B_{n+1}}\end{cases} \tag{7.19}$$

(7.19) 式表明，對於 n 時刻的策略 (ϑ_n, δ_n) 而言，它取決於 $n\Delta t$ 時刻的資產價格和下一時刻 $(n+1)\Delta t$ 要求持有的組合的期望價值 $\mathrm{E}[V_{n+1}(\varphi) | F_n]$ 和 $(n+1)\Delta t$ 時刻資產的期望價格 $\mathrm{E}(S_{n+1} | F_n)$。這樣一來，優化問題 (7.13) 式

可以從期末時刻 $T = N\Delta t$ 開始，在 $V_T = H$ 的約束下，採用倒向遞推的方法逐步求解得到各時刻的策略。

定理7.3 費用最小套期保值問題（7.13）式，即套期保值問題（7.6）式的最優策略為 $(n = N-1, \cdots, 1, 0)$：

$$\begin{cases} \vartheta_n = \dfrac{\text{Cov}(H - \sum_{j=n+1}^{N-1} \vartheta_j \Delta S_{j+1} - \sum_{j=n+1}^{N-1} \delta_j \Delta B_{j+1},\ \Delta S_{n+1} \mid F_n)}{\text{Var}(\Delta S_{n+1} \mid F_n)} \\[2ex] \delta_n = \dfrac{\text{E}(H - \vartheta_n S_{n+1} - \sum_{j=n+1}^{N-1} \vartheta_j \Delta S_{j+1} - \sum_{j=n+1}^{N-1} \delta_j \Delta B_{j+1} \mid F_n)}{B_{n+1}} \end{cases} \quad (7.20)$$

對於（7.20）式，我們約定 $\sum_{i=N}^{N-1} a_i = 0$。

證明：

第一步，對 $t = (N-1)\Delta t$ 時，因為在 $V_N(\varphi) = H$ 的約束下，有：

$$C_N(\varphi) - C_{N-1}(\varphi)$$
$$= V_N(\varphi) - V_{N-1}(\varphi) - \vartheta_{N-1}\Delta S_N - \delta_{N-1}\Delta B_N$$
$$= H - V_{N-1}(\varphi) - \vartheta_{N-1}\Delta S_N - \delta_{N-1}\Delta B_N$$

所以，根據定理7.1以及 $V_{N-1}(\varphi) = \vartheta_{N-1}S_{N-1} + \delta_{N-1}B_{N-1}$ 的 F_{N-1} - 可測，有：

$$\text{E}\big[(C_N(\varphi) - C_{N-1}(\varphi))^2 \mid F_{N-1}\big]$$
$$= \text{Var}\big[(C_N(\varphi) - C_{N-1}(\varphi)) \mid F_{N-1}\big]$$
$$= \text{Var}\big[H - V_{N-1}(\varphi) - \vartheta_{N-1}\Delta S_N - \delta_{N-1}\Delta B_N \mid F_{N-1}\big]$$
$$= \text{Var}\big[H - \vartheta_{N-1}\Delta S_N - \delta_{N-1}\Delta B_N \mid F_{N-1}\big]$$

對上式極小化，可得：

$$\begin{cases} \vartheta_{N-1} = \dfrac{\text{Cov}(H,\ \Delta S_N \mid F_{N-1})}{\text{Var}(\Delta S_N \mid F_n)} \\[2ex] \delta_{N-1} = \dfrac{\text{E}(H - \vartheta_{N-1}S_N \mid F_n)}{B_N} \end{cases}$$

顯然有（7.20）式成立。

第二步，假設 $t = (n+1)\Delta t$ 時，（7.20）式也成立，即：

$$\begin{cases} \vartheta_{n+1} = \dfrac{\mathrm{Cov}(H - \sum\limits_{j=n+2}^{N-1} \vartheta_j \Delta S_{j+1} - \sum\limits_{j=n+2}^{N-1} \delta_j \Delta B_{j+1},\ \Delta S_{n+2} \mid F_{n+1})}{\mathrm{Var}(\Delta S_{n+2} \mid F_{n+1})} \\ \delta_{n+1} = \dfrac{\mathrm{E}(H - \vartheta_{n+1} S_{n+2} - \sum\limits_{j=n+2}^{N-1} \vartheta_j \Delta S_{j+1} - \sum\limits_{j=n+2}^{N-1} \delta_j \Delta B_{j+1} \mid F_{n+1})}{B_{n+2}} \end{cases}$$

第三步，下面證明 $t = n\Delta t$ 時，有（7.20）式成立。

由定理 7.1，有：

$$R_n(\varphi)$$
$$= \mathrm{E}[(C_N(\varphi) - C_n(\varphi))^2 \mid F_n]$$
$$= \mathrm{Var}[C_N(\varphi) - C_n(\varphi) \mid F_n]$$

再根據定理 7.2 和（7.15）式，$R_n(\varphi) = \mathrm{E}[R_{n+1}(\varphi) \mid F_n] + \mathrm{Var}(\Delta C_{n+1}(\varphi) \mid F_n)$，而且策略 (ϑ_n, δ_n) 與 $\mathrm{E}[R_{n+1}(\varphi) \mid F_n]$ 無關。再由第一步與第二步假設，在確定策略 (ϑ_n, δ_n) 時，可以認為 $t = n\Delta t$ 以後的策略已經確定，因而只需對

$$R_n(\varphi)$$
$$= \mathrm{Var}[C_N(\varphi) - C_n(\varphi) \mid F_n]$$
$$= \mathrm{Var}[V_N(\varphi) - V_n(\varphi) - \sum_{j=n}^{N-1} \vartheta_j \Delta S_{j+1} - \sum_{j=n}^{N-1} \delta_j \Delta B_{j+1} \mid F_n]$$

關於 ϑ_n 和 δ_n 求一階偏導數即可。根據（7.17）式和（7.18）式，可得：

$$\begin{cases} \vartheta_n = \dfrac{\mathrm{Cov}(H - \sum\limits_{j=n+1}^{N-1} \vartheta_j \Delta S_{j+1} - \sum\limits_{j=n+1}^{N-1} \delta_j \Delta B_{j+1},\ \Delta S_{n+1} \mid F_n)}{\mathrm{Var}(\Delta S_{n+1} \mid F_n)} \\ \delta_n = \dfrac{\mathrm{E}(H - \vartheta_n S_{n+1} - \sum\limits_{j=n+1}^{N-1} \vartheta_j \Delta S_{j+1} - \sum\limits_{j=n+1}^{N-1} \delta_j \Delta B_{j+1} \mid F_n)}{B_{n+1}} \end{cases}$$

因此，（7.20）式在 $t = n\Delta t$ 時也成立，證畢。

進一步地，根據資產價格的跳擴散過程（3.21）的離散形式（3.23）式，即：

$$S_{n+1} = S_n \exp\{(\mu - \frac{1}{2}\sigma^2)\Delta t + \sigma\sqrt{\Delta t}\varepsilon_n\} \prod_{i=1}^{N(\Delta t)} V_i$$

$$= S_n \exp\{(\mu - \frac{1}{2}\sigma^2)\Delta t + \sigma\sqrt{\Delta t}\varepsilon_n + \sum_{i=1}^{N(\Delta t)} y_i\}$$

記 $Y_{n+1} = (\mu - \frac{1}{2}\sigma^2)\Delta t + \sigma\sqrt{\Delta t}\varepsilon_n + \sum_{i=1}^{N(\Delta t)} y_i$, $n = 0, 1, \cdots, N-1$, 則根據泊松過程的獨立增量性以及 $\{\varepsilon_1, \varepsilon_2, \cdots\}$ 的相互獨立性知, $\{Y_1, \cdots, Y_N\}$ 也相互獨立。

又因為 $\varepsilon_n \sim N(0, 1)$, $y_n = \ln(V_n) \sim i.i.d. N(\mu_J, \sigma_J^2)$, $\{N(t), t \geq 0\}$ 是強度為 $\lambda(\lambda > 0)$ 的泊松過程, 所以有:

$$\Phi = E(e^{Y_n}) = E\{\exp[(\mu - \frac{1}{2}\sigma^2)\Delta t + \sigma\sqrt{\Delta t}\varepsilon_n + \sum_{i=1}^{N(\Delta t)} y_i]\}$$

$$\Psi = \text{Var}(e^{Y_n}) = E(e^{2Y_n}) - E^2(e^{Y_n})$$

對任意的 $i = 0, 1, \cdots, n$, 記:

$$\begin{cases} a_{ni} = \frac{(1-\Phi)}{\Psi}(a_{n-1, i-1} - \Phi a_{n-1, i}) + \frac{1}{\Psi}(b_{n-1, i-1} - \Phi b_{n-1, i}) \\ b_{ni} = (1-\Phi)a_{n-1, i} + b_{n-1, i} \\ a_{11} = \frac{1}{\Psi}, \ a_{10} = -\frac{\Phi}{\Psi}, \ b_{10} = 1 \end{cases} \quad (7.21)$$

在 (7.21) 式中規定, 當 $m < 0$ 或 $l < m$ 時, $a_{lm} = 0$, $b_{lm} = 0$, 並且 $b_{mm} = 0$, 則 (7.20) 式可以表示為:

$$\begin{cases} \vartheta_{N-n} = \dfrac{\sum_{i=0}^{n} a_{ni} E[H\exp(h(i)\sum_{j=0}^{i-1} Y_{N-j}) \mid F_{N-n}]}{S_{N-n}} \\ \delta_{N-n} = \dfrac{\sum_{i=0}^{n-1} b_{ni} E[H\exp(h(i)\sum_{j=0}^{i-1} Y_{N-j}) \mid F_{N-n}] - \vartheta_{N-n} S_{N-n}\Phi}{B_{N-n}} \end{cases} \quad (7.22)$$

其中, $h(i) = \begin{cases} 1, & i > 0 \\ 0, & i = 0 \end{cases}$。

與 (7.20) 式相比, 策略表達式 (7.22) 式的計算更為直觀, 任意 $t = (N-n)\Delta t$ 時刻的策略僅取決於該時刻的資產價格和未來價格變化的期望值。

7.4 費用最小套期保值策略的應用

7.4.1 數據採集

我們以金融機構或投資者簽署一份以上證綜指為標的資產的歐式未定權益，並用上證綜指和無風險資產共同構建對沖組合，在期末資產組合價值完全複製未定權益的約束下，以成本費用最小為目標進行套期保值為例，來說明本書提出策略調整的合理性和可行性。首先，我們選用上證綜指 2009 年 1 月 5 日至 2010 年 12 月 31 日的 5 分鐘歷史價格作為樣本外數據對資產價格進行跳躍性檢驗和價格過程的參數估計。我們選用 2011 年 1 月 4 日至 3 月 31 日（套期保值期限）的日度價格數據作為樣本內數據，對不同情形的套期保值進行實例分析，來說明我們提出策略的可行性和有效性。

7.4.2 策略調整頻率對費用最小套期保值效果的影響

關於未定權益的費用最小套期保值，就是在期末組合價值等於未定權益的約束下，使成本的追加量盡可能少。根據成本過程的定義 7.3 以及約束條件 $V_N = H$ 可知，從期初建倉到期末平倉並且支付未定權益，整個過程的成本追加量可表示為：

$$C_N - C_0 = H - \left(\sum_{i=1}^{N-1} \vartheta_{i-1} \Delta S_i + \sum_{i=1}^{N-1} \delta_{i-1} \Delta B_i \right) - V_0 \tag{7.23}$$

因為 $C_0 = V_0$，所以套期保值過程中發生的總成本為：

$$C_N = H - \left(\sum_{i=1}^{N-1} \vartheta_{i-1} \Delta S_i + \sum_{i=1}^{N-1} \delta_{i-1} \Delta B_i \right) \tag{7.24}$$

(7.24) 式中，$H = (S_N - K)^+$ 表示期末未定權益支付額，該部分支出僅取決於期末標的資產價格和交割價格。$\sum_{i=1}^{N-1} \vartheta_{i-1} \Delta S_i + \sum_{i=1}^{N-1} \delta_{i-1} \Delta B_i$ 表示持有的對沖組合因為資產價格變化而發生的價值增量，即持有對沖頭寸發生的損益。通常來說，該部分損益受資產價格波動的影響，如果能及時隨資產價格波動進行頭寸調整，則持有對沖頭寸的獲利增多或者虧損減少。圖 7.1 是費用最小標準下，以一個月期限套期保值為例，通過模擬得到的策略調整頻率與持有對沖頭寸損益間的關係圖。由圖 7.1 可知，隨著套期保值期內策略調整頻率的提高，頭寸持有的損益也增大。

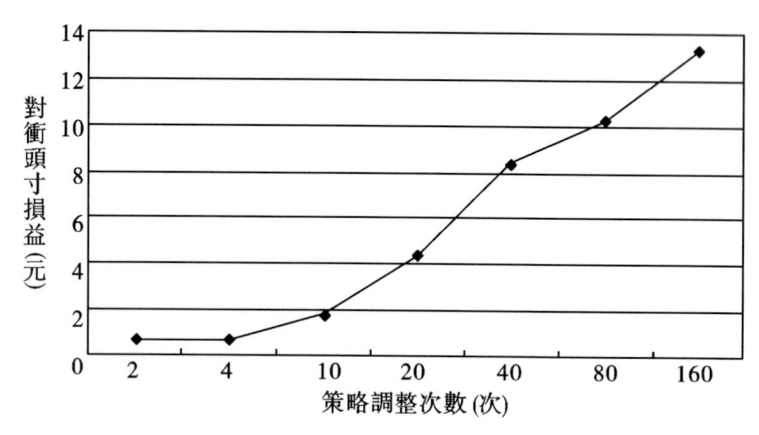

图 7.1 對沖頭寸損益與策略調整頻率關係圖

然而我們也知道，市場交易需要佣金，進行策略調整會產生交易費用，而交易費用的產生又導致套期保值總支出的增加。圖 7.2 是模擬得到一個月期限套期保值策略調整頻率與交易費用的關係圖（交易費率為 1‰）。由圖 7.2 可見，策略調整越頻繁，發生的交易費用也越高。

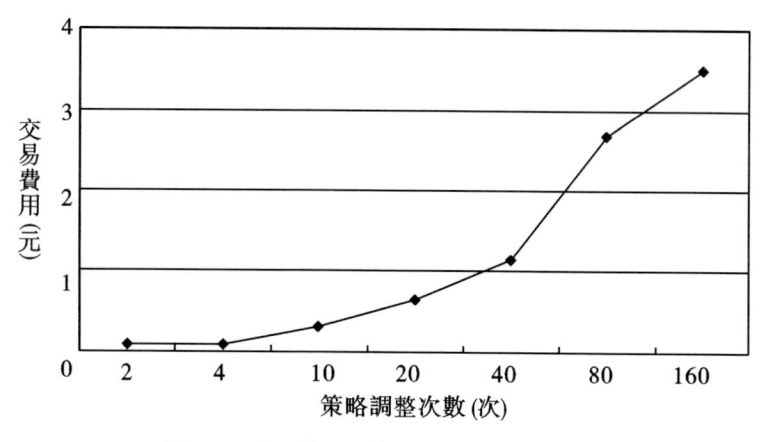

圖 7.2 交易費用與策略調整頻率的關係圖

由此看來，就套期保值而言，雖然頻繁的策略調整能更好地應對資產價格波動，但是也會由此而增加交易費用的發生，因此必須綜合考慮整個套期保值過程的總支出（包括頭寸購置成本、策略調整費用），並以此作為套期保值效果的評價指標。對於本章所提的費用最小套期保值，其總支出可表示為：

$$TC_N(\varphi)$$
$$= V_N(\varphi) - (\sum_{j=1}^{N} \vartheta_{j-1}\Delta S_j + \sum_{j=1}^{N} \delta_{j-1}\Delta B_j) + f\sum_{j=1}^{N} S_j |\Delta \vartheta_j| + f(|\vartheta_0|S_0 + |\vartheta_N|S_N)$$
$$= H - [\sum_{j=1}^{N} \vartheta_{j-1}(S_j - S_{j-1}) + \sum_{j=1}^{N} \delta_{j-1}(B_j - B_{j-1})]$$
$$+ f\sum_{j=1}^{N} S_j |\vartheta_j - \vartheta_{j-1}| + f(|\vartheta_0|S_0 + |\vartheta_N|S_N)$$

(7.25)

7.4.3 費用最小套期保值策略調整頻率的確定

我們假設投資者於 2011 年 1 月 4 日簽署了一份以上證綜合指數為標的資產的看漲期權合約，期限為 1 個月、2 個月、3 個月，策略調整頻率為 1 天/次、1 周/次、2 周/次，並用上證綜合指數和無風險資產作為套期保值工具，突破自融資限制，在期末組合價格等於未定權益的約束下，按定理 7.3 所示的策略進行套期保值操作，並按（7.25）式表示的套期保值總支出最小來確定策略調整頻率。期初建立套期保值頭寸時的指數價格為 S_0 = 2,852.65 點，這裡只分析執行價格 $K = S_0$ 情況的套期保值（$K > S_0$ 和 $K < S_0$ 與之類似，不再贅述）。無風險利率按中國人民銀行規定的活期存款利率，即年利率為 r = 0.4%。

表 7.1～表 7.3 是不同策略調整頻率和不同交易費率下發生的套期保值總支出情況。

表 7.1　　　　套期保值總支出（期限：1 個月）　　　　單位：元

費率＼頻率	1 天/次	1 周/次	2 周/次
1‰	58.36	61.86	62.26
2‰	64.19	66.55	66.78
4‰	75.84	75.94	75.87

從表 7.1 可以發現，無論交易費率為多少，1 天/次的策略調整頻率對應的總支出最少。事實上，對於 1 個月期限的套期保值來說，該時段內標的資產價格呈下跌趨勢。當策略調整頻率從 2 周/次提高到 1 周/次時，使得持有對沖頭寸發生的損失降低了 0.57 元，而對應於 1‰（2‰、4‰）的交易費率，交易費分別增加了 0.17 元（0.34 元、0.67 元）；當策略調整頻率從 1 周/次提高到 1 天/次時，則使持有對沖頭寸發生的損失降低了 4.64 元，而對應於 1‰

(2‰、4‰）的交易費率，交易費分別增加了 1.14 元（2.28 元、4.55 元）。也就是說，對於 1 個月期限的套期保值，除了費率為 4‰時，提高策略調整頻率發生的交易費用增加量與持有頭寸發生損失的減少量大致相當外，對於其他費率情況，無論策略調整頻率是從 2 周/次提高到 1 周/次，或者從 1 周/次提高到 1 天/次，持有對沖頭寸發生損失的減少都明顯足以彌補交易費的增加。

表 7.2　　　　　套期保值總支出（期限：2 個月）　　　　單位：元

費率＼頻率	1 天/次	1 周/次	2 周/次
1‰	50.52	51.46	54.96
2‰	58.85	56.68	60.00
4‰	75.51	67.11	70.08

類似地，對於 2 個月期限的套期保值來說，在整個套期保值期內，標的資產價格首先是由期初的 2,852.65 點跌至 2,774.06 點，然後又反彈漲至期末的 2,905.05 點。當交易費率為 1‰時，策略調整頻率從 2 周/次提高到 1 周/次以及從 1 周/次提高到 1 天/次，儘管交易費用分別增加了 0.18 元和 3.11 元，持有對沖頭寸發生的盈利分別增加了 3.68 元和 4.05 元，頭寸盈利足以彌補交易費用的增加。但是，當交易費率為 2‰（或 4‰）時，策略調整頻率從 2 周/次提高到 1 周/次，交易費用分別增加了 0.36 元（或 0.73 元），持有對沖頭寸的盈利卻增加了 3.68 元，盈利足以彌補交易費用的增加；策略調整頻率從 1 周/次提高到 1 天/次，對於 2‰和 4‰兩種交易費率情況，交易費分別增加 6.23 元和 12.46 元，而持有對沖頭寸的盈利只增加了 4.05 元，頭寸盈利不足以彌補費用的增加。另外，從表 7.2 可以發現，當交易費率為 1‰時，1 天/次的策略調整頻率對應的套期保值總支出最少；而當交易費率為 2‰和 4‰時，1 周/次的策略調整頻率對應的總支出最少。

表 7.3　　　　　套期保值總支出（期限：3 個月）　　　　單位：元

費率＼頻率	1 天/次	1 周/次	2 周/次
1‰	51.29	52.63	56.88
2‰	62.78	58.04	62.17
4‰	85.76	68.86	72.74

對於 3 個月期限的套期保值來說，對應於 1‰的交易費率，當策略調整頻率從 2 周/次提高到 1 周/次時，交易費用僅增加 0.12 元，而持有對沖頭寸的盈利增加了 4.37 元，當策略調整頻率從 1 周/次提高到 1 天/次時，交易費增加 6.08 元，持有頭寸盈利增加 7.42 元，頭寸盈利足以彌補交易費用的增加；而對應於 2‰和 4‰的交易費率，當策略調整頻率從 2 周/次提高到 1 周/次時，交易費分別增加 0.24 元和 0.48 元，持有頭寸的盈利則增加了 4.37 元，該部分盈利足以彌補增加的交易費用，但是當策略調整頻率從 1 周/次提高到 1 天/次時，交易費分別增加了 12.16 元和 24.32 元，持有頭寸的盈利卻只有 7.42 元的增加，不足以彌補交易費的增加。另外，從表 7.3 也可以發現，對於低費率情況（如 1‰），1 天/次的策略調整頻率對應的總支出最少；對於高費率情況（如 2‰和 4‰），則是 1 周/次的策略調整頻率對應的總支出最少。

　　綜上所述，對於 1 個月期限的套期保值而言，不管交易費率為多少，都是 1 天/次的策略調整頻率為優；對於 2 個月和 3 個月期限的套期保值來說，當費率為 1‰時，1 天/次的策略調整頻率優於 1 周/次和 2 周/次，而當交易費率為 2‰和 4‰時，則是 1 周/次的調整頻率最好。

7.5　本章小結

　　本章研究了歐式未定權益的費用最小動態套期保值問題。在期末組合資產價值能完全複製未定權益約束下，建立費用最小套期保值模型，採用逐步倒推法得到隨時間改變的動態最優套期保值策略解析表達式，表達式簡單明瞭、易於計算。

　　應用分析結果表明，進行策略頭寸調整的頻率相對較高時，可以較好地應對市場可能出現的價格劇烈波動，從而降低價格下跌的損失風險或者增加價格上漲的盈利機會，達到較好的保值效果。然而，市場交易需要費用，尤其是套期保值期限較長、費率較高時，過於頻繁地調整策略會因為交易費用的發生而耗費資金，也不見得可取。因此，在套期保值實踐中，對於短期的套期保值和較低的交易費率情況，可以適當提高策略調整頻率以應對市場波動風險，而當套期保值期限相對較長且交易費率又較高時，可以根據市場變化適當放慢策略調整頻率，達到既對沖風險又節約成本的目的。

8 不同風險準則下套期保值效果的對比分析

前面研究了不同風險準則下歐式未定權益的套期保值問題，本章主要在風險資產價格服從跳擴散過程的條件下，利用蒙特卡羅模擬方法對不同風險度量準則下的套期保值效果進行對比分析。具體而言，本章通過對各種不同套期保值期限、不同策略調整頻率以及不同費率情況下的套期保值期末誤差、套期保值交易費用和套期保值總成本進行對比分析，比較不同風險準則下的套期保值效果，為套期保值者提供參考依據。

8.1 期末虧損的對比分析

假設投資者在初始時刻簽署一份將在 T 時刻到期、執行價格為 K 的歐式未定權益，期權的期末價值為 $H = (S_T - K)^+$，同時通過持有標的資產和無風險資產對其進行套期保值。我們採用蒙特卡羅模擬方法模擬計算出不同風險準則下的套期保值期末誤差、進行策略調整時發生的交易費用以及套期保值總成本，據此判斷不同風險準則套期保值效果的優劣。這裡，仍用（3.20）式所示的跳擴散過程來刻畫風險資產價格變化過程，設定跳擴散過程參數值分別為 $\mu = 0.1$，$\sigma = 0.2$，$\lambda = 0.1$，$\mu_J = 0$，$\sigma_J = 1$，假設風險資產的初始價格 $S_0 = 100$，歐式未定權益的期末交割價格 $K = 100$，無風險利率 $r = 0.4\%$，歐式未定權益的期限 $T = 3$ 個月。

表 8.1 給出了期限為 3 個月、按不同策略調整頻率通過 $M = 10,000$ 次蒙特卡羅模擬得到的不同風險準則下的期末平均虧損（期末期權價值-期末組合價值），即 $\overline{error} = \dfrac{1}{M} \sum_{i=1}^{M} (H_i - V_{T,i})$。

表 8.1　　　　　3 個月期限的套期保值期末平均虧損

平均誤差　　準則　　頻率	均方準則	最小虧損	費用最小
1 天/次	0.893,2	0.879,8	0
1 周/次	0.925,7	0.910,2	0
2 周/次	0.952,2	0.932,8	0

首先，對於費用最小套期保值來說，它是在 $V_T = H$ 的約束下允許套期保值期內各策略調整時刻進行成本的追加，因此期末組合價值與期權價值間不存在偏差，即期末平均虧損等於零。表 8.1 中第四列的模擬結果也證實了這一點。但是均方套期保值和最小虧損套期保值則受自融資約束，而不完備市場中的未定權益不能通過自融資方式進行完全複製，因此期末組合價值與期權價值間必有偏差存在。表 8.1 中第二列、第三列就是模擬得到均方套期保值和最小虧損套期保值的期末平均虧損。關於自融資約束下的期末虧損，它是由於風險資產價格的隨機變化使得歐式未定權益的期末價值與對沖組合期末價值之間存在的偏差。這種偏差可以通過對持有對沖組合頭寸的調整而使之降低，而且調整頻率越高就越能適應市場變化，期末虧損越小。表 8.1 的模擬結果也表明，無論是均方套期保值還是最小虧損套期保值，期末平均虧損都是隨策略調整頻率的提高而降低。

其次，均方套期保值是以 $\min E[(H - V_T)^2]$ 為優化目標，它把期末組合價值與期權價值間的正、負偏差都認定為風險，而最小虧損套期保值是以 $\min E[(H - V_T)^+]$ 為優化目標，僅在 $V_T < H$ 時才認為有風險存在。具體來說，當 $V_T < H$ 時，均方誤差最小準則和最小虧損準則都認為有風險存在，兩者都設法通過策略的調整使 $|H - V_T| = H - V_T$ 最小；當 $V_T > H$ 時，均方誤差最小準則認為有風險存在且設法通過策略調整使 $|H - V_T| = V_T - H$ 最小，而最小虧損準則不認為有風險存在。因此，最小虧損策略對應較大 V_T 值的概率要大一些，從而出現期末虧損 $V_T < H$ 的概率或出現較大虧損值的概率要小一些。

8.2 交易費用的對比分析

交易費用包括頭寸購置費用和交易佣金。頭寸購置費用於購建對沖頭寸。相對於均方套期保值和最小虧損套期保值允許有期末誤差存在，費用最小套期保值要求對沖組合的期末價值等於未定權益價值，除了初始頭寸購置費用 V_0 外，費用最小套期保值還需要進行成本的追加 $\sum_{i=1}^{T-1}(\vartheta_i - \vartheta_{i-1})S_i + \sum_{i=1}^{T-1}(\delta_i - \delta_{i-1})B_i$，因此它的頭寸購置總費用 $V_0 + \sum_{i=1}^{T-1}(\vartheta_i - \vartheta_{i-1})S_i + \sum_{i=1}^{T-1}(\delta_i - \delta_{i-1})B_i$ 會高於另外兩種套期保值準則下的頭寸購置費用 V_0。至於均方套期保值和最小虧損套期保值，兩者都只有初始頭寸購置費用發生，但是均方套期保值是以 $\min E[(H-V_T)^2]$ 為優化目標，它把期末組合與期權價值間的正、負偏差都認定為風險；而最小虧損套期保值則是以 $\min E[(H-V_T)^+]$ 為優化目標，僅在 $V_T < H$ 時才認為有風險存在，即均方套期保值需要對期末組合價值與未定權益間的正負偏差同時最小化，因此需要的初始頭寸購置費用也會高於最小虧損套期保值。

關於交易佣金 $|\vartheta_0|S_0 f e^{rN\Delta t} + \sum_{n=1}^{N-1}(fS_n|\vartheta_n - \vartheta_{n-1}|e^{r(N-n)\Delta t}) + |\vartheta_{N-1}|S_N f$，它是進行頭寸調整而產生的交易手續費用。一般來說，策略調整越頻繁需要的交易佣金越多；費率越高，交易佣金也越多。就上述三種套期保值而言，均方標準和最小虧損標準下的套期保值，因為前者把 $H < V_T$ 和 $H > V_T$ 都認定為風險，不管發生那種情況都需要進行頭寸調整以確保 $(H-V_T)^2$ 盡可能小，而後者僅把 $H > V_T$ 認為是風險的存在，只有在 $H > V_T$ 時才需要進行策略調整，所以最小虧損套期保值需要進行頭寸調整的概率以及頭寸調整的幅度較均方套期保值要小，發生的交易佣金也少於均方套期保值的交易佣金。不同於均方套期保值和最小虧損套期保值，費用最小套期保值因為具有過於嚴格的期末約束 $V_T = H$，需要在套期保值期內進行資金的追加或抽出，而且風險資產價格波動越大需要追加或抽出的資金量也越多，所以用於風險資產交易的佣金較前兩種風險標準下的套期保值發生的交易佣金也多。

表 8.2 是通過 $M = 10,000$ 次模擬操作得到期限為 3 個月、不同策略調整頻率和不同費率情況下進行策略調整發生的平均交易佣金和頭寸購置費用。由表 8.2 的模擬結果可知，無論策略調整頻率和費率為多少，頭寸購置費用以及進行策略頭寸調整發生的交易佣金均以費用最小套期保值為最多，均方套期保值居中，最小虧損套期保值為最少。

表 8.2　　　　　3 個月期限套期保值的交易佣金及頭寸購置費用

頻率＼費率準則	1‰ 均方	1‰ 最小虧損	1‰ 費用最小	2‰ 均方	2‰ 最小虧損	2‰ 費用最小	4‰ 均方	4‰ 最小虧損	4‰ 費用最小
1 天/次	0.093,5 (1.339,8)	0.083,2 (1.068,9)	0.105,8 (2.300)	0.187,0	0.166,4	0.211,6	0.374,0	0.332,8	0.423,2
1 周/次	0.078,2 (1.340,6)	0.052,0 (1.069,0)	0.090,6 (2.322,5)	0.156,4	0.104,0	0.181,2	0.312,8	0.208,0	0.362,4
2 周/次	0.063,5 (1.340,7)	0.048,5 (1.069,1)	0.086,2 (2.343,8)	0.127,0	0.097,0	0.172,4	0.254,0	0.194,0	0.344,8

註：括弧內數值表示不同準則、不同策略調整頻率需要的頭寸購置費用，每一風險準則對應 3 種不同交易費率情況的頭寸購置費用均相等，因而僅在費率為 1‰ 時給出。另外，對於均方和最小虧損套期保值，括弧內數據表示初始頭寸購置費用，對於費用最小套期保值，括弧內數據除初始頭寸購置費用外還包括期間追加用於頭寸購置的費用。

8.3　套期保值總成本的對比分析

前面兩節對不同準則下的套期保值期末誤差和交易費用進行了對比分析。本小節我們將對不同準則套期保值的總成本進行比較分析。

套期保值總成本表達式為：

$\overline{TC}$ = (交易佣金 + 頭寸購置費) + 期末虧損

從上述表達式可知，套期保值的期末虧損和交易佣金以及頭寸購置費用都直接決定著總成本的大小：「大虧損」「高佣金」和「高頭寸購置費」必定對應著「高成本」。

表 8.3 是通過 $M = 10,000$ 次模擬套期保值操作而得到期限為 3 個月、不同策略調整頻率和不同費率情況下發生的平均總成本。表 8.3 中模擬結果也表明，對於確定的策略調整頻率和交易費率，費用最小套期保值的總成本高於均方套期保值的總成本，均方套期保值的總成本又高於最小虧損套期保值的總成本。

事實上，根據期末虧損和交易佣金的對比分析結果可知，儘管費用最小準則的期末虧損為零，但是按該準則進行套期保值的策略調整發生的交易佣金和頭寸購置費用比其他兩種準則要高，這些都導致了費用最小套期保值的總成本比另外兩種風險準則的總成本高。關於均方套期保值和最小虧損套期保值，對於確定的策略調整頻率和交易費率，表 8.1 和表 8.2 的結果表明，前者的期末

表8.3　　　　　　　　　3個月期限套期保值的總成本

費率 頻率＼準則	1‰ 均方準則	1‰ 最小虧損	1‰ 費用最小	2‰ 均方準則	2‰ 最小虧損	2‰ 費用最小	4‰ 均方準則	4‰ 最小虧損	4‰ 費用最小
1天/次	2.326,5	2.031,9	2.405,8	2.420,0	2.115,1	2.511,6	2.607,0	2.281,5	2.723,2
1周/次	2.344,5	2.413,1	2.422,7	2.083,1	2.503,7	2.579,1	2.187,1	2.684,9	
2周/次	2.356,3	2.050,4	2.430,0	2.419,8	2.098,9	2.516,2	2.556,8	2.195,9	2.688,6

虧損和進行策略頭寸調整發生的交易佣金以及初始頭寸購置費都高於后者，因而均方套期保值的總成本也高於最小虧損套期保值總成本。

下面我們就3個月期的套期保值操作進行具體比較分析：

對於1‰的交易費率，當策略調整頻率為1天/次時，費用最小套期保值的期末虧損分別比均方套期保值和最小虧損套期保值的期末虧損低0.893,2和0.879,8，但是交易費用則分別多0.012,3和0.022,6，購置對沖頭寸的投入也分別多0.960,2和1.231,1，這樣正負偏差相抵消，費用最小套期保值的總成本分別比均方套期保值和最小虧損套期保值的總成本多0.079,3和0.373,9。同樣地，均方套期保值的期末虧損比最小虧損套期保值的期末虧損多0.013,4，交易佣金多0.010,3，對沖頭寸購置費用也多0.270,9，因而均方套期保值的總成本比最小虧損套期保值的總成本多0.294,6。當策略調整頻率為1周/次時，費用最小套期保值的期末虧損分別比均方套期保值和最小虧損套期保值的期末虧損少0.925,7和0.910,2，但是交易佣金則分別多0.012,4和0.038,6，購置對沖頭寸的費用也分別多0.981,9和1.253,5，這就使得費用最小套期保值的總成本分別比均方套期保值和最小虧損套期保值的總成本多0.068,6和0.382,0。類似地，均方套期保值的期末虧損比最小虧損套期保值的期末虧損多0.015,5，交易佣金多0.026,2，對沖頭寸的購置費用也多0.271,6，這樣均方套期保值的總成本比最小虧損套期保值的總成本多0.313,4。當策略調整頻率為2周/次時，費用最小套期保值的期末虧損分別比均方套期保值和最小虧損套期保值的期末虧損少0.952,2和0.932,8，但是交易佣金則分別多0.022,7和0.037,7，持有對沖組合的投入也分別多1.003,1和1.274,7，這樣費用最小套期保值的總成本分別比均方套期保值和最小虧損套期保值的總成本多0.073,7和0.379,6。同樣，均方套期保值的期末虧損比最小虧損套期保值的期末虧損高0.019,4，交易佣金多0.015,0，對沖頭寸的

購置費用多 0.271,6，這樣使得均方套期保值的總成本比最小虧損套期保值的總成本多 0.305,9。

關於交易費率為 2‰ 和 4‰ 時不同風險準則下套期保值總成本的比較分析與交易費率為 1‰ 的總成本比較類似，在此不再贅述。

對於每一風險準則下的套期保值來說，因為提高策略調整頻率在降低期末虧損的同時又會增加交易佣金的發生，這種一增一減的矛盾使得其總成本並非隨策略調整頻率的提高而保持單調增加或單調降低。

表 8.3 中各行數據分別表示給定策略調整頻率時各風險準則對應不同交易費率的總成本。由表 8.3 可知，對於 1‰ 的低交易費率，均方套期保值和費用最小套期保值的總成本都隨策略調整頻率的提高而降低，最小虧損套期保值則是以策略調整頻率為 1 天/次的總成本最低，1 周/次的總成本略低於 1 天/次的總成本，2 周/次的總成本最高。而對於 4‰ 的高交易費率，因為過於頻繁的策略調整會增加「大量」的交易佣金，所以三種風險標準下的套期保值都是以 1 天/次的策略調整頻率對應的總成本為最高，均方套期保值以 2 周/次的調整頻率對應的總成本為最低，最小虧損和費用最小套期保值以 1 周/次的調整頻率對應的總成本為最低。

例如，當交易費率為 4‰ 時，對於均方套期保值來說，儘管 2 周/次的策略調整頻率對應的期末虧損分別比 1 周/次和 1 天/次的期末虧損要高 0.026,5 和 0.059，頭寸購置費用也分別多 0.000,9 和 0.000,1，但是發生的交易佣金則分別少 0.058,8 和 0.12，即提高策略調整頻率對虧損的降低量就不足以彌補交易佣金和頭寸購置費用的增加，因此當交易費率為 4‰ 時，均方套期保值以 2 周/次的策略調整頻率對應的總成本最低。對於最小虧損套期保值來說，策略調整頻率為 1 天/次的期末虧損較 1 周/次的期末虧損低 0.030,4，對沖頭寸購置費用低 0.000,1，但是交易佣金卻高 0.124,8，策略調整頻率由 1 周/次提高到 1 天/次對虧損和頭寸購置費的降低量就不足以彌補佣金的增加，策略調整頻率由 2 周/次提高到 1 周/次時，儘管交易佣金增加了 0.014，但是期末虧損降低了 0.022,6，頭寸購置費用也降低了 0.000,1，這些足以彌補交易佣金的增加。因此，當交易費率為 4‰ 時，最小虧損套期保值以 1 周/次的策略調整頻率對應的總成本最低。至於費用最小套期保值，它的期末虧損總為零，策略調整頻率為 1 天/次的頭寸購置費用較 1 周/次低 0.022,5，交易佣金高 0.015,2，這樣策略調整頻率由 1 周/次提高到 1 天/次對頭寸購置費的降低量就不足以彌補佣金的增加，策略調整頻率由 2 周/次提高到 1 周/次時，儘管交易佣金增加了 0.017,6，但是頭寸購置費用降低了 0.043,8，足以彌補交易佣金的增加。因此，當交易費率為 4‰ 時，費用最小套期保值也以 1 周/次的策略

調整頻率對應的總成本最低。

9 基於內部信息的歐式未定權益套期保值問題研究

前面對一般投資者關於歐式未定權益的套期保值問題進行了研究，並得出不同準則下的最優策略。近年來，關於信息不對稱情況下的套期保值問題研究受到眾多學者的關注。信息不對稱是指交易雙方的一方擁有某些信息而另一方卻沒有或者無法擁有這些信息。市場上確實存在一些投資者，他們可能掌握某些內部信息。例如，上市公司的高管層能夠預先瞭解公司在某一時段的財務及經營情況，因此他們能夠對公司股票未來價格的波動幅度做出更為合理的判斷；又如，各種政策規劃和制定部門的工作人員可能事先就知道稅收、利率調整等各種宏觀經濟規劃和投資政策變化的消息。眾所周知，對金融投資活動來說，投資者的投資行為是建立在其掌握的市場信息的基礎上，因此這些內部信息必定會影響到投資策略的制定。鑒於此，本章將在前面研究的基礎上，對內部信息者關於歐式未定權益的套期保值問題進行研究。

9.1 基於內部信息的歐式未定權益套期保值問題的研究現狀

近年來，關於內部信息情況下未定權益的套期保值問題，受到眾多學者的關注。其中羅伯特 J. 埃利奧特和莫尼克·簡布朗（Robert J.Elliott & Monique Jeanblanc，1999）討論了不完備市場上內部信息者的效用最大化投資策略問題，並對內部信息投資者和一般投資者的期末財富進行了比較。弗蘭克·蒂爾（Frank Thierbach，2002）討論了附加市場信息模型下的均方套期保值問題。比亞吉和奧克森山（Biagini & Oksendal，2004）利用 Malliavin 積分方法研究了

擴散模型下內部信息者的最小方差套期保值策略。隨後，比亞吉和奧克森山（Biagini & Oksendal, 2006）利用隨機積分方法研究了不完備市場情況下內部信息者的最小方差套期保值問題。李K，宋S（Lee K & Song S, 2007）研究了泊松強度受內部信息驅動的跳擴散過程下未定權益的局部風險最小套期保值問題。科魯斯克等（Klusik 等，2008）研究了擴散模型下內部信息者的分位數套期保值策略。

本章中，我們假設存在 F_T 可測的隨機變量 L，並且 L 表示普通投資者在 T 時刻才知道而內部消息人士在初始時刻便知道的市場信息，在此稱為內部信息。常見的內部信息類型包括標的資產的終期價格或者終期價格的波動範圍；影響股票價格的某些具體因素等。對內部信息者來說，他們投資的策略信息集不再是 F_t，而是擴大的信息流 $G_t = F_t \vee \sigma(L)$，資產價格也不再是 F-動態變化，而應該是 G-動態變化。投資者也就是基於該種內部信息集來決定投資策略。

9.2 基於內部信息的均方套期保值問題

9.2.1 基於內部信息的均方套期保值優化模型

為簡單起見，本章假設內部信息 L 表示標的資產期末價格的衝擊量。對於普通投資者來說，他們根本不知道 L 的存在，而對於內部信息人士來說，他們一開始就知道 L 的存在並服從某種具體分佈。基於內部信息的風險資產價格過程可表示為：

$$dS_t^{(L)} = S_{t^-}^{(L)} \left[\mu dt + \sigma dW_t + d\left(L \cdot I_{|t=T|} + \sum_{i=1}^{N(t)} (V_i - 1)\right) \right] \quad (9.1)$$

其中，$I_{|t=T|} = \begin{cases} 1 & t=T \\ 0 & t \neq T \end{cases}$ 表示示性函數，$l = \ln(1+L)$ 表示內部信息，並服從某種給定的分佈，$Y_i = \ln V_i \sim N(\mu_J, \sigma_J^2)$ 且 $\{Y_i, i=1, 2, \cdots\}$ 是獨立同分佈。

我們討論的是離散時間集上未定權益的套期保值，因此為了方便後面的敘述，假設對 $[0, T]$ 時間段進行間隔為 $\Delta t = \dfrac{T}{N}$ 的劃分，並且記 $S_n^{(L)} = S_{n\Delta t}^{(L)}$，$n = 0, 1, \cdots, N$ 表示 $t = n\Delta t$ 時刻的資產價格。

在自融資約束下，內部信息者的均方套期保值優化模型如（9.2）式所示。

$$\begin{cases} \min\limits_{(\varphi_0,\cdots,\varphi_{N-1})} \mathrm{E}[V_N(\varphi) - H_N]^2 \\ s.t. \quad \vartheta_n S_{n+1}^{(L)} + \delta_n B_{n+1} = \vartheta_{n+1} S_{n+1}^{(L)} + \delta_{n+1} B_{n+1} \\ n = 0, \cdots, N-1 \end{cases} \quad (9.2)$$

$$S_n^{(L)} = S_{n-1}^{(L)} \exp\left\{ \left(\mu - \frac{\sigma^2}{2}\right)\Delta t + \sigma\sqrt{\Delta t}\,\varepsilon + \sum_{i=1}^{N(\Delta t)} Y_i + l \cdot \mathrm{I}_{\{n=N\}} \right\}$$

$$H_N = (S_N^{(L)} - K)^+$$

$$V_N = \vartheta_{N-1} S_N^{(L)} + \delta_{N-1} B_N$$

9.2.2 基於內部信息的均方套期保值策略

在此，為便於計算，我們假設所有資產價格均為折現價格，對應的組合資產價值過程也是折現價值過程。類似於完全信息市場均方最優策略的確定，我們根據動態規劃原理，採用倒向遞歸方法求解（9.2）式。

$t = (N-1)\Delta t$ 時刻，在自融資約束下，有：

$$\begin{aligned} & \min_{\varphi_{N-1}} \mathrm{E}[(V_N - H)^2 \mid F_{N-1}] \\ &= \min_{\varphi_{N-1}} \mathrm{E}[(\vartheta_{N-1} + \delta_{N-1} B_N - H)^2 \mid F_{N-1}] \\ &= \min_{\varphi_{N-1}} \mathrm{E}[(V_{N-1} + \vartheta_{N-1}\Delta - H)^2 \mid F_{N-1}] \end{aligned} \quad (9.3)$$

記 $Z_{\Delta t} = \left(\mu - \frac{\sigma^2}{2}\right)\Delta t + \sigma\sqrt{\Delta t}\,\varepsilon + \sum_{i=1}^{N(\Delta t)} Y_i$，則 $\Delta S_N^{(L)} = S_N^{(L)} - S_{N-1}^{(L)} = S_{N-1}^{(L)}(e^{(Z_{\Delta t}+l)} - 1)$，並且解（9.3）式，得：

$$\frac{\partial}{\partial \vartheta_{N-1}} \mathrm{E}[(V_{N-1} + \vartheta_{N-1}\Delta - H)^2 \mid F_{N-1}]$$

$$= \frac{\partial}{\partial \vartheta_{N-1}} \mathrm{E}[(V_{N-1} + \vartheta_{N-1}\Delta - H)^2 \mid F_{N-1}]$$

$$= 2\mathrm{E}[(V_{N-1} + \vartheta_{N-1}\Delta S_N^{(L)} - H)\Delta S_N^{(L)} \mid F_{N-1}]$$

$$= 0$$

$$\Rightarrow \begin{cases} \vartheta_{N-1}^* = \dfrac{\mathrm{E}[H(e^{(Z_{\Delta t}+l)} - 1) \mid F_{N-1}] - V_{N-1}\mathrm{E}[(e^{(Z_{\Delta t}+l)} - 1) \mid F_{N-1}]}{S_{N-1}^{(L)} \mathrm{E}[(e^{(Z_{\Delta t}+l)} - 1)^2 \mid F_{N-1}]} \\ \delta_{N-1}^* = \dfrac{V_{N-1} - \vartheta_{N-1}^* S_{N-1}^{(L)}}{B_{N-1}} \end{cases} \quad (9.4)$$

並且有：

$$J(N-1, V_{N-1}) = \min_{\varphi_{N-1}} \mathrm{E}[(V_N - H)^2 \mid F_{N-1}]$$
$$= (V_{N-1} - H_{N-1})^2 + \mathrm{E}[(H - \Delta)^2 \mid F_{N-1}] \quad (9.5)$$
$$- \mathrm{E}^2[(H - \Delta)^2 \mid F_{N-1}]$$

把 (9.4) 式代入 (9.5) 式，得

$$J(N-1, V_{N-1})$$
$$= V_{N-1}^2 \left\{ 1 - \frac{\mathrm{E}^2[(e^{(Z_\Delta + l)} - 1) \mid F_{N-1}]}{\mathrm{E}[(e^{(Z_\Delta + l)} - 1)^2 \mid F_{N-1}]} \right\}$$
$$- 2V_{N-1} \left\{ \mathrm{E}(H \mid F_{N-1}) - \frac{\mathrm{E}[H(e^{(Z_\Delta + l)} - 1) \mid F_{N-1}] \mathrm{E}[(e^{(Z_\Delta + l)} - 1) \mid F_{N-1}]}{\mathrm{E}[(e^{(Z_\Delta + l)} - 1)^2 \mid F_{N-1}]} \right\}$$
$$+ \mathrm{E}(H^2 \mid F_{N-1}) - \frac{\mathrm{E}^2[H(e^{(Z_\Delta + l)} - 1) \mid F_{N-1}]}{\mathrm{E}[(e^{(Z_\Delta + l)} - 1)^2 \mid F_{N-1}]}$$
$$= a_{N-1} V_{N-1}^2 - 2b_{N-1} V_{N-1} + c_{N-1}$$

這裡有：

$$a_{N-1} = 1 - \frac{\mathrm{E}^2[(e^{(Z_\Delta + l)} - 1) \mid F_{N-1}]}{\mathrm{E}[(e^{(Z_\Delta + l)} - 1)^2 \mid F_{N-1}]}$$

$$b_{N-1} = \mathrm{E}(H \mid F_{N-1}) - \frac{\mathrm{E}[H(e^{(Z_\Delta + l)} - 1) \mid F_{N-1}] \mathrm{E}[(e^{(Z_\Delta + l)} - 1) \mid F_{N-1}]}{\mathrm{E}[(e^{(Z_\Delta + l)} - 1)^2 \mid F_{N-1}]}$$

$$c_{N-1} = \mathrm{E}(H^2 \mid F_{N-1}) - \frac{\mathrm{E}^2[H(e^{(Z_\Delta + l)} - 1) \mid F_{N-1}]}{\mathrm{E}[(e^{(Z_\Delta + l)} - 1)^2 \mid F_{N-1}]}$$

根據動態規劃原理，在自融資的約束下，可求得 $t = n\Delta t$，$n = N - 2, \cdots, 0$ 時刻的策略為：

$$\begin{cases} \vartheta_n^* = \dfrac{\mathrm{E}[b_{n+1}(e^{Z_\Delta} - 1) \mid F_n] - V_n \mathrm{E}[a_{n+1}(e^{Z_\Delta} - 1) \mid F_n]}{S_n^{(L)} \mathrm{E}[a_{n+1}(e^{Z_\Delta} - 1)^2 \mid F_n]} \\ \delta_n^* = \dfrac{V_n - \vartheta_n^* S_n^{(L)}}{B_n} \end{cases} \quad (9.6)$$

其中：

$$a_n = \mathrm{E}(a_{n+1} \mid F_n) - \frac{\mathrm{E}^2[a_{n+1}(e^{Z_\Delta} - 1) \mid F_n]}{\mathrm{E}[a_{n+1}(e^{Z_\Delta} - 1)^2 \mid F_n]}$$

$$b_n = \mathrm{E}(b_{n+1} \mid F_n) - \frac{\mathrm{E}[a_{n+1}(e^{Z_\Delta} - 1) \mid F_n] \mathrm{E}[b_{n+1}(e^{Z_\Delta} - 1) \mid F_n]}{\mathrm{E}[a_{n+1}(e^{Z_\Delta} - 1)^2 \mid F_n]}$$

$$c_n = \mathrm{E}(c_{n+1} \mid F_n) - \frac{\mathrm{E}^2[b_{n+1}(e^{Z_n} - 1) \mid F_n]}{\mathrm{E}[a_{n+1}(e^{Z_n} - 1)^2 \mid F_n]}$$

$$V_n = V_0 + \sum_{i=1}^{n} \vartheta_{i-1}^* \Delta S_i^{(L)} = \frac{b_0}{a_0} + \sum_{i=1}^{n} \vartheta_{i-1}^* \Delta S_i^{(L)}$$

9.2.3 內部信息者與一般投資者的均方套期保值效果的比較分析

本小節中，我們就內部信息者和一般投資者的均方套期保值效果進行對比分析。就一般投資者而言，他們認為風險資產價格過程如（3.20）式所示，並且按（5.15）式所示的投資策略進行套期保值；對於內部信息者來說，他們認為風險資產價格過程滿足（9.1）式，並按（9.4）式和（9.6）式確定的策略進行套期保值操作。

為便於對比分析，我們以 3 個月期限的歐式未定權益套期保值為例，設定風險資產的初始價格為 $S_0 = 100$，歐式未定權益的期末交割價格為 $K = 100$。設定跳擴散過程參數值分別為：$\mu = 0.01$，$\sigma = 0.2$，$\lambda = 0.1$，$\mu_J = 0$，$\sigma_J = 1$。在此假設內部信息 l 分別服從正態分佈 $l = \ln(1 + L) \sim N(\mu_l, \sigma_l^2)$ 和雙指數分佈 $l = \ln(1 + L) \sim f(l) = p\eta_1 e^{-\eta_1 l} \cdot \mathbf{I}_{\{l \geq 0\}} + q\eta_2 e^{\eta_2 l} \cdot \mathbf{I}_{\{l < 0\}}$，其中 $p > 0$，$q > 0$ 且 $p + q = 1$。

對於兩種不同投資者，我們記：

一般投資者（Strategy Outsider）按投資策略（5.15）式進行套期保值。

內部信息者（Strategy Insider）按投資策略（9.4）式和（9.6）式進行套期保值。

對兩種套期保值策略，我們分別計算：

套期保值總成本為：

$$H - \sum_{i=0}^{N-1} \vartheta_i \Delta S_{i+1}^{(L)} + f(|\vartheta_0| S_0^{(L)} + \sum_{i=1}^{N-1} |\vartheta_i - \vartheta_{i-1}| S_i^{(L)} + |\vartheta_{N-1}| S_N^{(L)})$$

上式表示投資者通過自融資策略對未定權益進行套期保值所要付出的總成本（折現值），其中 f 表示風險資產交易的交易費用率，這裡我們假設 $f = 0.002$。

套期保值總偏差為：

$$|H - V_N|$$

上式表示套期保值的期末組合價值和未定權益的差異值。

表 9.1、表 9.2 分別是內部信息者和一般投資者的均方套期保值總成本和期末未定權益與對沖組合價值間的總偏差。

表 9.1　　內部信息者和一般投資者均方套期保值的總成本

策略調整頻率	套期保值總成本：$H - \sum_{i=0}^{N-1} \vartheta_i \Delta S_{i+1}^{(L)} + f(|\vartheta_0| S_0^{(L)} + \sum_{i=1}^{N-1} |\vartheta_i - \vartheta_{i-1}| S_i^{(L)} + |\vartheta_{N-1}| S_N^{(L)})$				
	一般投資者	內部信息者				
		l：正態分佈且 $\mu_l = 0$			l：雙指數分佈且 $p = q = 1/2$	
		$\sigma_l = 1$	$\sigma_l = \sqrt{2}$	$\sigma_l = 2$	$\eta_1 = 1.5, \eta_2 = 1$	$\eta_1 = 3, \eta_2 = 1.5$
1 天/次	292.27	290.86	288.76	287.54	288.47	290.62
1 周/次	285.54	284.01	283.12	281.78	282.22	283.07
2 周/次	282.65	281.11	280.59	278.76	279.76	280.04

註：為了更好地說明內部信息者與一般投資者的套期保值效果差異，我們以一手（100 股）交易量為例進行比較

表 9.2　　內部信息者和一般投資者均方套期保值的總偏差

策略調整頻率	套期保值總偏差：$|H - V_N|$				
	一般投資者	內部信息者				
		l：正態分佈且 $\mu = 0$			l：雙指數分佈且 $p = q = 1/2$	
		$\sigma = 1$	$\sigma = \sqrt{2}$	$\sigma = 2$	$\eta_1 = 1.5, \eta_2 = 1$	$\eta_1 = 3, \eta_2 = 2$
1 天/次	85.72	85.01	84.81	83.23	84.52	85.02
1 周/次	88.92	88.11	87.26	86.32	87.13	87.54
2 周/次	91.72	90.91	90.00	88.51	88.85	89.13

註：為了更好地說明內部信息者與一般投資者的套期保值效果差異，我們以一手（100 股）交易量為例進行比較

　　圖 9.1 和圖 9.2 分別是內部信息者和一般投資者當策略調整頻率為 1 天/次時的均方套期保值總成本以及期末對沖組合價值與未定權益間的偏差經過 10,000 次模擬交易的直方圖。

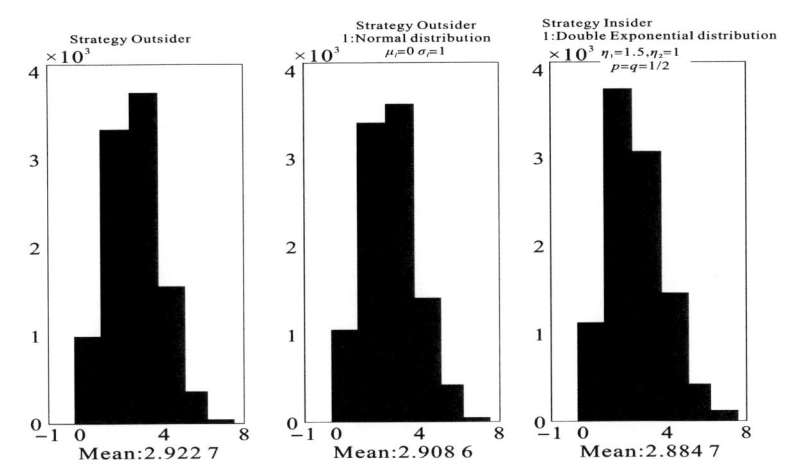

图 9.1　内部信息者和一般投资者套期保值期末对冲组合价值与未定权益总成本直方图

　　注：左图，一般投资者套期保值总成本；中图，l 服从标准正态分佈时内部信息者套期保值总成本；右图，l 服从双指数分佈时内部信息者套期保值总成本，并且 $f(l) = \frac{1}{2}(1.5e^{-1.5l} \cdot \mathbf{I}_{\{l \geq 0\}} + e^{l} \cdot \mathbf{I}_{\{l < 0\}})$

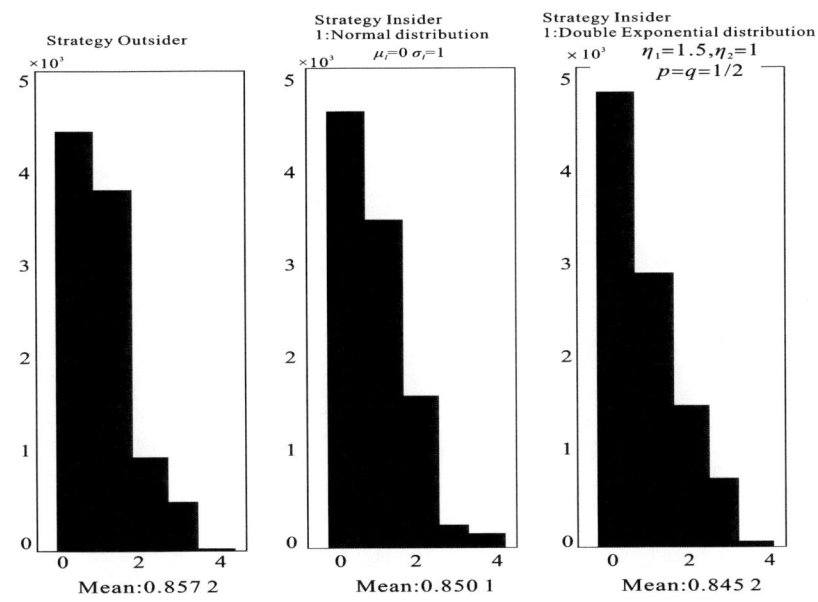

图 9.2　内部信息者和一般投资者套期保值期末对冲组合价值与未定权益总偏差直方图

　　注：左图，一般投资者套期保值总偏差；中图，l 服从标准正态分佈时内部信息者套期保值总偏差；右图，l 服从双指数分佈时内部信息者套期保值总偏差，并且 $f(l) = \frac{1}{2}(1.5e^{-1.5l} \cdot \mathbf{I}_{\{l \geq 0\}} + e^{l} \cdot \mathbf{I}_{\{l < 0\}})$

9.3 基於內部信息的最小虧損套期保值

9.3.1 基於內部信息的最小虧損套期保值模型

我們設內部信息擁有者在初始時刻 $t = 0$ 賣出將於 $t = N\Delta t$ 時刻到期、執行價格為 K 的歐式未定權益，並在離散時間集 $t \in \{0, \Delta t, \cdots, (N-1)\Delta t\}$ 上通過持有用股票和債券對其進行自融資套期保值，使得期末面臨的虧損風險最小。

我們先定義內部信息者投資策略對應的虧損風險為：

$$R_n(V_n, S_n, \varphi) = E\{[H - V_N(\varphi)]^+ \mid F_n\} \quad n = 0, 1, \cdots, N-1 \quad (9.7)$$

則套期保值模型為：

$$\begin{cases} \min_{\varphi} E\{[H - V_N(\varphi)]^+\} \\ s.t. \quad \vartheta_n S_{n+1}^{(L)} + \delta_n B_{n+1} = \vartheta_{n+1} S_{n+1}^{(L)} + \delta_{n+1} B_{n+1} \\ n = 0, 1, \cdots, N-1 \end{cases} \quad (9.8)$$

其中，$S_n^{(L)} = S_{n-1}^{(L)} \exp\left\{ (\mu - \frac{\sigma^2}{2})\Delta t + \sigma\sqrt{\Delta t}\varepsilon + \sum_{i=1}^{N(\Delta t)} Y_i + l \cdot I_{\{n=N\}} \right\}$，$H_N = (S_N^{(L)} - K)^+$ 是一個 F_N 可測的非負隨機變量，表示期權到期時期權發行者應履行的支付義務，$V_N = \vartheta_{N-1} S_N^{(L)} + \delta_{N-1} B_N$ 表示期末組合價值。

9.3.2 基於內部信息的最小虧損套期保值策略

在此，我們採用 MCMC 方法尋求最小虧損套期保值問題的最優策略。為簡便起見，假設所有資產價格均為折現價格，對應的組合資產價值過程也是折現價值過程。因此，從 $(n-1)\Delta t$ 到 $n\Delta t$ 時刻的組合價值的折現增量 ΔV_n 可以表示為：

$$\Delta V_n = \vartheta_{n-1}(S_n^{(L)} - S_{n-1}^{(L)}) = \vartheta_{n-1}\Delta S_n^{(L)} \quad (9.9)$$

在自融資約束下，可得：

$$\begin{aligned} V_N &= V_{N-1} + \vartheta_{N-1}\Delta S_{N-1}^{(L)} \\ &= V_{N-2} + \vartheta_{N-2}\Delta S_{N-2}^{(L)} + \vartheta_{N-1}\Delta S_{N-1}^{(L)} \\ &= \cdots \\ &= V_0 + \sum_{n=0}^{N-1}(\vartheta_n \Delta S_{n+1}^{(L)}) \end{aligned} \quad (9.10)$$

其中，$\Delta S_{n+1}^{(L)} = S_{n+1}^{(L)} - S_n^{(L)}$，$n = 0, 1, \cdots, N - 1$，$V_0$ 表示初始成本。

把 (9.10) 式代入 (9.8) 式的目標函數，則優化目標可以轉化為：

$$\min_{\varphi} E\left\{\left[H - V_0 - \sum_{n=0}^{N-1}(\vartheta_n \Delta S_{n+1}^{(L)})\right]^+\right\} \quad (9.11)$$

記 $\Theta = (\vartheta_0, \cdots, \vartheta_{N-1})$，$\Omega = (S_0^{(L)}, S_1^{(L)}, \cdots, S_N^{(L)})$，則優化目標是關於 $(\Theta, \Omega, l; K, V_0)$ 的函數。定義：

$$u = u(\Theta, \Omega, l; K, V_0) = \left[H - V_0 - \sum_{n=0}^{N-1}(\vartheta_n \Delta S_{n+1}^{(L)})\right]^+ \quad (9.12)$$

對於優化問題 (9.11) 式，顯而易見，其最優策略 Θ^* 依賴於資產價格增量 $\Xi = (\Delta S_1^{(L)}, \cdots, \Delta S_N^{(L)})$，進而依賴於價格路徑 Ω 以及內部信息 l。因此，我們可以把策略係數 $\Theta = (\vartheta_0, \cdots, \vartheta_{N-1})$ 作為隨機向量，採用 MCMC 方法求解優化問題 (9.11) 式並得到最優策略 Θ^* 的近似估計值。

我們先定義策略係數序列 Θ 和價格序列 Ω 以及內部信息 l 的聯合分佈密度為：

$$f(\Theta, \Omega, l \mid V_0, S_0^{(L)}, K) \propto z(V_0, S_0^{(L)}, K)\exp[-u(\Theta, \Omega, l; V_0, S_0^{(L)}, K)]$$
$$(9.13)$$

其中，$z(V_0, S_0^{(L)}, K)$ 是標準化係數，即：

$$z^{-1}(V_0, S_0^{(L)}, K) = \iiint \exp[-u(\Theta, \Omega, l; V_0, S_0^{(L)}, K)d\Theta d\Omega dl] \quad (9.14)$$

再由條件密度公式以及 l 與 $\Xi = (\Delta S_1^{(L)}, \cdots, \Delta S_N^{(L)})$ 的獨立性，可得：

$$f(\Theta \mid \Omega, l; V_0, S_0^{(L)}, K)$$
$$= \frac{f(\Theta, \Omega, l \mid V_0, S_0^{(L)}, K)}{f(\Omega, l \mid V_0, S_0^{(L)}, K)} = \frac{f(\Theta, \Omega, l \mid V_0, S_0^{(L)}, K)}{f(\Omega \mid V_0, S_0^{(L)}, K)f(l)} \quad (9.15)$$
$$\propto \frac{z(V_0, S_0^{(L)}, K)\exp[-u(\Theta, \Omega; V_0, S_0^{(L)}, K)]}{f(\Omega \mid V_0, S_0^{(L)}, K)f(l)}$$

對於 (9.15) 式中的 $f(\Omega \mid V_0, S_0^{(L)}, K)$，根據資產價格的馬爾可夫性，離散時間集 $\{0, \Delta t \cdots, N\Delta t\}$ 上的資產價格構成一個馬氏鏈 $(S_0^{(L)}, S_1^{(L)}, \cdots, S_N^{(L)})$，因此：

$$f(\Omega \mid V_0, S_0^{(L)}, K)$$
$$= f(S_1^{(L)}, \cdots, S_N^{(L)} \mid S_0^{(L)}) \quad (9.16)$$
$$= f(S_1 \mid S_0^{(L)})f(S_2^{(L)} \mid S_1^{(L)})\cdots f(S_N^{(L)} \mid S_{N-1}^{(L)})$$

事實上，由 (9.15) 式可知，使優化目標 (8.11) 式取值越小的 Θ 對應的條件密度函數值越大，因而 Θ 會以更大的概率聚集在使得目標函數取得較

小值的區域，因此：

$$\begin{aligned}&\overline{\Theta}(\Omega, l; S_0^{(L)}, V_0, K)\\&= Z^{-1}(V_0, S_0^{(L)}, K)\int_{D(\Theta)} \Theta f(\Theta \mid \Omega, l; V_0, S_0^{(L)}, V_0)[d\Theta]\end{aligned} \quad (9.17)$$

我們可以認為這是最優策略系數的一個合理估計。

這樣，（9.11）式的最優策略可以通過求解（9.17）式得出。然而，因為 Θ 的條件密度函數的複雜性使得對（9.17）式直接進行理論計算並不容易。在此，我們採用 MCMC 方法解決。其步驟如下：

第一步，選取 $\Theta = (\vartheta_0, \cdots, \vartheta_{N-1})$ 服從 $\{(0,1)\}^T$ 上的均勻分佈。

第二步，從滿條件分佈抽樣：

$$\begin{aligned}&(\Omega^{(j)} \mid \Theta, V_0, S_0^{(L)}, K)\\&\propto f(\Omega, l, \Theta \mid V_0, S_0^{(L)}, K) f(\Omega, l \mid V_0, S_0^{(L)}, K)\\&\propto \exp[-u(\Omega, l, \Theta; V_0, S_0^{(L)}, K) f(S_1^{(L)} \mid S_0^{(L)}) f(S_2^{(L)} \mid S_1^{(L)}) \cdots f(S_N^{(L)} \mid S_{N-1}^{(L)}) f(l)]\\&j = 1, \cdots, J\end{aligned} \quad (9.18)$$

$$\begin{aligned}&(\Theta \mid \Omega^{(1)}, \cdots, \Omega^{(J)}; l, V_0, S_0^{(L)}, K)\\&\sim \prod_{j=1}^{J} f(\Theta \mid \Omega^{(j)}; l, V_0, S_0^{(L)}, K)\\&\propto \prod_{j=1}^{J} \frac{\exp[-u(\Theta, \Omega^{(j)}; l, V_0, S_0^{(L)}, K)]}{f(S_1^{(L)} \mid S_0^{(L)}) f(S_2^{(L)} \mid S_1^{(L)}) \cdots f(S_N^{(L)} \mid S_{N-1}^{(L)}) f(l)}\end{aligned} \quad (9.19)$$

第三步，重複進行（9.18）式和（9.19）式抽樣，可以得到關於組合系數的馬氏鏈 $\{\Theta^{(g)}\}_{g=1}^{G}$，去掉前 M 個值，則：

$$\begin{aligned}&\overline{\Theta}(\Omega, l; S_0^{(L)}, V_0, K)\\&= Z^{-1}(V_0, S_0^{(L)}, K)\int_{D(\Theta)} \Theta f(\Theta \mid \Omega, l; V_0, S_0^{(L)}, V_0)[d\Theta]\\&= E(\Theta \mid \Omega, l; V_0, S_0^{(L)}, V_0)\\&\approx \frac{1}{G-M} \sum_{g=M+1}^{G} \Theta^{(g)}\end{aligned} \quad (9.20)$$

這可以作為最優策略的估計值。

9.3.3　內部信息者與一般投資者的最小虧損套期保值效果的比較分析

本節，我們就內部信息者和一般投資者的最小虧損套期保值效果進行對比

分析。與均方套期保值一樣，為便於對比分析，我們以 3 個月期限的歐式未定權益套期保值為例，所有參數值的設定以及內部信息服從的分佈與 8.1.3 小節相同，並且以一手（100 股）交易量為例進行套期保值總成本和總偏差比較分析。

對於兩種不同投資者，我們記：

一般投資者（Strategy Outsider）按投資策略（6.23）式進行套期保值。

內部信息者（Strategy Insider）按投資策略（9.20）式進行套期保值。

對兩種套期保值策略，我們分別計算：

套期保值總成本：

$$H - \sum_{i=0}^{N-1} \vartheta_i \Delta S_{i+1}^{(L)} + f(|\vartheta_0|S_0^{(L)} + \sum_{i=1}^{N-1} |\vartheta_i - \vartheta_{i-1}|S_i^{(L)} + |\vartheta_{N-1}|S_N^{(L)})$$

上式表示投資者通過自融資策略對未定權益進行套期保值所要付出的總成本（折現值），其中 f 表示風險資產交易的交易費率，這裡我們假設 $f = 0.002$。

套期保值總偏差為：

$$|H - V_N|$$

上式表示套期保值的期末組合價值和未定權益的差異值。

表 9.3 和表 9.4 分別是內部信息者和一般投資者的最小虧損套期保值總成本和期末未定權益與對冲組合價值間的總偏差。

表9.3　內部信息者和一般投資者的最小虧損套期保值總成本

策略調整頻率	一般投資者	內部信息者				
		l：正態分佈且 $\mu_l = 0$			l：雙指數分佈且 $p = q = 1/2$	
		$\sigma_l = 1$	$\sigma_l = \sqrt{2}$	$\sigma_l = 2$	$\eta_1 = 1.5, \eta_2 = 1$	$\eta_1 = 3, \eta_2 = 1.5$
1 天/次	281.69	280.25	278.13	277.32	277.79	279.02
1 周/次	275.43	273.96	272.85	270.90	271.89	272.53
2 周/次	271.77	271.03	268.62	266.97	267.73	268.03

註：為了更好地說明內部信息者與一般投資者的套期保值效果差異，我們以一手（100 股）交易量為例進行比較

表 9.4　內部信息者和一般投資者的最小虧損套期保值總偏差

策略調整頻率	套期保值總偏差：$\|H - V_N\|$						
	一般投資者	內部信息者				
		l：正態分佈且 $\mu = 0$			l：雙指數分佈且 $p = q = 1/2$	
		$\sigma = 1$	$\sigma = \sqrt{2}$	$\sigma = 2$	$\eta_1 = 1.5, \eta_2 = 1$	$\eta_1 = 3, \eta_2 = 2$
1 天/次	84.86	84.25	83.19	82.85	83.01	84.30
1 周/次	88.21	87.39	86.74	86.03	86.51	87.11
2 周/次	90.28	89.32	88.76	87.98	88.13	89.05

註：為了更好地說明內部信息者與一般投資者的套期保值效果差異，我們以一手（100 股）交易量為例進行比較

圖 9.3 和圖 9.4 分別是內部信息者和一般投資者當策略調整頻率為 1 天/次時的最小虧損套期保值總成本以及對沖組合價值與未定權益偏差經過 10,000 次模擬交易的直方圖。

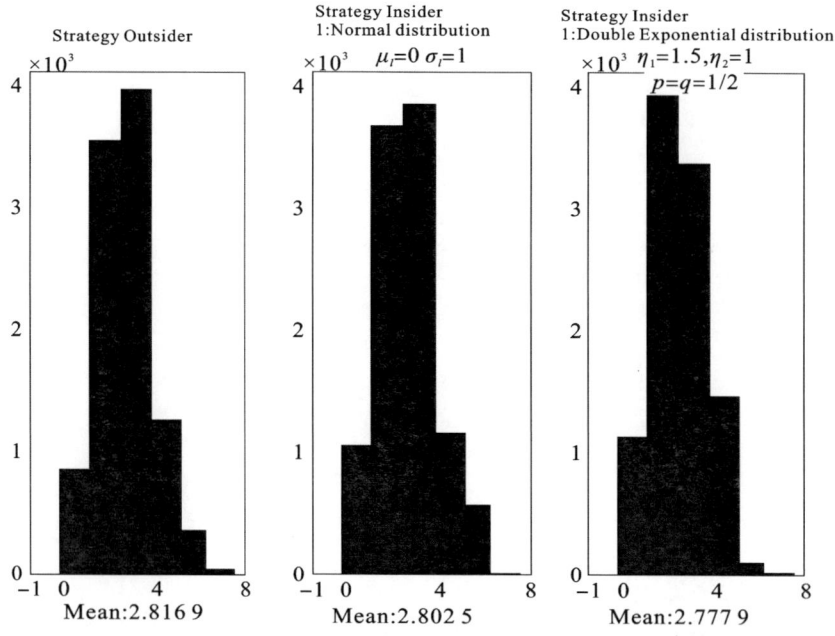

圖 9.3　內部信息者和一般投資者套期保值期末對沖組合價值與未定權益總成本直方圖

註：左圖，一般投資者套期保值總成本；中圖，l 服從標準正態分佈時內部信息者套期保值總成本；右圖，l 服從雙指數分佈時內部信息者套期保值總成本，並且 $f(l) = \frac{1}{2}(1.5e^{-1.5l} \cdot \mathbf{I}_{\{l \geq 0\}} + e^l \cdot \mathbf{I}_{\{l < 0\}})$

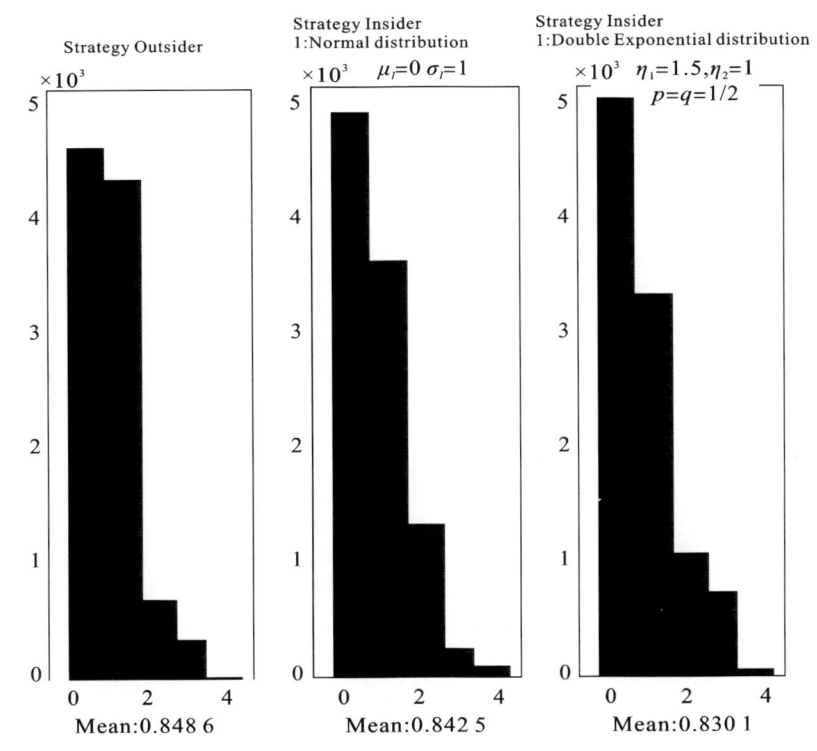

圖 9.4 內部信息者和一般投資者套期保值期末對沖組合價值與未定權益總偏差直方圖

註：左圖，一般投資者套期保值總偏差；中圖，l 服從標準正態分佈時內部信息者套期保值總偏差；右圖，l 服從雙指數分佈時內部信息者套期保值總偏差，並且 $f(l) = \frac{1}{2}(1.5e^{-1.5l} \cdot I_{\{l \geq 0\}} + e^l \cdot I_{\{l < 0\}})$

9.4 基於內部信息的費用最小套期保值

9.4.1 基於內部信息的費用最小套期保值模型

基於內部信息的未定權益均方套期保值和最小虧損套期保值都是在自融資約束下，分別使得期末組合價值與未定權益價值的偏差最小和期末虧損最小。本小節放寬自融資約束，允許套期保值期間有成本的追加或抽出，我們討論基於內部信息的未定權益的費用最小套期保值問題。這也就是在對沖組合的期末價值等於期末可能支付的未定權益約束下，使得成本過程差的平方的期望最

小。套期保值的優化模型如下：

$$\begin{cases} \min_{(\delta_n, \theta_n)} E[(C_N(\varphi) - C_n(\varphi))^2 | F_n] \\ s.t. \quad V_N(\varphi) = H = (-K)^+ \\ n = 0, 1, \cdots, N-1 \end{cases} \quad (9.21)$$

其中，$S_n^{(L)} = S_{n-1}^{(L)} \exp\left\{ (\mu - \frac{\sigma^2}{2})\Delta t + \sigma\sqrt{\Delta t}\varepsilon + \sum_{i=1}^{N(\Delta t)} Y_i + l \cdot I_{|n=N|} \right\}$，$H = (S_N^{(L)} - K)^+$ 是一個 F_N 可測的非負隨機變量，表示期末未定權益價值。

9.4.2 基於內部信息的費用最小套期保值策略

對於優化模型（9.21）式，其中的 $C_N(\varphi) - C_n(\varphi)$ 表示交易策略 φ 的未來成本增量，優化目標 $\min_{(\varphi)} E[(C_N(\varphi) - C_n(\varphi))^2 | F_n]$ 實質上包含了最小化所有投資策略的未來成本增量的條件方差。同樣，為簡便見見，這裡的資產價格為折現價格，則在 $V_N(\varphi) = H$ 的約束下，有：

$$C_N(\varphi) - C_n(\varphi) = H - \sum_{i=n+1}^{N} \vartheta_{i-1} \Delta S_i^{(L)} - V_n(\varphi) \quad (9.22)$$

（9.22）式表明，對於某一特定時刻 $n\Delta t$ 而言，優化問題（9.21）式的費用最小化等價於尋找一個投資策略 φ，使其對應的 F_n - 可測的組合價值 $V_n(\varphi)$ 與策略對應的未來頭寸價值增量之和盡可能逼近 T - 未定權益 H。

根據定理7.1，費用最小套期保值的成本過程是鞅，因此對於套期保值問題（9.21）式的最優策略 $(\vartheta_n^*, \delta_n^*)$，可以轉換為解如下優化問題得到：

$$\begin{cases} \min_{(\delta_n, \theta_n)} E[(C_{n+1}(\varphi) - C_n(\varphi))^2 | F_n] \\ s.t. \quad V_N(\varphi) = H = (-K)^+ \\ n = 0, 1, \cdots, N-1 \end{cases} \quad (9.23)$$

事實上，因為：
$$C_{n+1}(\varphi) - C_n(\varphi) = V_{n+1}(\varphi) - V_n(\varphi) - \vartheta_n \Delta S_{n+1}^{(L)}$$
所以：

$$\begin{aligned} & \min_{(\vartheta_n, \delta_n)} E[(C_{n+1}(\varphi) - C_n(\varphi))^2 | F_n] \\ & = \min_{(\vartheta_n, \delta_n)} \text{Var}[(C_{n+1}(\varphi) - C_n(\varphi)) | F_n] \\ & = \min_{(\vartheta_n, \delta_n)} \text{Var}[(V_{n+1}(\varphi) - \vartheta_n \Delta S_{n+1}^{(L)}) | F_n] \end{aligned} \quad (9.24)$$

因為：

$$S_n^{(L)} = S_{n-1}^{(L)} \exp\left\{ (\mu - \frac{\sigma^2}{2})\Delta t + \sigma\sqrt{\Delta t}\varepsilon + \sum_{i=1}^{N(\Delta t)} Y_i + l \cdot \mathrm{I}_{\{n=N\}} \right\}$$

記 $Z_{\Delta t} = (\mu - \frac{\sigma^2}{2})\Delta t + \sigma\sqrt{\Delta t}\varepsilon + \sum_{i=1}^{N(\Delta t)} Y_i$,則 $\Delta S_n^{(L)} = S_n^{(L)} - S_{n-1}^{(L)} = S_{n-1}^{(L)}(e^{Z_{\Delta t} + l \cdot \mathrm{I}_{\{n=N\}}} - 1)$。

當 $T = (N-1)\Delta t$,即 $n = N-1$ 時,在 $V_N = H$ 的約束下,利用成本過程的鞅性質,解(9.24)式可得:

$$\begin{cases} \vartheta_{N-1} = \dfrac{\mathrm{Cov}(H, e^{Z_{\Delta t}+l} \mid F_{N-1})}{S_{N-1}\mathrm{Var}(e^{Z_{\Delta t}+l} \mid F_{N-1})} \\ \delta_{N-1} = \dfrac{\mathrm{E}(H - \vartheta_{N-1}S_{N-1}^{(L)}e^{Z_{\Delta t}+l} \mid F_n)}{B_{N-1}} \end{cases} \quad (9.25)$$

對於(9.24)式,當 $n = N-2, \cdots, 1, 0$ 時,遞歸求解可得各時刻的策略為:

$$\begin{cases} \vartheta_n = \dfrac{\mathrm{Cov}(H - \sum_{j=n+1}^{N-1}\vartheta_j \Delta S_{j+1}^{(L)}, \Delta S_{n+1}^{(L)} \mid F_n)}{\mathrm{Var}(\Delta S_{n+1}^{(L)} \mid F_n)} \\ \delta_n = \dfrac{\mathrm{E}(H - \vartheta_n S_{n+1}^{(L)} - \sum_{j=n+1}^{N-1}\vartheta_j \Delta S_{j+1}^{(L)} \mid F_n)}{B_{n+1}} \end{cases} \quad (9.26)$$

9.4.3 內部信息者與一般投資者的費用最小套期保值效果的比較分析

本小節,我們就內部信息者和一般投資者的費用最小套期保值效果進行對比分析。套期保值期限、未定權益類型以及模型參數的設定同 8.1.3 與 8.2.3 小節。

對於兩種不同投資者,我們記:

一般投資者(Strategy Outsider)按投資策略(7.20)式進行套期保值。

內部信息者(Strategy Insider)按投資策略(9.25)式和(9.26)式進行套期保值。

對兩種投資者的套期保值策略,我們分別計算:

套期保值總成本為:

$$H - \sum_{i=0}^{N-1} \vartheta_i \Delta S_{i+1}^{(L)} + f(\mid\vartheta_0\mid S_0^{(L)} + \sum_{i=1}^{N-1}\mid\vartheta_i - \vartheta_{i-1}\mid S_i^{(L)} + \mid\vartheta_{N-1}\mid S_N^{(L)})$$

上式表示投資者通過自融資策略對未定權益進行套期保值所要付出的總成本,其中 f 表示風險資產交易的交易費率,這裡我們假設 $f = 0.002$。

表 9.5 是內部信息者和一般投資者的費用最小套期保值總成本。

9 基於內部信息的歐式未定權益套期保值問題研究

表9.5　內部信息者和一般投資者的費用最小套期保值總成本

策略調整頻率	套期保值總成本：$H - \sum_{i=0}^{N-1} \vartheta_i \Delta S_{i+1}^{(L)} + f(\|\vartheta_0\|S_0^{(L)} + \sum_{i=1}^{N-1}\|\vartheta_i - \vartheta_{i-1}\|S_i^{(L)} + \|\vartheta_{N-1}\|S_N^{(L)})$					
	一般投資者	內部信息者				
		l：正態分佈且 $\mu_l = 0$			l：雙指數分佈且 $p = q = 1/2$	
		$\sigma_l = 1$	$\sigma_l = \sqrt{2}$	$\sigma_l = 2$	$\eta_1 = 1.5, \eta_2 = 1$	$\eta_1 = 3, \eta_2 = 1.5$
1天/次	298.35	296.12	294.53	291.41	292.31	293.05
1周/次	294.05	291.81	290.65	287.96	288.25	289.71
2周/次	290.45	288.87	285.21	283.39	284.18	285.36

註：為了更好地說明內部信息者與一般投資者的套期保值效果差異，我們以一手（100股）交易量為例進行比較

圖9.5是內部信息者和一般投資者當策略調整頻率為1天/次時的費用最小套期保值總成本經過10,000次模擬交易的直方圖。

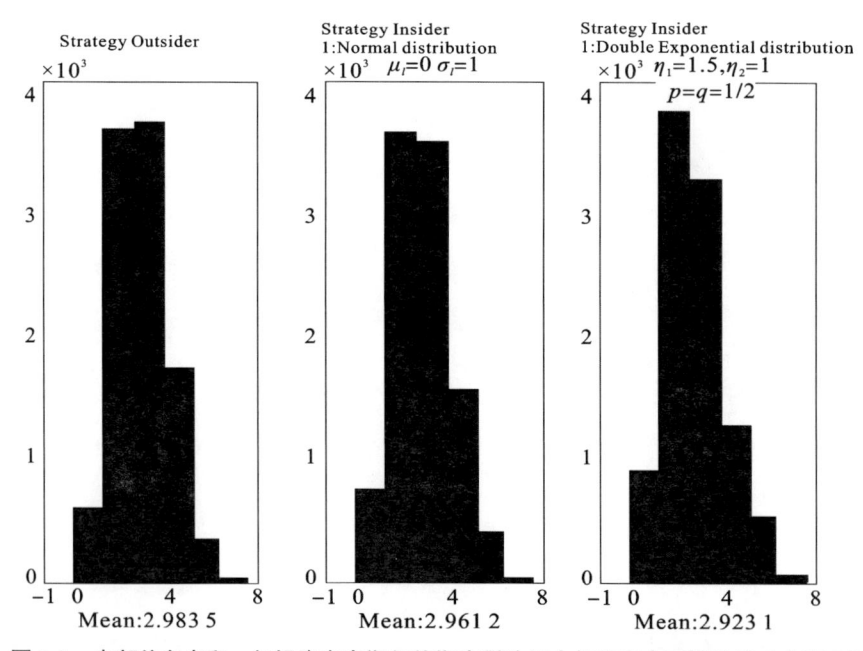

圖9.5　內部信息者和一般投資者套期保值期末對沖組合價值與未定權益總成本直方圖

註：左圖，一般投資者套期保值總成本；中圖，l服從標準正態分佈時內部信息者套期保值總成本；右圖，l服從雙指數分佈時內部信息者套期保值總成本，並且 $f(l) = \frac{1}{2}(1.5e^{-1.5l} \cdot \mathbf{I}_{\{l \geq 0\}} + e^l \cdot \mathbf{I}_{\{l < 0\}})$

9.5　本章小結

本章就內部信息者關於歐式未定權益的套期保值問題進行了研究。我們先通過對市場中內部信息的分析，構建了風險資產受內部信息影響的跳擴散價格模型，然后借助動態規劃原理，馬爾可夫鏈蒙特卡羅模擬和倒向遞歸方法分別提出並解決了內部信息者的均方套期保值、最小虧損套期保值和費用最小套期保值問題。

我們通過給定風險資產價格過程參數和設定內部信息的不同分佈形式，首先模擬得出內部信息者和一般投資者的風險資產價格過程，然后在此基礎上得到內部信息者和一般投資者的套期保值策略，並對兩種策略的套期保值效果進行比較分析。

由表 9.1~表 9.6 可以發現，就同樣的歐式未定權益來說，相對於一般投資者來說，內部信息者可以利用擁有的內部信息做出相應的投資策略進行套期保值操作，達到節約成本支出的目的，而且內部信息者擁有的對沖組合與未定權益的偏差也較一般投資者的要小。圖 9.1~圖 9.6 的結果也表明，無論內部信息服從何種分佈，只要擁有內部信息就有利於套期保值的操作。由此看來，能否擁有相關的內部信息對投資者來說確實是決定其成功與否或者獲利多少的一個重要因素。這也是很多投資者想方設法甚至不擇手段地獲取公司、企業經營策略以及國家宏觀政策導向的原因之一。

另外，由表 9.1、表 9.3 和表 9.5 可以發現，對於歐式未定權益的套期保值而言，內部信息者的套期保值成本比一般投資者的成本支出低 0.68%~2.43%。這就使得很多市場參與者不擇手段地獲取內部信息，因而在很大程度上加劇了交易過程中的信息不對稱性並破壞了市場交易的公平性，因此對監管部門而言，加強對內部信息的監管也就成為中國現階段金融市場良好有序發展、確保市場參與者公平競爭的重要手段之一。

我們還認為，為防止利用內部信息進行交易，除了加強對交易本身的監管之外，還應該重點加強信息披露制度的建設。信息公開有利於降低交易過程中的信息不對稱現象，因此及時公開披露真實信息將會有利於促進交易過程中的公平性。其具體措施包括：一是上市公司信息披露制度由靜態監管向動態監管轉變；二是鼓勵自願性信息披露；三是加強對網上信息披露的監管；四是在各個層次上進行信息共享公開。

10 基於投資者風險偏好差異視角的最優套期保值策略研究

10.1 問題的提出

凱恩斯（Keynes）和希克斯（Hicks）認為，所有金融衍生品市場參與者都出於風險厭惡的本性，希望通過套期保值來完全消除與某一特定商品有關的價格風險，因而最優的風險對沖策略就是保持套期比恒為 1。顯然，這種「完全」的套期保值策略由於忽視了基差風險的存在，因而不具有實際意義。后來，約翰遜（Johnson）根據馬科維茨的資產組合理論，提出套期保值組合收益方差最小化的套期保值思想，自此開啓了現代套期保值理論的先河。愛德林頓（Ederington）根據約翰遜（Johnson）的思想並借助最小二乘法，提出基於最小二乘法的套期保值模型。該模型形式直觀且操作方便，因此在相當長一段時間內被認為是套期保值的主流模型。然而隨著計量經濟學的發展，學者們認為最小二乘套期保值模型沒有考慮現貨與期貨價格序列間的協整關係，會造成估計上的偏差。尤其是 20 世紀 90 年代以來，對 GARCH 模型和 Copula 技術研究的深入，為研究金融時間序列的時變方差效應和波動聚集特徵奠定了方法論基礎，基於 GARCH 族模型的套期保值比率估計方法不斷出現。例如，舒（Hsu）等將標普 500 指數和金融時報 100 指數作為研究樣本對構建了套期保值比率的 Copula-GARCH 模型。馬超群等基於 Copula-GARCH 模型對外匯期貨的最優套期保值比率進行了研究。謝赤等通過構建 M-Copula-GJR-VaR 動態套期保值比率估計模型，並採用中國市場現貨價格和期貨價格數據，對比分析了 M-Copula-GJR-VaR 模型與 CCC-GARCH-VaR 模型、DCC-GARCH-VaR 模型等的套期保值比率和套期保值效果。代軍等通過在 VECM-GARCH 模型中引入非對稱基差，研究了基差對中國滬深 300 股指期貨和現貨回報的條件均值與風

險結構影響的非對稱效應。彭紅楓和陳奕將區制轉移應用到套期保值模型構建中，將 MRS 模型與 GARCH 模型相結合，建立了 MRS-DCC 模型，並用於估算銅期貨市場的套期保值比率。李勇、方兆本和韋勇鳳提出了基於已實現波動率和 Copula 相結合的風險最小套期保值比例估計 RV-Copula 模型，對滬深 300 股指期貨套期保值交易進行了研究。

雖然上述研究豐富了套期保值的理論體系，為規避市場風險提供了很好的分析方法和工具，但不同投資者對市場風險存在的認同感和對風險的偏好程度並不一致，因此他們採取的套期保值策略會有所差異。鑒於此，本章首先通過把傳統均值方差效用函數和指數效用函數與風險厭惡系數相結合，構建不同風險偏好投資者的風險規避目標函數，然後借助小波分析方法和移動窗口技術，計算不同時間尺度和不同時刻的動態最優套期保值比，並就套期保值的有效性與傳統均值方差風險準則下的避險效果進行了對比分析。這樣可以為投資者進行風險規避提供更切實際的理論指導和符合不同投資者需求的個性化風險對沖策略。

10.2 模型、研究方法

10.2.1 套期保值優化模型

如前所述，套期保值問題的核心是最優套期保值比的確定，而最優套期保值比又與套期保值優化目標函數有關，如常見的最小方差、均值—方差以及下方風險、VaR 等目標函數。本書的主要目的是考慮不同投資者對風險的感知差異和風險偏好差異，尋求滿足不同風險偏好投資者的風險對沖策略。對於投資者來說，他們是在自身風險承受能力的基礎上追求投資收益的最大化。在此，我們借鑒均值方差目標函數並結合風險厭惡系數，構建期望效用目標函數作為最優套期保值比的確定依據。

假設投資者擁有一份多頭股指現貨資產，為了規避風險，投資者同時也在股指期貨市場空頭持有一定份額（套期保值比）的期貨頭寸。以此構成的套期保值組合資產的收益率為：

$$r_t = r_{s,t} - h_t r_{f,t} \tag{10.1}$$

其中，$r_{s,t} = \ln(S_{t+\Delta t}/S_t)$ 和 $r_{f,t} = \ln(F_{t+\Delta t}/F_t)$ 分別是股指現貨和股指期貨在 t 時刻的收益率，h_t 表示 t 時刻的套期保值比。設 $E(r_t)$，$Var(r_t)$ 分別表示套期保值組合收益率的期望和方差，則期望效用函數可表示為

$$E[U(r_t)] = E(r_t) - \gamma \text{Var}(r_t) \qquad (10.2)$$

這裡，$\gamma(>0)$ 表示投資者對風險的厭惡程度，γ 越大，表示投資者對風險的厭惡程度越高。

最優套期保值比可以通過最大化 $EU(r_t)$ 來確定，即：

$$\begin{aligned}
&\max_{h_t} E[U(r_t)] \\
&= \max_{h_t} [E(r_{h,t}) - \gamma \text{Var}(r_{h,t})] \\
&= \max_{h_t} \{E(r_{s,t}) - h_t E(r_{f,t}) - \gamma [\text{Var}(r_{s,t}) + h_t^2 \text{Var}(r_{f,t}) - 2h_t \text{Cov}(r_{s,t}, r_{f,t})]\}
\end{aligned}$$

$$(10.3)$$

可以得最優套期保值比為：

$$h_t^* = \frac{\text{Cov}(r_{s,t}, r_{f,t})}{\text{Var}(r_{f,t})} - \frac{E(r_{f,t})}{2\gamma \text{Var}(r_{f,t})} \qquad (10.4)$$

其中，$\text{Cov}(r_{s,t}, r_{f,t})$ 表示股指現貨和股指期貨收益的協方差，$E(r_{f,t})$ 表示股指期貨收益率的期望值，$\text{Var}(r_{s,t})$ 和 $\text{Var}(r_{f,t})$ 分別表示股指現貨和股指期貨收益率的方差。顯然，(10.4) 式右邊第二項反應投資者對風險的厭惡程度對套期保值比的影響，如果 $\gamma = \infty$，即投資者對風險無限厭惡，則 (10.4) 式右邊退化為只剩第一項，即最小方差目標對應的最優套期保值比。顯然，不同風險偏好投資者的套期保值策略有別於最小方差策略。本章中，我們將考慮風險厭惡程度與最優套期保值比的影響關係。

10.2.2 套期保值效果

套期保值效果衡量的是套期保值操作對風險的降低程度。基於不同投資者的不同目標要求，關於套期保值效果的測度方法也多種多樣。例如，愛德林頓（Ederington）提出了方差降低百分比度量方法：

$$HE_{variance} = 1 - \frac{Variance(\hat{r}_h)}{Variance(\hat{r}_s)} \qquad (10.5)$$

其中，$Variance(\hat{r}_h)$ 和 $Variance(\hat{r}_s)$ 分別表示通過套期保值操作後的對沖組合收益率方差和未進行套期保值的現貨資產收益率方差。該方法的不足就是沒有考慮收益與風險間的均衡，而這種均衡又與投資者的風險偏好直接相關。后來，李（Lee）採用樣本外數據的均值—方差效用來進行收益與風險的均衡：

$$U(\hat{r}_h) = \hat{r}_h - \gamma \text{Var}(\hat{r}_h) \qquad (10.6)$$

其中，γ 表示投資者對風險的厭惡系數。

顯然，無論是愛德林頓（Ederington）的方差降低百分比度量還是李

(Lee)的均值—方差效用度量法,都沒有考慮對沖頭寸調整產生的費用成本。事實上,頭寸調整費用又是投資過程中不得不考慮的因素,尤其是對沖頭寸調整頻繁的情況下,可能導致一筆不菲的費用產生,而且對於各種投資者來說,他們關注的是投資期末的現實收益。因此,比較進行套期保值操作和不進行套期保值操作的投資收益,能更加直觀地反應套期保值操作的效果。另外,我們假定投資者期初擁有一份多頭股指現貨資產,為了規避風險,同時也在股指期貨市場空頭持有一定份額(套期保值比)的期貨頭寸,以此構成的套期保值組合,並在持有期結束時進行清倉。鑒於此,本章中,我們採用通過套期保值操作的組合資產的最終收益比不進行套期保值獲得收益的增加額 [見(10.7)式] 表示套期保值的效果:

$$HE = [(S_T - h_{T-1}F_T) - (S_1 - h_1F_1) - f\sum_{t=2}^{T-1}|h_t - h_{t-1}|F_t - f(h_1F_1 - h_{T-1}F_T)] - [S_T - S_1]$$
$$= (1-f)(h_1F_1 - h_{T-1}F_T) - f\sum_{t=2}^{T-1}|h_t - h_{t-1}|F_t \qquad (10.7)$$

關於(10.7)式中的第一個等式,其第一部分表示進行套期保值操作的組合收益額,第二部分表示不進行套期保值的收益額。其中,S_T 和 S_1 分別表示股指現貨期末和起初價格,F_t 和 h_t 分別表示股指期貨在時刻 t 的價格和股指期貨(空頭)頭寸持有量,f 表示股指期貨交易費用率,根據當前中國金融期貨交易所規定的滬深 300 股指期貨交易費率,計算時取 $f = 0.011,5\%$。

10.2.3 小波變換

本章旨在計算股指期貨動態最優套期保值比及最優套期保值比與投資者對風險厭惡程度及套期保值期限的關係。從現有文獻研究來看,關於套期保值比率的計算大多是基於某個模型假設或某種具體分佈展開,而模型或分佈的假設具有主觀性,必然導致研究結果的不理想。作為一種非參數方法,小波變換可以將一個數據信號分解成多個不同時間窗或不同頻率成分,而且小波變換還可以克服諸如低頻數據中的樣本不足的缺陷,能夠通過小波函數的伸縮與平移,對時間序列數據及其方差、協方差按不同期限進行分解,通過調整時頻寬度,還能分析數據在各不同時頻上的局部細節和方差、協方差在不同期限的變化特徵,因此常常被用於時間序列研究。小波變換可分為連續小波變換和離散小波變換,基於金融時間序列本身的離散特徵,通常採用離散小波變換方法更便於計算。為了克服普通離散小波變換要求樣本數據的長度是 2^j 的倍數的約束,在此我們採用最大重疊離散小波變換方法(MODWT)對股指期貨套期保值問題展開研究。

假設 $\varphi(\cdot)$ 和 $\psi(\cdot)$ 分別表示父小波和母小波，則有 $\int \varphi(t)dt = 1$，$\int \psi(t)dt = 0$。父小波描述信號或變量的低頻部分，用於刻畫變量的平滑性和趨勢性；母小波描述信號或變量的高頻部分，通過不同頻率來刻畫信號的細節變化。我們定義如下伸縮因子為2的標準正交離散小波的基函數：

$$\varphi_{j,k}(t) = 2^{-j/2}\varphi(2^{-j}t - k) \quad (10.8)$$

$$\psi_{j,k}(t) = 2^{-j/2}\psi(2^{-j}t - k) \quad (10.9)$$

其中，$j = 1, 2, \cdots, J$ 表示小波分量的個數，即根據數據長度決定的最大尺度，j 越大表示分量越多，對應的頻率越低，信號變換越粗糙。J 表示小波分解水平，k 表示頻率確即時的小波變換次數。這樣，對於離散信號 $f(t)$，其小波多分辨函數可表示為：

$$f(t) = \sum_{k} s_{J,k}\varphi_{J,k}(t) + \sum_{j=1}^{J}\sum_{k} d_{j,k}\psi_{j,k}(t) \quad (10.10)$$

其中，$s_{J,k} = \int \varphi_{J,k} f(t)dt$，$d_{j,k} = \int \psi_{j,k} f(t)dt \quad (j = 1, 2, \cdots, J)$。

對於任意時刻 t 和分解水平 j，極大重疊離散小波變換能生成一系列小波係數和尺度係數：

$$\hat{D}_{j,t} = \sum_{l=0}^{L_j - 1} \tilde{\psi}_{j,l} f_{t-l} \quad (10.11)$$

$$\hat{S}_{j,t} = \sum_{l=0}^{L_j - 1} \tilde{\varphi}_{j,l} f_{t-l} \quad (10.12)$$

其中，$\tilde{\psi}_{j,l} = \psi_{j,l}/2^j$，$\tilde{\varphi}_{j,l} = \varphi_{j,l}/2^j$，$L_j = (2^j - 1)(L - 1) + 1$，$L$ 表示起始層的小波濾波器長度。

令 $M_j = N - L_j + 1$（N 是數據序列長度），$\tau_j = [2^{j-1}, 2^j]$，則通過小波變換可以對不同長度時間序列的方差進行分解。我們可以利用數據序列 f 和 g 的小波係數 $\hat{D}_{j,t}^f$ 和 $\hat{D}_{j,t}^g$ 得到小波方差和小波協方差的無偏估計量：

$$\text{Var}_f(\tau_j) = \frac{1}{M_j}\sum_{t=L_j-1}^{N-1}(\hat{D}_{j,t})^2 \quad (10.13)$$

$$\text{Cov}_{fg}(\tau_j) = \frac{1}{M_j}\sum_{t=L_j-1}^{N-1}\hat{D}_{j,t}^f \hat{D}_{j,t}^g \quad (10.14)$$

特定尺度上的小波方差反應其對樣本方差的貢獻，類似地，小波協方差也反應出兩個不同序列間的協方差。我們可以據此進行套期保值比率的確定。

10.3 實證分析

10.3.1 數據處理

考慮到中國目前僅有滬深 300 股指期貨上市交易,因此本書採用滬深 300 股指的每日收盤價作為現貨價格,同時考慮到期貨合約的流動性,採用臨近到期的滬深 300 股指期貨合約的日收盤價作為期貨價格。樣本區間均為 2010 年 4 月 16 日(滬深 300 股指期貨上市時間)至 2015 年 10 月 31 日,共 1,342 對日數據。其中,2010 年 4 月 16 日至 2014 年 12 月 31 日的 1,142 對數據作為樣本內數據,即起始滾動窗口數據用於計算套期保值比率;2015 年 1 月 1 日至 2015 年 10 月 31 日的 200 對數據作為樣本外數據,用於套期保值效果的評價(數據來源:國泰君安睿智版軟件提取)。

圖 10.1 表示的是滬深 300 指數和滬深 300 股指期貨主力合約日收盤價格走勢,由圖 10.1 可知,兩者走勢基本一致,利用滬深 300 期貨能夠對滬深 300 指數進行套期保值的風險對沖操作。對滬深 300 股指和期指的對數收益率序列分別做正態性、平穩性和異方差性檢驗,結果(見圖 10.2 和表 10.1)表明各類檢驗在 1% 的置信水平下均拒絕了原假設,即兩個對數收益率序列平穩但不服從正態分佈,而且從圖 10.2 的統計結果可知,滬深 300 股指期貨的波動率略大於滬深 300 指數的波動率,即期貨市場的波動性更大一些。所有計算均在 Eviews 8.0 軟件中實現(單位略,下同)。

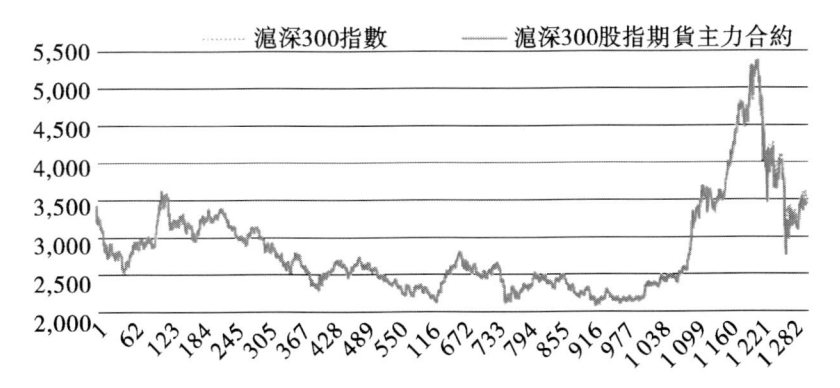

圖 10.1 滬深 300 指數收盤價和滬深 300 股指期貨主力合約收盤價

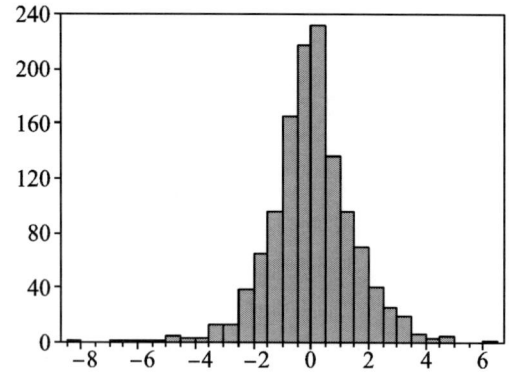

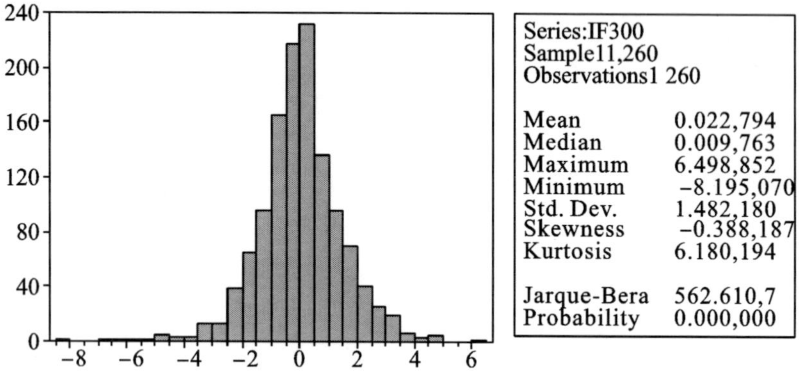

```
Series:IF300
Sample 1,260
Observations 1 260

Mean        0.022,794
Median      0.009,763
Maximum     6.498,852
Minimum    -8.195,070
Std. Dev.   1.482,180
Skewness   -0.388,187
Kurtosis    6.180,194

Jarque-Bera 562.610,7
Probability 0.000,000
```

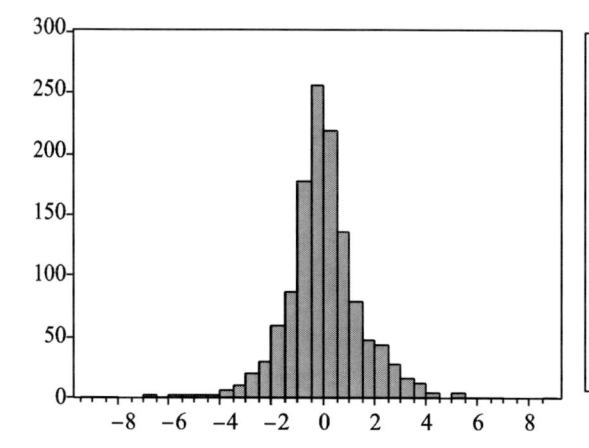

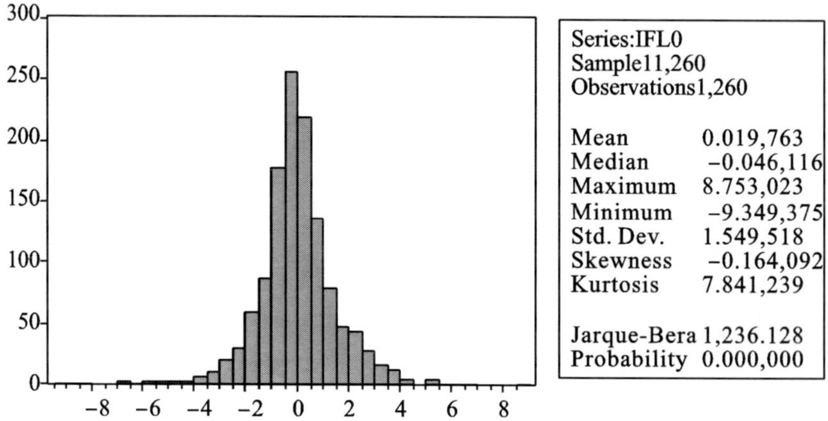

```
Series:IFL0
Sample 1,260
Observations 1,260

Mean        0.019,763
Median     -0.046,116
Maximum     8.753,023
Minimum    -9.349,375
Std. Dev.   1.549,518
Skewness   -0.164,092
Kurtosis    7.841,239

Jarque-Bera 1,236.128
Probability 0.000,000
```

圖 10.2　滬深 300 股指（上）和滬深 300 期指（下）對數收益率的統計特徵

表 10.1　滬深 300 股指（上）和滬深 300 期指（下）對數收益率的單位根檢驗

Null Hypothesis：IF300 has a unit root		t-Statistic	Prob. *
Augmented Dickey-Fuller test statistic		-34.309,86	0.000,0
Test critical values：	1% level	-3.435,332	
	5% level	-2.863,628	
	10% level	-2.567,931	

Null Hypothesis：IFL0 has a unit root		t-Statistic	Prob. *
Augmented Dickey-Fuller test statistic		-35.266,91	0.000,0
Test critical values：	1% level	-3.435,332	
	5% level	-2.863,628	
	10% level	-2.567,931	

10.3.2 套期保值比率

本小節中，我們採用 MODWT 方法對滬深 300 指數和滬深 300 股指期貨收益率進行小波分解，並計算不同風險偏好投資者在不同套期保值期限下的套期保值比率。對時間序列進行小波分析，小波濾波器的選擇極為重要，濾波器的選取與數據信號本身的特徵和數據長度有關。考慮到本書樣本數據長度和滾動窗口長度，我們選擇 LA8 小波濾波器，並且最大分解層數為 6 層。對數據序列進行小波分解後，考慮到各尺度上的小波方差和反應其對樣本方差的貢獻。類似地，小波協方差也反應出兩個不同序列間的協方差。因此，我們只需根據（10.13）式和（10.14）式計算的小波方差和小波協方差替代（10.4）式中的序列方差和協方差。對於（10.4）中的股指期貨未來收益率的期望值，即 $E(r_{f,t})$，我們借鑑梁強等和王書平等的方法，利用小波多尺度分析的功能，根據股指期貨時間序列預測其未來長期走勢。所有這些計算均無需依賴價格或收益的分佈，也不需要對價格或收益進行模型構建，因而計算結果更能反應時間序列的本質特徵。再結合窗口滾動技術，計算得到不同套期保值期限和不同風險偏好下的動態最優套期保值比率。

圖 10.3 是不同套期保值期限和不同風險偏好對應的套期保值比率變化圖。首先，由圖 10.3 可知，資產持有期即套期保值期限越長、距離到期日越遠，需要持有的期貨（空頭）頭寸越大，同時也可以發現，隨著到期期限的臨近，持有的對沖頭寸隨之減少。其次，隨到期日的臨近，對沖頭寸保持降低趨勢的同時，偶爾也有反彈現象，對比動態套期保值比率變化圖上的反彈點和該時刻的股指現貨價格可以發現，對沖頭寸反彈點基本與股指現貨價格明顯下跌的時刻相對應。例如，以圖 10.3（上）為例，其中就有幾個較為明顯的頭寸反彈點，這些點正是對應指數現貨價格由 3,886.13 元跌至 3,025.69 元，對沖頭寸則由 0.845,5 反彈至 0.851,5。對沖頭寸的這些變化特徵反應出對沖期限、價格波動與市場風險之間具有相伴關係，期限越長、距離到期日越遠、價格波動越大，可能面臨的風險也越大，要達到同樣的風險對沖目的則需要持有的對沖頭寸也就越高。事實上，金融市場風險的本質也就是價格波動，持有某種金融資產的時間越長，價格發生大幅波動的概率越大，體現出來的風險也越大。另外，由圖 10.3 也可以知道，無論套期保值期限長短與否，對沖頭寸與投資者對風險的厭惡程度均有關，總體而言，對風險的厭惡程度越高，持有的對沖頭寸也越多。這主要是因為對風險高度厭惡的投資者來說，他們首先考慮的是規避風險，然后才考慮收益的高低。正如凱恩斯（Keynes）和希克斯（Hicks）

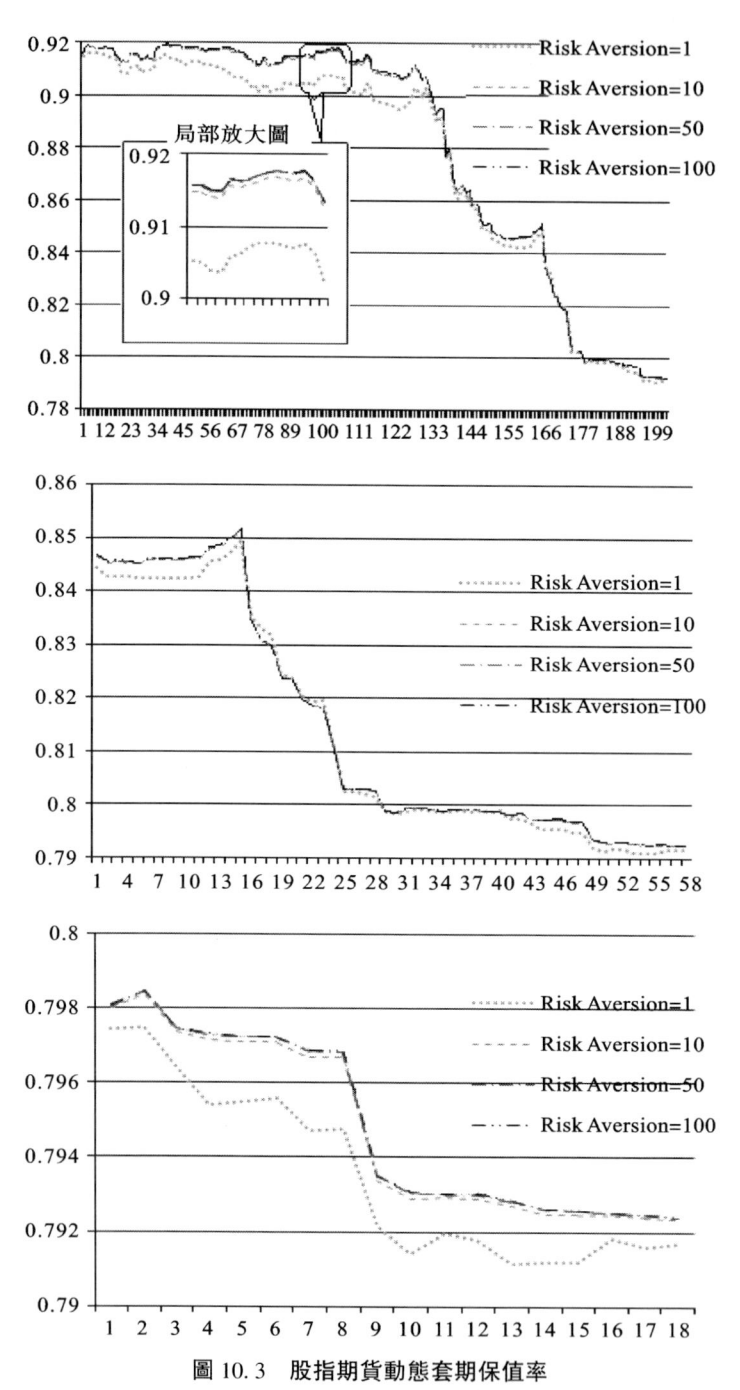

圖 10.3　股指期貨動態套期保值率

（上圖，套期保值期限為 10 個月；中圖，套期保值期限為 3 個月；下圖，套期保值期限為 1 個月）

所說，金融衍生品市場參與者出於風險厭惡的本性，希望通過套期保值來完全消除與某一特定商品有關的價格風險，因而最優的風險對沖策略就是保持套期比恒為1。但是，當投資者的風險厭惡程度增大到一定限度時，對沖頭寸受風險厭惡的影響會隨之降低，這一關係可以通過對比圖10.3中不同風險厭惡程度（Risk Aversion）的對沖頭寸變化而發現，由圖10.3可知，對3種不同套期保值期限而言，風險厭惡系數為1時的對沖頭寸明顯低於其他高風險厭惡系數下的對沖頭寸，然而風險厭惡系數為50和100的情況下，對沖頭寸就相差甚小了。

10.3.3 套期保值效果

為了判斷套期保值操作的有效性和比較套期保值的有效程度，本書提出如（10.7）式所示的一個比較直觀而又現實的測度指標 HE 來衡量套期保值效果。該指標值越大，表示套期保值效果越好。圖10.4是通過小波變換和滾動窗口方法計算得出的動態套期保值效果變化情況。

首先，根據套期保值效果變化圖可以看出，利用股指期貨進行套期保值操作的收益普遍要好於不進行套期保值操作的投資收益。事實上，在圖10.4所示的檢驗期內，套期保值效果指標值 HE 大於零的概率都在0.6以上，而且無論套期保值期限長短與否，無論風險偏好情況如何，指標 HE 的平均值均大於零（見表10.2）。

其次，由圖10.4可知，無論是哪種套期保值，對於不同風險偏好情況下的套期保值效果曲線圖十分相似，即套期保值效果具有很高的相似性。由表10.2的指標值可以發現，投資者的風險偏好程度也影響著套期保值效果，相對於風險偏好型投資者來說，風險厭惡型投資者因為採用更高的對沖比率，因而通過套期保值操作的效果越好，即獲取的收益越高，這與我們前面對套期保值比率的分析相一致。

另外，由表10.2也可以發現，風險偏好對短期套期保值效果的影響程度要高於對較長期的套期保值效果。例如，對於1個月套期保值期限來說，風險厭惡系數的增加顯著影響套期保值的效果，而對於3個月和10個月期的套期保值而言，風險厭惡系數的改變對套期保值效果的影響相對較弱。

最后，從3種不同期限套期保值操作的效果來看，無論風險偏好程度如何，3個月期的效果均高於其他兩種期限的套期保值效果。實際上，因為套期保值過程中交易費用的存在，長期的、頻繁的頭寸調整會引起一筆不菲的交易費用，這最終會影響到投資的總收益，即套期保值效果。

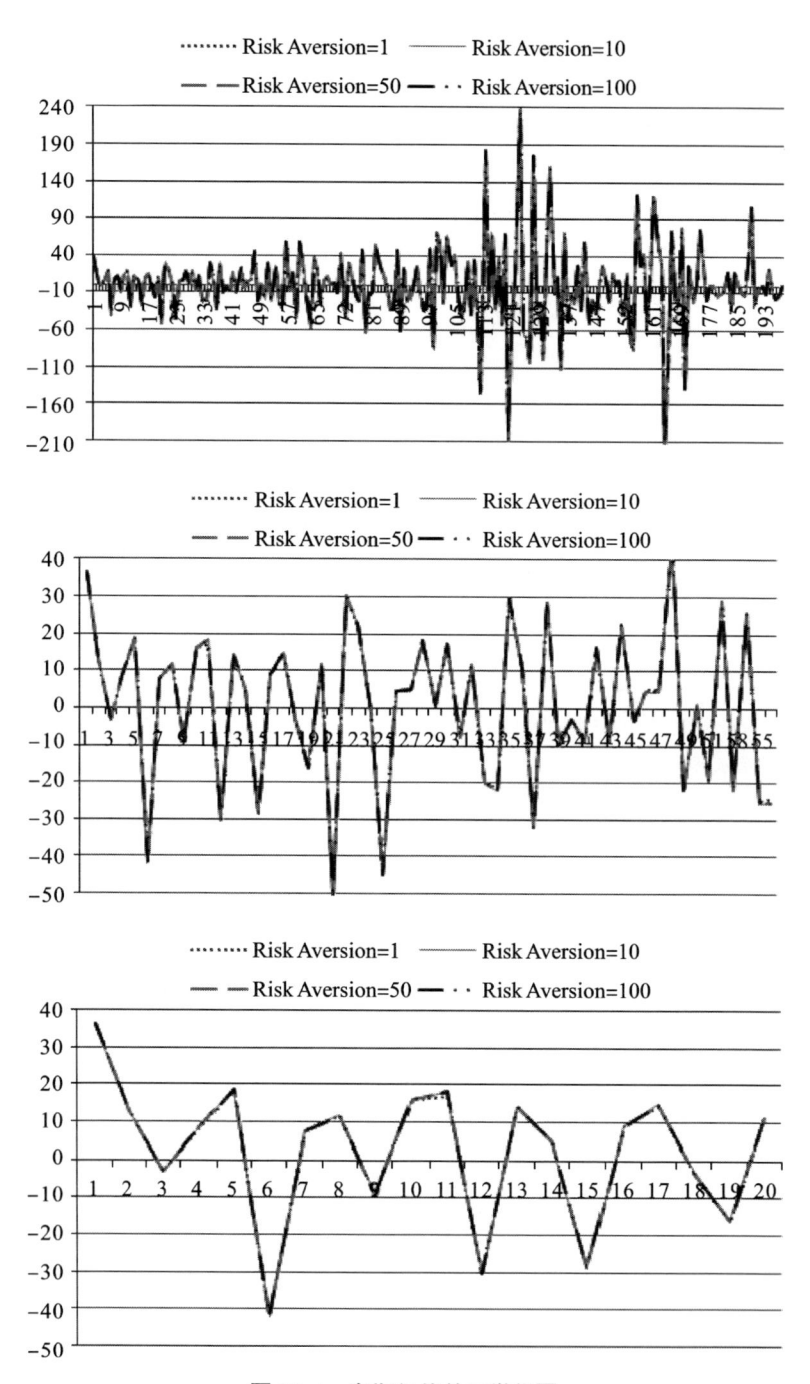

圖 10.4　套期保值效果變化圖

（套期保值期限，上圖，10 個月；中圖，3 個月；下圖，1 個月）

表 10.2　　　　　套期保值效果評價指標（HE）值

	Risk Aversion = 1	Risk Aversion = 10	Risk Aversion = 50	Risk Aversion = 100
10 個月	114.05	115.92	116.08	116.11
3 個月	114.48	121.02	121.80	121.77
1 個月	50.79	61.93	102.03	102.04

總之，對於投資者來說，風險是一個必須考慮的因素，可以通過套期保值操作來降低風險，但套期保值實踐中關於對沖頭寸的建立和調整，要適當考慮自身的風險承受能力、風險偏好程度、投資期限的長短和各種費用的存在情況。

10.4　本章小結

股指期貨除了作為一種投資工具存在外，更主要的功能是用於風險規避。利用股指期貨進行套期保值的目的就是規避價格波動風險，合理的套保策略是既達到保值目的又節約資源的關鍵。本章運用小波變換方法，研究了滬深 300 股指期貨的最優套期保值策略，分析了最優套期保值比、套期保值效果與投資者的風險偏好、套期保值期限的關係。本章通過實證研究，得到如下結論：

第一，套期保值期限越長，可以考慮採用較高的套期保值頭寸，有利於風險規避。但因為交易費用的存在，對於動態套期保值而言，期限越長，需要的頭寸調整費用越高，套期保值組合的最終收益未必最高。

第二，風險厭惡型投資者通常採用較高的對沖頭寸進行風險規避，風險對沖效果也越好；反之，投資者對風險的偏好程度越高，可能採用的風險對沖頭寸越低，套期保值的效果也相對較低。

第三，短期的套期保值效果受投資者對風險的偏好程度的影響較長期套期保值更明顯，套期保值期限越短，風險偏好程度對套期保值效果影響越顯著。

總之，對於投資者來說，風險是一個必須考慮的因素，因為市場是千變萬化的，可以通過套期保值操作來降低風險，要得到好的套期保值效果，不僅需要良好的策略方案支撐，也需要根據實際情況做出策略調整以應對市場的改變。在套期保值實踐中，關於對沖頭寸的建立和調整，要同時考慮自身的風險承受能力、風險偏好程度、投資期限和各種費用的存在情況。

參考文獻

[1] 洛倫茲·格利茨. 金融工程學 [M]. 唐旭, 譯. 北京: 經濟科學出版社, 1998.

[2] 約翰·馬歇爾, 維普爾·班賽爾. 金融工程 [M]. 宋逢明, 朱寶憲, 張陶偉, 譯. 北京: 清華大學出版社, 1998: 13-24.

[3] Marshall J, Bansal V K. Financial Engineering [M]. Boston: Allyn & Bacon, Inc., Simon & Schuster, 1992.

[4] Keynes J M A. Treatise on Money [M]. London: Macmillan, 1930.

[5] Hicks J R. Value and Capital [M]. Cambridge: Oxford University Press, 1939.

[6] Ederington L H. The Hedging Performance of the New Futures Markets [M]. Journal of Finance, 1979, 34: 57-70.

[7] Lutgens F, Sturm J, Kolen A. Robust One-Period Option Hedging [J]. Operations Research, 2006, 54 (6): 1051-1062.

[8] Malliaris A G, Urrutia J L. The Impact of the Lengths of Estimation Periods and Hedging Horizons on the Effectiveness of a Hedge: Evidence from Foreign Currency Futures [J]. Journal of Futures Markets, 1991 (3): 271-289.

[9] Benet B A. Hedge Period Length and Ex-ante Futures Hedging Effectiveness: The Case of Foreign Exchange Risk Cross Hedges [J]. Journal of Futures Markets, 1992 (12): 163-175.

[10] Black F, Scholes M. Pricing of Options and Corporate Liabilities [J]. Journal of Political Economics, 1973, 81 (3): 637-654.

[11] Robins R P, Schachter B. An Analysis of the Risk in Discretely Rebalanced Option Hedges and Delta-based Techniques [J]. Management Science, 1994, 40 (6): 798-808.

[12] Mello A S, Neuhaus H J. A Portfolio Approach to Risk Reduction in Discretely Rebalanced Option Hedges[J]. Management Science, 1998,44(7): 921-934.

[13] Coleman T F, Levchenkov D, Li Y. Discrete Hedging of American-style Options Using Local Risk Minimization [J]. Journal of Banking & Finance, 2007, 31 (11): 3398-3419.

[14] Ho A F. Optimal Trading Strategy for European Options with Transaction Costs [J]. Advances in Mathematics, 2003, 177 (1): 1-65.

[15] Gondzio J, Kouwenberg R, Vorst T. Hedging Option under Transaction Costs and Stochastic Volatility [J]. Journal of Dynamics & Control, 2003, 27 (6): 1045-1068.

[16] Kocinski M. Hedging of the European Option in Discrete Time under Proportional Transaction Costs [J]. Mathematical Methods of Operations Research, 2004, 59 (2): 315~328.

[17] Zhao Y G, Ziemba W T. Hedging Errors with Leland's Option Model in the Presence of Transaction Costs [J]. Financial Research Letter, 2007, 4 (1): 49-58.

[18] Giovanni D D, Ortobelli S, Rachev S. Delta Hedging Strategies Comparison [J]. European Journal of Operational Research, 2008, 185 (3): 1615-1631.

[19] Bensaid B, Lesne J P, Pages H, et al. Derivative Asset Pricing with Transaction Costs [J]. Mathematical Finance, 1992 (2): 63-86.

[20] Cvitanic J, Pham H. Super-Replication in Stochastic Volatility Models under Portfolio Constraints [J]. Journal of Applied probability, 1999, 36 (2): 523-545.

[21] Mas-Colell A, Hildebrand W. Contributions to Mathematical Economics [M]. Amsterdam: North Holland Publishing Company, 1986: 205-223.

[22] Schweizer M. Option Hedging for Semimartingales [J]. Stachastic Processes and the Application, 1991, 37: 339-363.

[23] Delbean F, Schachermayer W. A General Version of the Fundamental Theorem of Asset Pricing [J]. Math Atonal, 1994, 300: 463-520.

[24] Laurent J P, Pham H. Dynamic Programming and Mean-Variance Hedging [J]. Finance Stochast, 1999 (3): 83-110.

[25] Duffie D, Richard H R. Mean-Variance Hedging in Continuous Time [J]. The Annals of Applied Probability, 1991, 1 (1): 1-15.

[26] Pham H. On Quadratic Hedging in Continuous Time [J]. Mathematical Methods of Operations Research, 2000, 51: 315-339.

[27] Heath D, Platen E, Schweizer M. A Comparison of Two Quadratic Approaches to Hedging in Incomplete Markets [J]. Mathematical Finance 2001 (11): 385-413.

[28] Schweizer M. A Guided Tour through Quadratic Hedging Approaches in Option Pricing, Interest Rates and Risk Management [M]. Cambridge University Press, 2001: 538-574.

[29] Bobrovnytska O, Schweizer M. Mean-Variance Hedging and Stochastic Control: Beyond the Brownian Setting [J]. IEEE Transactions on Automatic Control, 2004, 49 (3): 1-14.

[30] Andrew E B. Quadratic Hedging and Mean-Variance Portfolio Selection with Random Parameters in An Incomplete Market [J]. Mathematics of Operations Research, 2004, 29 (1): 132-161.

[31] Andrew E B. Mean-Variance Hedging When There Are Jumps [J]. SIAM Journal on Control and Optimization, 2005, 44 (5): 1893-1922.

[32] Ales Cerny. Dynamic Programming and Mean-Variance Hedging in Discrete Time [J]. Applied Mathematical Finance, 2004, 11 (1): 1-25.

[33] Gugushvili S. Dynamic Programming and Mean-Variance Hedging in Discrete Time [J]. Georgian Mathematical Journal, 2003, 10 (2): 237-246.

[34] Schweizer M. Variance-Optimal Hedging in Discrete Time [J]. Mathematics of Operations Research, 1995, 20 (1): 1-32.

[35] Thierbach F. Mean-variance Hedging under Additional Market Information [Z]. Discussion Papers, 2002.

[36] Biagini F, Oksendal B. Minimal Variance Hedging for Insider Trading [J]. Pure Mathematics, 2004 (9): 1-23.

[37] Follmer H, Leukert P. Efficient Hedging: Cost Versus Shortfall Risk [J]. Finance and Stochastics, 2000 (4): 117-146.

[38] Nakano Y. Minimizing Coherent Risk Measures of Shortfall in Discrete-time Models under Cone Constrains [J]. Applied Mathematical Finance, 2003 (10): 163-181.

[39] Nakano Y. Minimization of Shortfall Risk in a Jump-diffusion Model [J]. Statistics and Probability Letter, 2004, 67: 87-95.

[40] Pham H. Minimizing Shortfall Risk and Applications to Finance and Insurance Problems [J]. Annals of Applied Probability, 2002 (12): 143-172.

[41] Schulmerich M, Trautmann S. Local Expected Shortfall-Hedging in Discrete Time [J]. European Finance Review, 2003 (7): 75-102.

[42] Mingxin Xu. Minimizing Shortfall Risk Using Duality Approach—an Application to Partial Hedging in Incomplete Markets [M]. Pittsburgh: Carnegie Mellon University, 2004.

[43] Sekine J. Dynamic Minimization of Worst Conditional Expectation of Shortfall under Partial Information[J]. Mathematical Finance, 2004, 14(4): 605-618.

[44] Schweizer M. On the Minimal Martingale Measure and the Föllmer-Schweizer Decomposition [J]. Stochastic Analysis and Applications, 1995, 13: 573-599.

[45] Schiefner L. Risk-Minimizing Hedging of General Cash Flows in Discrete Time [Z]. Berlin Meeting, 2002.

[46] Frey R, Runggaldier W J. Risk-minimizing Hedging Strategies under Restricted Information: The Case of Stochastic Volatility Models Observable Only at Discrete Random Times [J]. Mathematical Methods of Operations Research, 1999, 50: 339-350.

[47] R Frey, W J Runggaldier. Nonlinear Filtering Techniques for Volatility Estimation with a View towards High Frequency Data [J]. I J T A F, 2001 (4): 271-300.

[48] Lamberton D, Pham H, Schweizer M. Local Tisk-minimization under Transaction Costs [J]. Mathematics of Operations Research, 1998, 23: 585-612.

[49] Kennedy J S, Forsyth P A, Vetzal K R. Dynamic Hedging under Jump Diffusion with Transaction Costs [J]. Operations Research, 2009, 57(3): 541-559.

[50] Schweizer M. Risk Minimizing Hedging Strategies under Restricted Information [J]. Mathematical Finance, 1994, 4: 327-342.

[51] Follmer H, M Schweizer. Hedging of Contingent Claims under Incomplete Information [J]. Gordon and Breach, 1991 (5): 389-414.

[52] Riesner M. Hedging Life Insurance Contracts in a Levy Process Financial market [J]. Mathematics and Economics, 2006, 38: 599-608.

[53] Chen A. Loss Analysis of a Life Insurance Company Applying Discrete-time Risk-minimizing Hedging Strategies [J]. Mathematics and Economics, 2008, 42: 1035-1049.

[54] Vandaele N, Vanmaele M. A Locally Risk-minimizing Hedging Strategy for Unit-linked Life Insurance Contracts in a Levy Process Financial Market [J]. Mathematics and Economics, 2008, 42: 1128-1137.

[55] Jarrow R, Zhao F. Downside Loss Aversion and Portfolio Management [J]. Management Science, 2006, 52 (4): 558-566.

[56] Lien D, Yiu Kuen Tse. Hedging Downside Risk: Futures Vs. Options [J]. International Review of Economics and Finance, 2001 (10): 159-169.

[57] Rıza Demirera, Donald Lien. Downside Risk for Short and Long Hedgers [J]. International Review of Economics and Finance, 2003 (12): 25-44.

[58] Anne Gundel, Stefan Weber. Robust Utility Maximization with Limited Downside Risk in Incomplete Markets [J]. Stochastic Processes and their Applications, 2007, 117: 1663-1688.

[59] Hung J C, Chiu C L, Lee M C. Hedging with Zero Value at Risk Hedge Ratio [J]. Applied Financial Economics, 2006, 16 (3): 259-269.

[60] Artzner P, Delbaen F, Eber J M, et al. Coherent Measures of Risk [J]. Mathematical Finance, 2000, 9 (3): 203-228.

[61] Topaloglou N, Vladimiou H, Zenios S A. CVaR Models with Selective Hedging for International Asset Allocation [J]. Journal of Banking & Finance, 2002, 26 (7): 1535-1561.

[62] Alexander R. CVaR and VaR for a portfolio of derivatives [M]. New York: Cornell University, 2007.

[63] 馬賤陽, 劉先芳. 信貸衍生產品: 市場化分散信貸風險的有效工具 [J]. 中國金融, 2006 (19): 42-43.

[64] 肖慶憲. 信用衍生產品在信用風險管理中的作用 [J]. 數量經濟技術經濟研究, 2004 (6): 108-113.

[65] 唐吉平, 郭大勇, 陳浩. 金融衍生產品風險監管及相關法律制度完善 [J]. 金融研究, 2006 (5): 81-91.

[66] 陳忠陽, 趙陽. 衍生產品、風險對沖與公司價值——一個理論綜述 [J]. 管理世界, 2007 (11): 139-149.

[67] 梁朝晖. 期貨套期保值理論及模型的研究進展 [J]. 西安電子科技大學學報 (社會科學版), 2007, 17 (3): 53-56.

[68] 李仲飛, 顏至宏, 姚京, 等. 從風險管理視角解析中航油事件 [J]. 系統工程理論與實踐, 2007 (1): 23-32.

[69] 於延超, 楊文珠. 金融衍生產品風險防範與公司治理 [J]. 中國金融, 2005 (21): 59-60.

[70] 張利兵, 潘德惠. 標的股票價格服從跳躍—擴散過程的期權套期保值率確定 [J]. 系統工程理論方法應用, 2005, 14 (1): 23-27.

[71] 崔援民, 楊春鵬. 限定虧損概率下期貨交易中的套期保值比率研究 [J]. 預測, 1999 (2): 63-65.

[72] 楊春鵬. 限定虧損概率下期權交易中的套期保值比率研究 [J]. 預測, 2000 (3): 61-62.

[73] 劉宣會, 胡奇英. 標的資產服從跳—擴散過程未定權益套期保值策略 [J]. 西安電子科技大學學報 (自然科學版), 2004, 31 (1): 129-134.

[74] 劉宣會, 胡奇英. 不完全市場上一種未定權益的套期保值策略 [J]. 系統工程學報, 2004, 19 (3): 284-289.

[75] 馬永開, 唐小我. 股票組合的套期保值策略研究 [J]. 管理工程學報, 2000, 14 (1): 61-66.

[76] 閆海峰. 指數半鞅模型未定權益的定價與套期保值 [D]. 西安: 西安電子科技大學, 2003.

[77] Xia Jian-Ming. Mean-variance Portfolio Choice: Quadratic Partial Hedging [J]. Mathematical Finance, 2005, 15 (3): 533-538.

[78] 張海渢. 隨機利率下的均值—方差最小套期保值 [J]. 工程數學學報, 2007, 24 (6): 972-976.

[79] 劉海龍, 吳衝鋒. 基於魯棒控制的期權套期保值策略 [J]. 控制與決策, 2001, 16 (6): 974-976.

[80] 楊建奇, 肖慶憲. 跳擴散模型下的平方套期保值 [J]. 上海理工大學學報, 2008, 30 (4): 382-386.

[81] 劉宣會. 基於跳躍—擴散過程的投資組合與定價問題研究 [D]. 西安: 西安電子科技大學, 2004.

[82] 銀建華. 在初始財富不能複製給定未定權益下的最優複製策略 [J]. 新疆師範大學學報 (自然科學版), 2006, 25 (1): 19-22.

[83] 楊建奇, 肖慶憲. 內部信息者的最小虧損風險策略 [J]. 高校應用數學學報, 2008, 23 (4): 393-398.

[84] 王春發. 不完全金融市場風險最小套期保值及其應用 [M]. 北京: 中國財經出版社, 2004.

[85] 成海波. 不完全信息下的風險最小複製策略 [J]. 復旦大學學報

(自然科學版),2004,43(3):344-355.

[86] 楊建奇,肖慶憲. 隨機支付型未定權益的風險最小套期保值 [J]. 高校應用數學學報,2010,25(1):1-8.

[87] 杜立金,劉繼春,湯思英. 局部風險最小下保險合約的套期保值 [J]. 廈門大學學報,2004,43(3):302-305.

[88] 王春發. 連續時間單位連結人壽保險合同的局部風險最小對沖策略 [J]. 運籌與管理,2003(2):83-88.

[89] 王春發. 隨機利率權益連結保險合同的局部風險最小 [J]. 系統工程學報,2004,9(2):141-147.

[90] 王春發. 一般支付過程的局部風險最小對沖策略 [J]. 應用數學,2002,15(2):126-131.

[91] 林孝貴. 基於收益與風險比率的期貨套期保值策略 [J]. 系統工程,2004,22(1):74-77.

[92] 黃長徵. 期貨套期保值決策模型研究 [J]. 數量經濟技術與經濟研究,2004(7):96-102.

[93] 林孝貴. 期貨套期保值最大概率與最小風險分析 [J]. 數學的認識與實踐,2004,34(5):24-29.

[94] 李國榮,吳大為,徐方平. 基於差異系數 σ/μ 的期貨套期保值優化策略 [J]. 系統工程,2005,23(8):78-81.

[95] 吳文鋒,劉太陽,吳衝鋒. 上海與倫期銅市場之間的波動溢出效應研究 [J]. 管理工程學報,2007,21(3):111-115.

[96] 吳曉. 套期保值技術及其在匯率風險管理中的應用研究 [D]. 長沙:湖南大學,2004.

[97] 花俊洲,吳衝鋒,劉海龍,等. 期銅套期保值有效性實證研究 [J]. 系統過程理論方法應用,2003,12(3):204-208.

[98] 王賽德. 套期保值期限、期貨合約選擇與最優套期保值比率——基於中國銅、鋁期貨市場的實證研究 [J]. 當代經濟管理,2006,28(3):100-103.

[99] 吳衝鋒,錢宏偉,吳文鋒. 期貨套期保值理論與實證研究 [J]. 系統工程理論方法應用,1998(4):94-96.

[100] 梁朝暉,張維. 中國期貨市場最優套期保值率的實證研究 [J]. 天津大學學報,2006(6):66-69.

[101] 梁朝暉. 基於動態規劃的套期保值策略研究 [J]. 電子科技大學學報(社科版),2007,9(1):6-8.

[102] 李世武, 李豫, 董樂. 交易所債券組合動態套期保值策略研究 [J]. 金融研究, 2004 (9): 65-76.

[103] 吳曉. 最優動態匯率風險套期保值模型研究 [J]. 財經理論與實踐, 2006, 27 (144): 24-27.

[104] 彭紅楓, 葉永剛. 中國銅期貨動態最優套期保值比率的估計及其比較研究 [J]. 武漢大學學報 (哲學社會科學版), 2007, 60 (6): 863-868.

[105] 遲國泰, 楊萬武, 王玉剛. 基於資金限制的多品種期貨套期保值決策模型 [J]. 系統工程理論與實踐, 2008 (6): 1-13.

[106] 鄭振龍. 金融工程 [M]. 北京: 高等教育出版社, 2005.

[107] Nguyen X L. Hedge of Contingent Claims in Incomplete Markets [J]. Journal of Project Report, 2002 (2): 324-339.

[108] Kahneman D, Tversky A. Prospect Theory: An Analysis of Decision under Risk [J]. Econometrica, 1979, 47 (2): 263-292.

[109] Fishburn P C. Mean-risk Analysis with Risk Associated with Below-target Returns [J]. The American Economic Review, 1977, 67 (2): 116-126.

[110] Schweizer M. Mean-variance Hedging for General Claims [J]. Annals of Applied Probability, 1992 (2): 171-179.

[111] Favero G. Shortfall Risk Minimization Versus Symmetric (quadratic) Hedging [J]. Decisions in Economics and Finance, 2005, 28 (1): 1-8.

[112] Lucas A, Siegmann A. The Effect of Shortfall as a Risk Measure for Portfolios with Hedge Funds [J]. Journal of Business Finance and Accounting, 2008, 35 (1-2): 200-226.

[113] Smith C W, Stulz R M. The Determinants of Firms' Hedging Policies [J]. Journal of Financial and Quantitative Analysis, 1985, 20 (4): 391-405.

[114] Nance D R, Smith C W, Smithson C W. On the Determinants of Corporate Hedging [J]. The Journal of Finance, 1993, 48 (1): 267-284.

[115] Howton S D, Perfect S B. Currency and Interest-Rate Derivatives Use in US Firms [J]. Financial Management, 1998, 27 (4): 111-121.

[116] Graham J R, Rogers D A. Is Corporate Hedging Consistent with Value-Maximization? An Empirical Analysis [Z]. Fuqua School of Business, Duke University, 2000.

[117] Leland H E. Agency Costs, Risk Management, and Capital Structure [J]. Journal of Finance, 1998, 53 (4): 1213-1243.

[118] Triki T. Research on Corporate Hedging Theories: A Critical Review of the Evidence to Date [Z]. HEC Montreal Working Paper, 2005.

[119] William F Sharpe. Capital Asset Prices: A Theory of Market Equilibrium under Conditions of Risk [J]. Journal of Finance, 1964, 19 (3): 425-442.

[120] Bellman R. Dynamic Programming [M]. Princeton: Princeton University Press, 1957.

[121] 郭峰. 動態套期保值策略的模擬檢驗及在中國的應用 [D]. 杭州: 浙江大學, 2002.

[122] Ito K. On Stochastic Differential Equations [J]. American Mathematical Society, 1951 (4): 1-51.

[123] Glosten L R, Milgrom P R. Bid, Ask and Transaction Prices in a Specialist Market with Heterogeneously Informed Traders [J]. Journal of Financial Economics, 1985, 14 (1): 71-100.

[124] Ross S. A. Information and Volatility: The No-Arbitrage Martingale Approach to Timing and Resolution Irrelevancy [J]. The Journal of Finance, 1989, 44 (1): 1-17.

[125] Andersen T G. Return Volatility and Trading Volume: An Information Flow Interpretation of Stochastic Volatility[J]. Journal of Finance, 1996, 51:169-204.

[126] Maheu J M, McCurdy T H. News Arrival, Jump Dynamics and Volatility Components for Individual Stock Returns [J]. The Journal of Finance, 2004, 59 (2): 755-793.

[127] Ball C A, Torous W N. A Simplified Jump Process for Common Stock Returns [J]. The Journal of Financial and Quantitative Analysis, 1983, 18 (1): 53-65.

[128] Jorion P. On Jump Processes in the Foreign Exchange and Stock Markets [J]. The Review of Financial Studies, 1988, 1 (4): 427-445.

[129] Bakshi G, Cao C, Chen Z W. Empirical Performance of Alternative Option Pricing Models [J]. The Journal of Finance, 1997, 52 (5): 2003-2049.

[130] Bates D S. Crash Fears in S & P 500 Futures Options [J]. Journal of Econometrics, 2000, 94: 181-238.

[131] Pan J. The Jump-risk Premia Implicit in Options: Evidence from an integrated Time-series Study [J]. Journal of Financial Economics, 2002, 63 (1): 3-50.

[132] Eraker B, Johannes M, Polson N. The Impact of Jumps in Volatility and Returns [J]. The Journal of Finance, 2003, 58 (3): 1269-1300.

[133] Eraker B. Do Stock Prices and Volatility Jump? Reconciling Evidence from Spot and Option Prices [J]. The Journal of Finance, 2004, 59 (3): 1367-1404.

[134] 周彥, 張世英, 張彤. 跳躍連續時間 SV 模型建模及實證研究 [J]. 系統管理學報, 2007, 16 (5): 531-536.

[135] 高延巡, 胡日東, 蘇梽芳. 中國股市跳躍行為的隨機波動模型分析 [J]. 華僑大學學報 (自然科學版), 2010, 31 (5): 580-585.

[136] Barndorff-Nielsen O E, Shephard N. Econometrics of Testing for Jumps in Financial Economics Using Bipower Variation [J]. Journal of Financial Econometrics, 2006 (4): 1-30.

[137] Andersen T G, Bollerslev T, Diebold F X. Roughing It up: Including Jump Components in the Measurement, Modeling, and Forecasting of Return Volatility [J]. Review of Economics and Statistics, 2007, 89: 701-720.

[138] Lee S S, Mykland P A. Jumps in Financial Markets: A New Nonparametric Test and Jump Cynamics [J]. Review of Financial Studies, 2008, 21: 2535-2563.

[139] Jacod J, Shiryaev A N. Limit Theorems for Stochastic Processes [M]. Berlin: Springer-Verlag, 1987.

[140] Barndorff-Nielsen O E, Shephard N. Power and Bipower Variation with Stochastic Volatility and Jumps [J]. Journal of Financial Econometrics, 2004 (2): 1-48.

[141] Das S R. The Surprise Element: Jumps in Interest Rates [J]. Journal of Econometrics, 2002, 106 (1): 27-65.

[142] Johannes M. The Statistical and Economic Role of Jumps in Continuous-Time Interest Rate Models [J]. The Journal of Finance, 2004, 59 (1): 227-260.

[143] Press S J. A Compound Events Model for Security Prices [J]. The Journal of Business, 1967, 40 (3): 317-335.

[144] Cont R. Empirical Properties of Asset Returns: Stylized Facts and Statistical Issues [J]. Quantitative Financial, 2001, 1 (2): 223-236.

[145] Sehoutens W. Levy Processes in Finance: Pricing Financial Derivatives. John Wiley & Sons, Ltd., 2003

[146] Harold Y Kim, Jianping P Mei. What Makes the Stock Market Jump? Analysis of Political Risk on Hong Kong Stock Keturn [J]. Journal of International

Money and Finance, 2001, 20: 1003-1016.

[147] Mei J P, Guo L M. Political Uncertainty, Financial Crisis and Market Volatility [J]. European Financial Management, 2004, 10 (4): 639-657.

[148] Merton R C. Option Pricing When Underlying Stock Returns are Discontinuous [J]. Journal of Finance Economics, 1976, 3 (1-2): 125-144.

[149] Ait-Sahalia Y. Disentangling Diffusion from Jumps [J]. Journal of Financial Economics, 2004, 74: 487-528.

[150] Ramezani C A, Zeng Y. Maximum Likelihood Estimation of the Double [J]. Annals of Finance, 2007, 3 (4): 487-507.

[151] C He, J S Kennedy, T Coleman, et al. Calibration and Hedging under Jump Diffusion [J]. Review of Derivatives Research, 2006 (9): 1-35.

[152] Trivellato B. Replication and Shortfall Risk in a Binomial Model with Transaction Costs [J]. Math Meth Oper Res, 2009, 69: 1-26.

[153] Moller T. Risk-minimizing Hedging Strategies for Unit-linked Life Insurance Contracts [J]. ASTIN Bulletin, 1998, 28: 17-47.

[154] Gideon F, Petetsen M J, Petetsen M A. Minimization Banking Risk in Levy Process Setting [J]. Journal of Applied of Mathematics, 2007 (11): 328-353.

[155] Robert J Elliott, Monique Jeanblanc. Incomplete Markets with Jumps and Informed Agents [J]. Mathematical Methods of Operation Research, 1999, 50: 475-492.

[156] Biagini F, Oksendal B. Minimal Variance Hedging for Insider Trading [J]. International Journal of Theoretical and Applied Finance, 2006, 9 (8): 1351-1375.

[157] Kiseop Lee, Seongjoo Song. Insiders' Hedging in a Jump Diffusion Model [J]. Quantitative Finance, 2007, 7 (5): 537-545.

[158] Klusik P, Palmowski Z, Zwierz J. Quantile Hedging for an Insider [Z]. Quantitative Finance Papers, 2008.

[159] Johnson L L. The Theory of Hedging and Speculation in Commodity Futures [J]. The Review of Economic Studies, 1960, 27 (3): 139-151.

[160] Hsu C C, Wang Y H, Tseng C P. Dynamic Hedging with Futures: A Copula-based GARCH Model [J]. Journal of Futures Markets, 2008(6): 156-168.

[161] 馬超群, 王寶兵. 基於Copula-GARCH模型的外匯期貨最優套期保值比率研究 [J]. 統計與決策, 2011 (12): 124-128.

[162] 謝赤, 屈敏, 王綱金. 基於M-Copula-GJR-VaR模型的黃金市場最優套期保值比率研究 [J]. 管理科學, 2013 (2): 90-99.

[163] 代軍, 朱新玲. 滬深 300 股指期貨對沖效率研究 [J]. 中國管理科學, 2014, 22 (4): 1-8.

[164] 彭紅楓, 陳奕. 中國銅期貨市場最優套期保值比率估計——基於馬爾科夫區制轉移 GARCH 模型 [J]. 中國管理科學, 2015, 23 (5): 14-22.

[165] 李勇, 方兆本, 韋勇鳳. 風險最小化套期保值比例估計: 基於 RV-Copula 模型 [J]. 數理統計與管理, 2015 (2): 15.

[166] In F, Kim S. The Hedge Ratio and the Empirical Relationship between the Stock and Futures Markets: A New Approach Using Wavelet Analysis [J]. The Journal of Business, 2006, 79 (2): 799-820.

[167] Conlon T, Cotter J. An Empirical Analysis of Dynamic Multiscale Hedging Using Wavelet Decomposition [J]. Journal of Futures Markets, 2012, 32 (3): 272-299.

[168] Khalfaoui R, Boutahar M, Boubaker H. Analyzing Volatility Spillovers and Hedging between Oil and Stock Markets: Evidence from wavelet analysis [J]. Energy Economics, 2015, 49: 540-549.

[169] 王春峰, 張龍斌, 房振明. 股指期貨對沖比率和對沖期限關係的多尺度研究 [J]. 系統工程理論與實踐, 2009, 29 (1): 6-12.

[170] 代軍. 滬深 300 股指期貨與現貨的相關性及對沖比率研究——基於小波多尺度分析 [J]. 湖北社會科學, 2014 (12): 90-95.

[171] Lee H T. Optimal Futures Hedging under Jump Switching Dynamics [J]. Journal of Empirical Finance, 2009, 16 (3): 446-456.

[172] Gençay R, Selçuk F, Whitcher B J. An Introduction to Wavelets and Other Filtering Methods in Finance and Economics [M]. Academic Press, 2001.

[173] 梁強, 範英, 魏一鳴. 基於小波分析的石油價格長期趨勢預測方法及其實證研究 [J]. 中國管理科學, 2005, 13 (1): 30-36.

[174] 王書平, 胡愛梅, 吳振信. 基於多尺度組合模型的銅價預測研究 [J]. 中國管理科學, 2014, 22 (8): 21-28.

國家圖書館出版品預行編目(CIP)資料

跳躍風險與未定權益的最優套期保值策略研究 / 郭建華 著. -- 第一版.
-- 臺北市：崧博出版：財經錢線文化發行，2018.10
　面；　公分
ISBN 978-957-735-507-2(平裝)
1.金融管理 2.風險管理
561　　107015474

書　名：跳躍風險與未定權益的最優套期保值策略研究
作　者：郭建華 著
發行人：黃振庭
出版者：崧博出版事業有限公司
發行者：財經錢線文化事業有限公司
E-mail：sonbookservice@gmail.com
粉絲頁　　　　　　　網　址：
地　址：台北市中正區延平南路六十一號五樓一室
8F.-815, No.61, Sec. 1, Chongqing S. Rd., Zhongzheng Dist., Taipei City 100, Taiwan (R.O.C.)
電　話：(02)2370-3310　傳　真：(02) 2370-3210
總經銷：紅螞蟻圖書有限公司
地　址：台北市內湖區舊宗路二段 121 巷 19 號
電　話：02-2795-3656　　傳真：02-2795-4100　網址：
印　刷：京峯彩色印刷有限公司（京峰數位）

　　本書版權為西南財經大學出版社所有授權崧博出版事業有限公司獨家發行電子書繁體字版。若有其他相關權利及授權需求請與本公司聯繫。

定價：300元
發行日期：2018 年 10 月第一版
◎ 本書以POD印製發行